KB126431

문화인류학으로
보는 동아시아

비슷하며 다른, 가까우며 낯선
이웃 동아시아,
열린 시각으로 살펴보기

문화인류학으로
보는 동아시아

가미즈루 히사히코 · 오타 심페이 · 오자키 다카히로
가와구치 유키히로 엮음 | 박지환 옮김

들어가며

이 책은 문화인류학의 기본적인 사고방식을 동아시아라는 구체적인 사례를 통해 배우기 위한 책입니다. 주요 독자로는 대학에서 문화인류학을 전공하거나 개론 과목으로 배우고자 하는 학부생을 상정하고 있지만, 물론 이들뿐만 아니라 문화인류학에 조금이라도 관심이 있는 분이라면 누구든지 대환영입니다. 또한 문화인류학은 현지의 구체적인 사례를 통해 우리 인간의 행동을 생각하는 학문이므로, 일본을 포함한 동아시아의 문화와 사회에 흥미가 있는 사람도 이 책을 정말 재미있게 읽을 수 있으리라고 생각합니다. 문화인류학의 학문적 특징과 동아시아를 대상 지역으로 다루는 이유에 대해서는 서장을 참고해주시길 바랍니다.

저는 문화인류학의 매력은 뭐라고 해도 "열려 있다"는 데 있다고 생각합니다. 여기에는 몇 가지 의미가 있는데, 먼저 "학문으로서 열려 있다"는 점을 들 수 있습니다. 지금으로부터 20여 년 전 대학에 막 입학했던 저는 문학부에 개설된 스물다섯 가지 전공 중에서 무엇을 선택하면 좋을지 좀처럼 결정할 수 없었습니다. 모두 재미있어 보였지만, 그중 하나를 선택해버리면 그 외의 것과는 멀어져버린다고 생각했기 때문입니다. 그럴 때 한 친구가 "문화인류학은 뭐든지 할 수 있는 것 같던데."라고 말하는 것을 듣고, 저는 문화인류학을 전공하기로 했습니다. "뭐든지 할 수 있다"는 것은 당연히 지나친 말일지도 모르지만, 실제로 인류학에는 종교에 착목한 "종교인류학"이나 경제를 다루는 "경제인류학", 나아가 "언어인류학", "예술인류학", "교육인류학", "환경인류학" 등과 같이 다양한 하위 분야가 있습니다. 종교도 경제도 각각 종교학이나 경제학이라는 독립된 학문 분야에서 다루지만, 인류학에서는 종교나 경제를 통해서 인간을 생각한다는 특징이 있습니다. 인류학 앞에 붙어 있는 "○○"가 인간을 이해하기 위해 중요하며 의미 있는 행동이라면, 정말로 무엇이든지 인류학과 연결되겠지요. 최근에는 과학이나 우주도 인류학에서 다루게 되었습니다. 그러므로 관심이 있는 분야가 여러 가지여서 고민 중이라면 부디 이 책을 읽고 문화인류학의 특징을 알게 되면 좋겠다고 생각합니다.

또 한 가지는 "연구 주제와 현장이 열려 있다"는 점입니다. 이 책을 대충 훑어보면 알 수 있듯이, 문화인류학이 다루는 주제는 다양합니다. 가족, 결혼, 젠더, 축제와 성묘, 섹슈얼리티, 사람의 이동, 세계화, 다문화공생, 관광 등으로 한없이 다양해서 열거하자면 끝이 없습니다. 분명히 여러분이 관심 있는 주제도 "인류학에서 다룰수" 있을 것입니다. 나아가, 그런 주제를 실제로 연구하는 현장도 세계 각지에 흩어져 있습니다. 예전에는 문화인류학이라고 하면 정글의 오지에 가는 것으로 여기는 경우가 많았고 지금도 그런 경향이 있지만, 현재는 일본 국내의 매우 가까운 곳에 있는 조직이나 모임, 도시나 상점가, 학교나 복지시설 등도 일반적인 현장으로 간주합니다. 유럽이나 아메리카 등과 같이 이른바 서양의 여러 나라에 연구하러 가는 것도 괜찮습니다. 실제로 제 연구실의 학부생 중에는 유학 기간을 이용해서 아일랜드의 호프집pub에서 현장연구fieldwork를 한 학생이나 핀란드에 사는 일본인 주부를 인터뷰해서 졸업논문을 쓴 학생도 있습니다. 그리고 일본과 지리적으로 가깝고 역사적으로도 밀접하게 관계를 맺어온 동아시아도 현장으로서의 매력이 넘치는 곳이지요. 이 책을 읽으면 정말로 그 매력을 느낄 수 있을 것입니다.

끝으로 문화인류학의 매력은 "누구에게나 열려 있다"는 것입니다. 문화에도 사회에도 특별히 관심이 없다, 동아시아에 대해서는 전혀 흥미가 없다, 여기까지 읽어도 문화인류학이 재미있겠다는 생각이 조금도 들지 않는다, 이런 분도 이 책을 읽어보시면 좋겠습니다. 문화인류학의 기본은 다른 문화에 대한 이해이므로, 지금은 재미없어 보이는 문화라도 다른 문화의 문 저편을 조금 들여다봐주세요. 분명히 새로운 깨달음과 발견이 있을 겁니다. 문화인류학은 그런 당신에게도 열려 있습니다.

2017년 3월 1일
가와구치 유키히로

차례

제3장 **종교** | 중국의 신, 조상, 귀신을 통해
가와구치 유키히로

제4장 **젠더와 섹슈얼리티** | 한국의 여자다움/남자다움으로부터
나카무라 야에

이 책에 나오는 동아시아 지역
(숫자는 장 번호를 가리킴)

12 몽골국

7 훗카이도

13 내몽골자치구

2 한국 11 부산

7 중국 후베이성

10 오사카시 이쿠노구

7 쓰촨성

7 후난성

11 대마도

7 구이저우성   5 취안저우

1 오키나와섬

3 광저우

9 이시가키시
다케토미정
요나구니정

7 대만 아리산향
가오슝시

9 대만 타이베이시
쑤아오진
화롄시

8 홍콩

일러두기

1. 이 책은 2017년에 일본 쇼와도(昭和堂)출판사에서 출간한 「東アジアで学ぶ文化人類学」을 완역한 책이다.
2. 인명 및 지명의 표기는 현지 발음에 따라 표기하는 것을 원칙으로 했다. 그러나 경우에 따라서는 번역하여 표현하는 방식을 따르기도 했다. 이를테면 쓰시마對馬는 한국에서 "대마도 관광"이란 용어가 매우 일상적으로 사용된다는 점을 고려해 대마도로 번역했다. 한편 용어와 개념어의 번역에 대한 고민은 「옮긴이의 말」 397쪽 아래부터 찾아볼 수 있다.
3. 본문의 주석은 모두 옮긴이의 주이다.

서장

문화를 배우다, 동아시아를 알다

가미즈루 히사히코

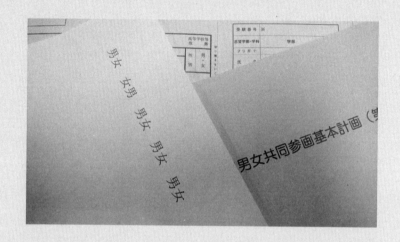

男女　女男　男女　男女　男女

男女共同参画基本計画（男

세계 문화를 아는 것이 문화인류학은 아니다. 오히려 당연한 일이라서 눈에 띄지 않았던 일상의 문제를 눈치채고, 세상의 존재 방식을 바꿔가는 것. 그런 문화인류학의 힘에 매력을 느낀다(2016년, 필자 촬영).

1. "당연한 것"을 문제시하는 문화인류학

문화인류학이란 어떤 학문인가? 내가 학생이었을 때 읽은 책에는 대략적으로 다양한 문화를 통해 인간이란 무엇인가를 이해하는 학문이라고 쓰여 있었다. 여러분도 서로 사랑하는 여성과 남성이 부부가 되는 것이 결혼이라고 생각하고 있을지도 모르겠다. 하지만 세계에는 일처다부혼(한 명의 여성과 여러 명의 남성 간의 결혼)과 일부다처혼(한 명의 남성과 여러 명의 여성 간의 결혼)은 물론, 동성 간의 결혼도 있다. 혼인만 놓고 보더라도 이처럼 다양하다. 이 다양성을 이해한 후에 인간에게 혼인이란 무엇인가를 생각해보고, 여러 사회를 비교하며, 이로부터 인간의 보편성을 생각해보려고 시도하는 것이 문화인류학의 전통적인 스타일이며, 현재도 이러한 연구가 행해지고 있다.

문화인류학의 또 다른 특징 중 한 가지는 현장연구를 한다는 점이다. 나는 현장연구를 하고 싶어서 문화인류학을 선택했다고 해도 과언이 아니다. 현장연구의 방식은 변하고 있지만, 문화인류학의 전통적인 현장연구는 1년에서 2년 정도 현지에 살면서 현지어를 배우고 현지 사람들처럼 생활하면서 현지의 문화를 이해하려는 것이다. 대학 시절, 중국 문화에 관심이 있었던 나는 중국 사람들을 실제로 접하면서 중국 문화를 이해하고 싶다고 생각했다. 이 책의 집필자 중 다수는 일본을 떠나 몽골, 중국, 대만, 한국, 홍콩, 팔라우(오세아니아의 한 국가로 20세기 전반 일본의 식민지였다.), 류큐(현재 오키나와현에 해당하는 곳으로 19세기 말까지 독립된 국가였다.) 등지로 현지 문화를 이해하기 위해 현장연구를 하러 갔다. 이처럼 문화인류학은 "다른 문화"를 더욱 잘 이해하는 것을 기본으로 하고 있기에, 문화인류학의 현장은 일본 국내보다 외국인 경우가 많다.

그럼 우리는 왜 다른 문화를, 문화의 다양성을, 그리고 인간을 더욱 잘 알려고 하는 것일까? 이 물음에 답하기 위해서 내가 좋아하는 문화인류학의 정의를 소개하고자 한다. 인도네시아 사회를 연구하는 아오키 에리코青木惠理子는 문화인류학을 "우리가 알고 있는 자명성自明性의 구조를 흔들고, 자명성이라는 정치적인 힘에 의해 은폐되거나 배제되고 있는 것을 드러내며, 인식을 재구성해나가는 운동"이라고 정의했다(青木 2006: 40). 아주 간단히 말하자면, "우리가 당연하다고 생각하고 있는 것을 문제시하고, 당연하다는 이유로 우리가 눈치채지 못하고 있는 것을 드러내며, 당연하다고 생각하는 것을 바꿔나가는 것"이라고 할 수 있다.

그렇다면 왜 당연한 것을 문제시하고 당연하다고 생각하는 것을 바꿔나가야 하는 것일까? 어느 사회나 문화라는 "규칙rule"(문화와 규칙은 다르지만, 문화에 대해서는 잠시 후에 설명한다.)이 있다. "규칙" 없이 인간은 살아갈 수 없다. 하지만 세상에 만능인 "규칙"은 없다. 예를 들어, 일본에서 사용하는 서류의 성별란에는 대체로 여성과 남성밖에 없다. 그것도 남성이 먼저고 여성이 나중에 적혀 있다. 성별은 여성과 남성 두 가지라는 것이 일본의 성별 규칙이다. 많은 사람은 이러한 구별을 당연시하고, 아무런 주저 없이 어느 한쪽에 동그

　　　　　　　　　　　서장 문화를 배우다, 동아시아를 알다

라미를 칠 것이다.

그러나 일본에는 성별을 기입하는 것을 괴로워하는 사람이 있다. 예를 들어, 마음의 성과 신체의 성이 일치하지 않는 트랜스젠더가 있다. 나는 여성일까, 남성일까, 내 마음의 성을 선택해야 할까, 아니면 호적상의 성을 써야 할까. 두 가지 선택지밖에 없는 성별과 성별란은 대다수 사람에게는 당연해서 별로 신경 쓸 필요가 없는 일이지만, 트랜스젠더에게는 상처가 되고 혼란을 주며, 자신을 특수한 존재라고 생각하게 하고 고통을 초래하는 폭력일 뿐이다.

세상을 둘러보면 사실 트랜스젠더는 특수한 사람이 아니다. 문화인류학에서는 일찍부터 트랜스젠더 같은 사람들을 "제3의 성"으로 다루어왔다. 예를 들어, 인도의 히즈라hijra, 타이티의 마후mahu, 멕시코의 무셰muxe 등이 있다. 이들은 성기, 옷차림, 행동거지, 직업에 있어서 여성도 남성도 아닌 히즈라, 마후, 무셰라고 인정받는다. 이곳에서 성별은 결코 두 가지가 아니며, 이들을 당연히 있을 수 있는 성별을 가진 사람들로 간주한다.

현재, 성별란도 바뀌는 중이다. 어떤 SNS에서는 가입할 때 성별란에 서른두 가지 성별을 제시한다. 마음의 성, 신체의 성, 그리고 성적 관계의 지향성을 조합하면 서른두 가지 경우의 수가 나온다. 또한 호주 여권의 성별란은 female(여성), male(남성), X 세 가지로 나뉘어 있다. 일본에서도 "남, 여, 기타"라는 성별란이 늘어나는 중이다. 오사카에 있는 국립민족학박물관國立民族學博物館의 한 이벤트에서 나눠준 설문용지의 성별란은 각자 자유롭게 적는 방식으로 되어 있었다. 성은 이처럼 복잡하고 다양하다.

　다른 문화와의 만남은 이처럼 우리 사회에서 당연한 일이 세계에서는 당연한 것이 아니라는 점을 깨닫게 해준다. 제3의 성과의 만남이 바로 그렇다. 성은 "여자와 남자 두 가지"라고 당연시하기 때문에 보통은 깨닫지 못하는 트랜스젠더들에 대한 폭력이 가시화된다. 나아가 성별은 여자와 남자밖에 없다는 인식이 바뀜으로써, 실제 성별란도 바뀌어간다. 바로 "우리가 당연하다고 생각하고 있는 것을 문제시하고, 당연하다는 이유로 우리가 눈치채지 못하고 있는 것을 드러내며, 당연하다고 생각하는 것을 바꿔나가는 것"이다. 물론 일본의 성 개념이 충분히 바뀌었다고는 할 수 없으며, 혹시 바뀐 부분이 있다고 하더라도 그것은 문화인류학의 힘 때문만은 아니다. 그렇지만 문화인류학은 이해에 머무르지 않고, 만능이 아닌 "규칙"을 바꿔가는 힘을 갖고 있다고 나는 생각한다. 성별은 행정 등의 공문서나 일상생활에서 쉽게 접할 수 있는 사례라 소개한 것이지만, 이외에도 문화라는 "규칙"은 다음 절에서 서술할 것처럼 사실 명문화되지 않아서 자각할 수 없었던 것이다. 다른 사회를 이해함으로써 자신이 사는 사회의 문화가 보이게 되는 경우도 많다. 이렇듯 다양한 타문화를, 인간을, 그리고 우리가 사는 사회의 문화를 아는 데 의미가 있다.

2. 인지와 행동의 기반으로서의 문화

그러면 "규칙"에 해당하는 문화란 무엇인가? 나는 문화란 무엇인가를 학생에게 설명하기 위해 수업에서 학생에게 "일어나주세요."라고 말하곤 한다. 일어선 학생에게 "왜 일어섰습니까?"라고 내가 물으면, 학생은 곤혹스러운 얼굴로 "일어서라고 말씀하셔서 일어섰습니다."라고 대답한다. 주변의 학생도 '이 선생님, 무슨 소리를 하는 걸까?'라는 표정으로 나를 바라본다. 이번에는 같은 학생에게 "학생이 백화점 의자에 앉아 있을 때, 내가 다가가서 '일어나주세요.'라고 말하면 어떻게 하겠습니까?"라고 묻는다. 학생의 대다수는 "슬며시 자리를 피한다", "무시한다"고 대답한다. "나라는 인간은 바뀌지 않았는데 왜 이처럼 반응이 다른 것일까요?"라고 학생에게 다시 질문한다.

정답은 이렇다. 수업의 경우 그 학생은 나를 "수업을 하는 교수"라고 인식하고 교수가 이야기한 대로 일어선 것인 반면, 백화점에서는 같은 학생이 나를 "이상한 중년 아저씨"라고 생각하고 아는 사이도 아니면서 일어서라고 한다며 피하거나 무시하는 것이다. 여기에 문화를 알기 위한 단서가 있다.

문화란 인간이 현상物事에 의미를 부여하고 행동하는 것을 결정하는 무언가이다. 학생은 나에게 "교수"라는 의미를 부여해 들은 대로 일어선 것이며, 반면 "이상한 아저씨"라고 의미를 부여해 기분이 상해 피한 것이다. 날생선을 음식이라고 인식하는 사회가 있는 반면 그렇지 않은 사회도 있다. 약 20센티미터의 가는 막대 한 쌍이 음식 옆에 놓여 있으면 젓가락이라고 인식하는 사회가 있는 반면 단순히 막대일 뿐이라고 인식하는 사회도 있다. 연장자에게 존댓말을 쓰는 사회도 있지만 그렇지 않은 사회도 있다. "r"과 "l"의 발음을 구별하는 사회도 있지만 구별하지 않는 사회도 있다. 이처럼 매일 우리가 살아가는 가운데 인식과 행동의 기반이 되는 것이 문화이다.

하지만 문화는 태어나면서부터 체화하고 있는 것이 아니다. 주변 어른들의 이야기를 들으면서 소리를 익히고, 무엇을 먹어도 되는지 배우며, 잘못을 저지르면(예를 들어 일본에서는 어린아이가 매미의 허물을 입에 넣으려고 하면) 주변의 어른들에게 주의를 받는다. 내게 "일어나주세요."라는 말을 들은 학생도 어릴 적부터 "선생님의 말을 따르라"고 몇십 번이고 들었기 때문에 별 생각 없이 내 지시에 따른 것이다. 문화는 전승되고 습득되는 것인 셈이다.

또한 문화는 공유되는 것이기도 하다. 문화인류학 수업에서 내가 학생에게 중국어로 말을 걸면, 모두 무슨 말을 하는지 모르겠다는 얼굴을 한다. 같은 말을 일본어로 바꿔 말하면 모두 알겠다는 표정을 짓는다. 모두가 일본어를 공유하고 있으므로 의미가 전달되며, 중국어는 공유되지 않아서 의미가 통하지 않는다.

이처럼 문화는 우리의 생활에서 인식과 행동을 결정하며, 전승되고 습득되며 공유되는 것이다. 또한 문화는 예절이나 말, 음식처럼 눈에 보이는 것이기도 하고, 친족체계나 권력의 분배라는 정치체계 같은 제도이기도 하다.

3. 마찰을 일으키는 문화

문화가 없다면 우리의 생활은 성립될 수 없지만, 다른 한편으로 문화는 마찰을 일으키기도 한다. 예를 들어, 날생선을 먹지 않는 사람들은 생선회를 먹는 사람을 보고 이상하다고 여긴다. 대만이나 한국에서는 화장실에서 사용한 휴지를 변기에 버리지 않고 옆에 있는 휴지통에 버리지만, 일본에서 그렇게 하면(지금은 많이 줄었지만) 예절을 모른다고 생각한다. "r"과 "l"의 발음을 구별하는 사람은 일본 사람들이 도대체 왜 그 소리를 구별할 수 없는지 의문을 품는다.

한 사회에서 살아가는 데 그 사회의 문화를 익히는 것은 불가결한 일이다. 그러나 학생이 길에서 모르는 사람에게 "일어나."라는 말을 듣고 그대로 해야 하는 사회라면, 학생의 생명이 위험한 사회일지도 모른다. 문화는 애초부터 의심해서는 안 되며, 한번 의심하기 시작하면 매우 까다로워진다. 법으로 명문화된 것은 아니더라도 사람들이 말하는 대로 이행하지 않으면 질책을 당하고, 부조화를 초래해 주변 사람들과 함께 살아가기가 어려워지며, 때로는 불가능해진다.

이 때문에 인간은 자신이 온전히 빠져 있는 문화를 "당연한 것"이라고 간주한다. 따라서 어느 사회든지 똑같을 것이라고 무의식적으로 생각하고 만다. 이로 인해 다른 사회에는 다른 문화가 있다고 생각하지 못하고, 다른 문화에 대해서 "비정상적이다", "이상하다"고 말하고 만다. 이러한 사고방식을 문화인류학에서는 "자문화중심주의" 혹은 "자민족중심주의"라고 불러왔다. 자신이 속한 문화의 기본적인 가치관이 절대적으로 우수하며, 그 가치관에 근거해 다른 문화를 많은 경우에는 낮게 판단하는 사고방식이다. 우리는 자신의 문화 속에서 사는 한, 자신의 문화를 자명한 것 혹은 당연한 것으로 여기며 살아간다. 앞서 말한 바와 같이, 이러한 자명성을 "흔들고, 자명성이라는 정치적인 힘에 의해 은폐되거나 배제되고 있는 것을 드러내며, 인식을 재구성해나가는 운동"이 바로 다른 문화에 관한 연구를 중심으로 삼아온 문화인류학이다.

문화에 대한 설명을 마치기 전에 두 가지 점을 지적해두고 싶다. 첫째, 문화는 변한다는 사실이다. 25년 정도 전에 중국에서 유학 온 친구는 생선회를 먹지 못했다. 그에게 날생선은 음식이 아니었다. 그가 살던 도시에는 일본 음식점이 없었고 날생선을 먹는 관습도 없었다. 하지만 일본에 오래 머무르면서, 지금은 아무렇지도 않게 생선회를 먹게 됐다. 날생선이 그에게도 음식이 된 것이다. 현재 중국의 도시 지역에는 일본 음식점이 있고, 참치회를 아주 좋아하는 중국인도 많다. 중국 사회에서도 날생선이 생선회(중국어로 성위피엔生魚片)라는 음식이 되었다. 문화는 영원히 변하지 않는 것이 아니다.

둘째, 일본 문화, 중국 문화, 미국 문화를 실질적으로는 명확하게 나눌 수 없다. 여기서 문화라는 단어는 인식과 행동의 기반이라는 의미라기보다는 이로부터 파생된 생활양식이나 생활양식을 구성하는 요소를 뜻한다. 우리는 의미를 전달하기 위해 "미국 문화"라는 단어를 사용할 뿐이다. 하지만 일본의 문화 중 한자는 말할 필요도 없이 중국의 문화적 요소가 들어 있다. 또한 일본의 문화가 서양의 근대적 문명을 접하며 만들어진 "사회"나 culture의 번역어인 "문화"와 같은 표현도 중국에서 사용되고 있다. 또한 각 사회를 가로질러 통용되는 것도 많다. 양복을 다른 나라의 문화라고 생각하며 입는 일본인이 얼마나 될까? 스타벅스 같은 커피 프랜차이즈에서 커피를 마시면서 스마트폰을 사용하는 모습은 세계 곳곳에서 볼 수 있다. 그러므로 국가 이름이나 민족 이름을 앞세운 "○○ 문화"라는 표현은 주의해서 사용할 필요가 있다. 다른 문화와 독립된 문화로서 일본 문화나 미국 문화가 있을 수 없기 때문이다. 덧붙여서 일본 문화라고 하더라도 일본의 각 지방, 세대, 계층에 따라 생활습관은 분명히 다르다. 일본의 문화를 균질적이라고 말할 수 없다. 미국이나 중국의 문화도 마찬가지다.

4. 사실은 잘 모르는 동아시아

이제 이 책에서 동아시아를 다루는 이유를 간단히 언급해두고자 한다. 집필자의 대부분이 일본을 포함해 동아시아를 현장으로 삼고 있다는 점도 이유 중 하나지만, 독자가 문화인류학적 관점으로 동아시아를 더 잘 이해했으면 좋겠다는 생각을 강하게 갖고 있어서 이 책을 기획하게 되었다. 물론 현대 사회를 살아가는 데 동아시아만 알면 된다는 것은 아니다. 하지만 일본에서 생활하면서 동아시아와의 관계는 끊으려야 끊을 수가 없다. 현재 일본을 방문하는 관광객은 중국을 중심으로 동아시아에서 오는 사람이 가장 많다. 일본인들도 동아시아의 각 지역을 많이 방문한다. 역사 문제를 포함해 동아시아가 안고 있는 과제도 많고, 일본의 외교에서도 동아시아 국가들이 중요한 위치를 차지하고 있다. 경제적인 관계도 긴밀하다.

그럼에도 불구하고 최근 학생과 동아시아에 관해 이야기를 나눠 보면 인터넷이나 대중매체에 퍼져 있는 정보를 바탕으로 동아시아를 이야기하는 일이 많다는 것을 실감한다. 그 내용은 "한국인은 반일적이다." "중국은 매우 위험한 나라다." "일본은 대만에서 좋은 일을 했다." 등과 같이 일방적으로 일본의 시점에서 본 것이다. 몽골에 관한 정보는 거의 없다시피 하다. 중국에 유학해본 일본인의 경험담(중국인과 함께 여행해본 일 등)을 듣고 "중국에도 평범한 사람이 있네요."라고 말한 학생도 있었다.

사람들의 생활 속으로 들어가 그들의 시점에서 그들의 세계를 더욱 잘 이해하고 자명한 것을 흔드는 문화인류학적 실천을 통해 학생들의 동아시아에 대한 이해도를 조금이나마 높이는 것이, 나아가 다른 사회와 자신이 속한 사회를 비교하며 자기 사회를 냉정하게 바라보는 시점을 체득하도록 하는 것이 필요하다. 동아시아는 대체로 비슷하다고 생각하는 사람이 많을지도 모르지만, 이런 생각은 잘못된 것이다. 일본과는 달리 한국이나 중국에서는 원칙적으로 결혼하더라도 여성이 성을 바꾸는 일이 없고, 누구를 같은 집안으로 볼 것인가라는 친족관계도 동아시아의 지역마다 전혀 다르다. 같이 식사하자고 해놓고 각자 밥값을 내는 것을 매너 없는 행동으로 간주하는 사회도 있다. 일본과 동아시아가 지리적으로 가까운 곳이라고 해서 반드시 서로를 잘 아는 것은 아니다. 아는 것처럼 보이면서도 모르는 것이 일본과 한 줄기의 강과 같은 관계에 있는 동아시아이다. 물론 일본도 동아시아의 일부이지만.

5. 이 책의 구성

이 책은 "들어가며", "서장", "마치며" 이외에 다음과 같은 장으로 구성되어 있다. 제1장 "현장연구와 민족지", 제2장 "가족과 친족", 제3장 "종교", 제4장 "젠더와 섹슈얼리티", 제5장 "사회관계", 제6장 "식민지주의", 제7장 "종족성", 제8장 "이민", 제9장 "초국가주의", 제10장 "다문화공생", 제11장 "관광", 제12장 "경제", 제13장 "인류학의 응용"이다.

제1장부터 제5장까지는 문화인류학을 배울 때 반드시 다루는 주제로, 각 장의 집필자 자신이 행한 연구와 경험을 바탕으로 작성됐다. 제1장 "현장연구와 민족지"에서는 문화인류학의 중요한 방법론

인 현장연구가 무엇이며, 그 결과물에 해당하는 민족지가 갖는 의의를 설명한다. 제2장부터 제4장까지는 우리가 살아가면서 꼭 부딪히게 되는 제도에 대해 다룬다. 제2장 "가족과 친족"에서는 누구를 친족으로 받아들이는가와 사람은 왜 결혼하는가라는 가까운 인간관계에 관한 질문을 통해 동아시아를 다루고 있다. 제3장 "종교"에서는 일본에 사는 우리도 종교의 세계 속에 있다는 것을 인식하고, 종교가 갖는 의미를 명확히 한다. 종교는 사후세계에 관한 이야기만이 아니다. 제4장은 "젠더와 섹슈얼리티"인데, 여러분은 여성과 남성의 평등에 있어서 일본이 세계에서 하위에 속한다는 사실을 알고 있을지 모르겠다. 성별도 그렇지만, 사실 여성과 남성의 사회적 존재 방식은 세계 어느 곳을 가더라도 똑같지 않다. 제5장 "사회관계"에서는 우리가 어떻게 사회관계를 맺고, 자원이나 권력을 분배하고 있는지를 고찰한다. 이상의 장에서 중요하게 다루는 지역은 오키나와, 한국, 중국, 대만이다.

제6장부터 제11장까지는 현대 사회의 중요한 현상인 "사람의 이동"을 다룬다. 여기서도 각 집필자가 연구하고 경험한 것이 설명의 토대를 이루고 있다. 제6장 "식민지주의"에서는 일본의 식민지 지배는 일본의 패전으로 끝났지만, 사실상 현재의 생활과도 관계를 맺고 있으며 아주 오래전 이야기가 아니라는 점을 보여준다. 제7장은 "종족성"인데, 단일민족으로 이루어진 국가는 없다는 점을 보여준다. 일본도 마찬가지다. 이 장에서 민족과 국가의 관계를 "종족성"이라는 민족보다도 조금 더 큰 개념을 가지고 설명한다. 제8장 "이

민"에서는 일본에 살고 있으면 실감하지 못할지도 모르겠지만 동아시아도 다른 지역과 마찬가지로 이민이 많다는 점을 전제로 하고 있다. 홍콩을 사례로 이민이라는 현상을 통해 현대 사회에 대해 생각해본다. 제9장 "초국가주의"에서는 현대 사회가 사람, 물건, 자본 등이 국경을 자유롭게 넘나드는 세계화의 시대라고는 하지만, 정말 그러한지 생각해본다. 제10장 "다문화공생"에서는 일본의 다문화 공생 현상을 소개하면서 그 과정에 담긴 문제점을 지적하고, 다른 민족집단과 관계를 맺는 새로운 방식을 제시한다. 제11장 "관광"에서는 일본에서 급격히 늘어나고 있는 외국인 관광객을 사례로 문화인류학에서는 관광을 어떻게 다루는지 그 실마리를 제시한다. 이상의 장에서는 대만, 홍콩, 일본, 한국, 그리고 일본인이 많이 이주했던 팔라우 등의 현장을 다룬다.

제12장과 제13장은 문화인류학 개론서에서는 별로 다루어지지 않았던 주제를 다룬다. 제12장 "경제"에서는 먹을 것을 확보하는 생업 활동과 이에 대한 사회주의의 영향에 대해 몽골의 목축업을 사례로 소개한다. 세상에는 시장에서 생활필수품을 구입하는 사회만 있는 것이 아니다. 제13장 "인류학의 응용"에서는 문화인류학적 연구가 세상에 "도움이 된다"는 것이 무엇을 의미하느냐는 근본적인 질문을 출발점으로 삼아, 문화인류학이 현대 사회에서 할 수 있는 역할을 설명하며 이 책을 마무리한다.

이상의 장과는 별도로 동아시아에서 현재 화제가 되고 있어 알아두어야 하는 주제를 칼럼에서 다룬다. 칼럼에서 다루는 주제는

"미군기지 문제", "변화하는 중국의 한 자녀 정책", "연중행사와 환경보호", "위안부 문제", "동아시아의 화이질서와 조공·책봉관계", "센카쿠열도와 독도", "한국의 일본어 학습 상황", "동아시아의 학생운동", "참치·꽁치 문제", "헤이트 스피치", "중국의 관광 사례", "몽골국과 내몽골자치구" 등이다. 이러한 칼럼들을 통해 문화인류학이 멀리 떨어진 지역의 "기묘한" 풍습만을 다루는 학문이 아니라는 점을 알게 되었으면 좋겠다.

6. 문화인류학적 사고를 향해

나는 최종적으로 현장을 대만으로 정했다. 현장연구를 하기 위해 대만에 도착한 다음 날, 70세가 넘은 남성이 "나도 옛날에는 당신처럼 일본인이었다." "일본이 대만을 통치했더라면 좋았을 텐데."라고 일본어로 말하는 것을 듣고 충격을 받았던 것을 지금도 잊을 수가 없다. 현장에는 신문 같은 대중매체를 통해서는 알 수 없는 대만 사람들의 모습이 있었다. 그 남성의 말에는 "일본을 좋아한다"거나 "일본이 좋은 일을 했다"와 같이 단순하게 설명해버릴 수 없는 대만 사람들의 복잡한 생각이 담겨 있다는 것도 차츰 대만을 연구하면서 알게 되었다. 이 책의 독자가 동아시아 사람들의 생활 모습을 배우면서 자신이 당연하다고 생각하고 있던 것을 다시 생각해보게 된다면 저자로서 더할 나위 없이 기쁠 것이다. 문화인류학의 핵심은 자명한 것을 의심하는 것이며, 그 덕분에 보이지 않았던 문제를 깨달아 자명한 것에 관한 생각을 바꿔나가는 것이기 때문이다.

끝으로, 혹시 이 책을 읽고 "역시 일본이 최고다."라거나 "아시아는 뒤떨어져 있다."라고 생각하는 독자가 있다면, 이 책은 실패한 것이다. 문화인류학에서는 "어떤 문화가 앞서 있다."라거나 "뒤떨어져 있다."라는 발상을 문화상대주의적 입장에서 부정해왔다. 각 장을 읽고 문화를 진보라는 관점에서 비교하는 것이 얼마나 무의미한 것인지를 알았으면 좋겠다. 이것이 문화인류학적 사고를 체득하기 위한 첫걸음이다.

참고 문헌

青木恵理子 2006 「頭痛治しは蝋燭を灯して」 田中雅一・松田素二 編 『ミクロ人類学の実践: エイジェンシー/ネットワーク/身体』 世界思想社, 40-75頁.

제1장

현장연구와 민족지

문화인류학은 사람을
어른으로 만든다

다마키 다케시

문화인류학의 핵심인 현장연구에서부터 민족지 작성에 이르는 과정을 통해 사람은 어른이 되어간다. 이 장에서는 이렇게 말할 수 있는 이유를 생각해본다. 사진은 오키나와현 이시가키지마ィ;ホ島에서 부자ゕ子가 함께 어업에 종사하는 모습이다(2014년, 필자 촬영).

1. 어른의 학문

문화인류학은 "어떤 사람이나 장소에 왠지 모르게 끌려 좀 더 알고 싶다"는 누구나 가진 일상적인 감각과 연결되어 있다. 현장연구는 "알고 싶다"는 마음의 연장선에 있다.

이 장에서는 문화인류학의 기본적인 방법인 현장연구와 그 성과물인 민족지ethnography의 특징을 설명한다. 구체적으로는 ① 현장연구는 무엇을 목적으로 하는 어떤 활동인가, ② 현장연구를 한 내용을 엮어낸 민족지는 어떤 특징을 가진 연구 성과인가, ③ 동아시아에서 이루어지는 현장연구와 이를 바탕으로 한 민족지의 특징은 무엇인가, 이렇게 세 가지 질문에 답하면서 문화인류학적 연구만의 연구 방법 및 스타일을 명확하게 드러내고자 한다. 또한 문화인류학적 연구라는 실천을 통해, 문화인류학을 배우는 사람은 무엇을 익히며 어떻게 변해가는지도 생각해보려고 한다.

미국의 문화인류학자인 클리퍼드 기어츠Clifford Geertz(1926~2006)는 인류학자의 일을 "연구 대상인 사람들과 친해져서" 문화에 관한 광범위한 지식을 얻고, "중층기술thick description"한 민족지를 작성하는 것이라고 규정했다(ギアツ 1987: 7~8). 국립민족학박물관의 초대 관장이었던 우메사오 다다오梅棹忠夫는 "인류학은 어른의 학문이면서 동시에 어른이 되기 위한 학문이다."라고 말한 바 있다(梅棹 1974: 281). 두 문화인류학자의 말을 연결해보면, 인류학을 배우는 사람은 현장연구에서 민족지 작성에 이르는 과정을 통해 "어른"이 되어간

다고 하겠다. 어른이 된다는 것은 어떤 것일까? 그리고 사람을 어른
이 되게 하는 문화인류학적 실천이란 어떤 것일까?

2. 문화인류학과 현장연구

(1) 현장연구의 목적

한 명의 문화인류학자가 현장연구 중에 만날 수 있는 사람은 그리
많지 않다. 현장연구는 특정한 개인이나 집단을 대상으로 짧게는
1년, 길게는 3년 이상에 걸쳐 충분한 시간을 들여 실행하는 것이
일반적이다. 이처럼 한정된 수의 사람과의 만남을 소중히 여기면서
장기간의 연구를 실천하는 것이 인류학적 현장연구의 가장 큰 특
징이다.

　이 점은 거시적인 사회 정세를 알기 위해 행하는 사회학적 설문
조사survey와는 매우 다르다. 문화인류학자는 사회문화 현상을 정량
적定量的으로 측정해서 거시적인 경향을 알려고 하기보다는, 적은
수더라도 구체적인 사람의 행동과 사고방식을 정성적定性的으로 이
해하는 것을 출발점으로 삼는다. 그렇다고 해서 현장연구의 목적이
개인을 이해하는 데 머무는 것은 아니다. 문화인류학자는 현장에
서 만난 개별적이고 구체적인 현상을 가능한 한 넓은 사회적·문화
적 맥락 속에서 이해하려고 한다. 말하자면, 특정 타자의 사고방식
이나 행동방식으로부터 그 배후에 있는 사회적 유형pattern, 문화적

의미, 역사적 경향성 등을 읽어내려고 한다.

(2) 방법으로서의 현장연구

이와 같은 문화인류학적 현장연구 방법을 확립한 사람은 폴란드 출신으로 영국에서 활약한 브로니슬라브 말리노브스키[Bronislaw K. Malinowski](1884~1942)다. 말리노브스키 이전에 서구의 인류학은 세계 각지를 돌아다니는 선원, 상인, 선교사 등이 기록한 자료를 바탕으로 비서구의 사회와 문화를 연구했다. 말리노브스키 이후, 이러한 방법은 "안락의자 인류학자[armchair anthropologist]"라고 비판받았다. 말리노브스키가 확립한 현장연구의 특징은 장기간 현장에서 생활하면서 참여관찰과 인터뷰를 하는 것이다. 덧붙여서 말리노브스키는 현장연구가 다음과 같은 것이어야 한다고 말한다.

> 민족지적 연구를 하는 사람은 평범하고 단순하며 일상적인 것과 기묘하고 일반적이지 않은 것 사이에 차등을 두지 않고, 연구 대상인 부족 문화의 여러 측면에 나타나는 현상을 신중하고 냉정한 자세로 총체적으로 연구해야만 한다. [...] 종교만을, 혹은 기술技術이나 사회 조직만을 연구하려는 민족지학자는 연구를 위해 인위적으로 분리해 낸 영역만을 분석하는 셈이다. 이것은 연구하는 데 큰 제약을 초래할 것이다(マリノフスキ 2010: 45).

말리노브스키에게 있어서, 사람들의 생활의 여러 측면을 상세하게 아는 것은 그 사회와 문화의 "통일적 전체"를 이해하기 위해서였다. 현장에서 관찰할 수 있는 것은 단편적일 수밖에 없지만, 한 가지 한 가지 사실을 인내심을 갖고 모아감으로써 전체상에 도달할 수 있다. 연구 대상에 관한 이러한 방법론적 사고방식을 총체론적 접근 holistic approach이라고 부른다.

말리노브스키에 따르면, 실제로 현장연구를 진행할 때 세 가지 원칙을 염두에 두어야 한다. ① 연구 대상인 사회와 문화를 분석하는 틀을 민족지적 자료를 토대로 만들며, ② 이를 통해 사람들의 생활의 여러 측면을 기록하고, ③ 나아가 그 속에 드러난 사람들의 생활방식을 기록해야 한다. 이러한 과정을 거쳐 현장연구가 도달해야 하는 "최종 목표"는 "사람들의 대체적인 사고방식은 물론 그들과 생활의 관계를 파악하고, 세계에 대한 그들 나름의 관점을 이해하는 것이다"(マリノフスキ 2010: 65). 즉, 현장연구의 목표는 타자이해로, 타자에 대한 이해는 오랜 시간에 걸쳐 그들과 생활하며 치밀하게 이루어진 현장연구를 통해서 가능하다는 것이다. 또한 말리노브스키는 타자이해가 자기이해와 통하는 것이라고 생각했다.

외딴 나라의 관습에 관한 설명을 읽으면, 아마도 이곳 주민들의 마음과 노력에 대한 일종의 연대감이 독자의 마음속에 생겨날지도 모른다. 어쩌면 과거에 가본 적 없는 길을 가봄으로써, 인간의 마음을 분명하게 드러나고 이해할 만한 것으로 받아들일 수 있을 것이다. 우리와 멀리 떨어져 있으며, 불가사의한 모습으로 나타난 인간의 본성을

이해함으로써, 아마도 우리 자신에 대해서도 다소나마 알게 될 것이다(マリノフスキ 2010: 66).

말리노브스키가 생각한 타자이해는 "나의 잣대"로 다른 사람을 판단하려는 것이 아니라, "타자의 잣대" 그 자체를 이해하려는 것이었다. "타자의 잣대"를 앎으로써, 지금까지 인식하지 못한 자신의 모습을 성찰할 수 있는 관점을 얻는다. 타자이해를 통해 자신을 "성찰하는" 것은 자신의 모습을 "타자의 잣대"로 바라봄으로써 자신을 명확하게 인식할 수 있는 길을 열어준다.

이처럼 자기/타자이해를 목적으로 한 현장연구의 성과는 민족지 작성으로 결실을 맺는다. 20세기 중반까지는 말리노브스키가 제기한 현장연구의 방법을 민족지 작성을 위한 기본적인 작업으로 간주했으나, 1980년대에 들어서는 현장연구에서부터 민족지 작성까지의 과정을 다른 각도로 되돌아보게 됐다.

(3) 현장연구와 민족지에 대한 비판

말리노브스키 시대의 문화인류학자 중에는 현장연구자를 카메라에 비유한 사람이 적지 않았다. 현장연구를 한 내용을 기록한 필드노트fieldnote는 현실을 사진처럼 있는 그대로 찍은 "객관적 자료"를 담고 있으며, 그 자료를 토대로 연구 대상인 사회와 문화의 전체상을 객관적으로 묘사할 수 있다고 생각했다(Jackson 1992: 16; クリフォード 1996: 33). 이러한 관점은 총체론적 접근과 잘 어울리는 것으로, 20세기 전반기 문화인류학의 표준적인 사고방식이었다. 그러나 1980년대 이후, 이에 대해 많은 비판이 제기됐다(マークス·フイッシャー編 1989; マークス·フイッシャー編 1996).

현장연구와 민족지에 대한 비판을 이끈 학자 중 한 명인 제임스 클리퍼드James Clifford는 "현장"이 문화인류학자의 창조물이라고 주장했다. 인류학자는 한 공간을 분리해서 "현장"이라고 대상화해왔다. 그러나 "현장" 그 자체에 경계선이 그어져 있는 것은 아니며, 그 공간을 분리하는 방식 자체가 불평등한 권력관계 속에서 강요된 역사적인 산물인 경우가 많다. 경우에 따라서는 인류학자의 자의적인 선 긋기에 의한 것일 수도 있다. 그는 특정 "현장"에 대한 기술記述과 분석은 역사적으로 만들어져온 공간의 분리 방식과 밀접하게 관련되어 있으며, "현장"이라는 개념은 고정된 것이 아니라고 주장했다(Clifford 1992: 66). 말리노브스키는 사람들의 생활 속에서 "종교", "기술技術", "사회조직"과 같이 특정한 측면만을 연구하는 것을 "인위적으로 분리해낸 영역"을 설정하는 것이라고 생각했지만, 클리퍼드는 "현장" 그 자체가 현장연구자에 의해 분리된 것이라고 주장한 셈이다.

이와 같은 비판은 문화인류학을 배우는 많은 사람에게 영향을 끼쳤다. "현장을 설정하는 것 자체가 문제"라는 비판은 막 현장연구를 시작하려는 사람의 사기를 꺾어놓았고, 필자 본인도 어찌할 바를 몰랐다. 그러나 그것은 "이제 현장연구를 그만두어야 한다"고 주장하는 것은 아니다(Strathern 2004: 9). 민족지에 대한 비판의 핵심은 현장연구로부터 민족지 작성에 이르는 과정, 즉 문화를 "기록하는 방식"에 대한 비판이며, 타자의 문화를 기술해온 지금까지의 인류학적 행위를 성찰하는 것이었다.

문화인류학자의 자기 성찰은 타자를 이해하려고 하는 사람이 도달하지 않으면 안 되는 필연적인 과정이었다. 자기를 성찰하지 않은 채 타자를 대상화하고 타자이해를 목표로 한다고 말하는 것은 필연적으로 기만적일 수밖에 없다. 현장연구와 민족지에 대한 비판은 "타자이해를 목표로 한다고 말하는 당신은 어떤 존재인가?"라는 문제를 제기한 셈이었다.

3. 동아시아에 대한 현장연구와 민족지

(1) 동아시아의 문화인류학과 일본

문화인류학적 연구가 불평등한 권력관계를 배경으로 성립·전개된 것은 서구의 문화인류학만이 아니라 일본의 경우에도 마찬가지였다. "인류학적 타자이해"의 방식은 오늘날의 눈으로 보면 매우 충격적인 "학술인류관 사건"에서 볼 수 있다. 이 사건은 1903년 오사카에서 개최된 제5회 내국권업박람회內国勧業博覧会에서 "오키나와인, 아이누족, 대만의 타이얄Tayal족" 등의 인간을 있는 그대로 전시한 사건이었다. 인간 전시에서 주도적인 역할을 한 것은 일본의 선구적인 인류학자인 쓰보이 쇼고로坪井五吾郎(1863~1913)였다(山路 2011:

15~16, cf. 小熊 1998: 286). 쓰보이 쇼고로가 "인간 전시"를 기획한 목적은 문화상대주의의 입장에서 인류문화의 "풍습과 관습이 다양하다"는 사실을 분명하게 드러내기 위한 것이었다. 그러나 전시된 사람은 일본의 식민지 주민이었고, 인간 전시는 지배(=연구)하는 측이 지배(=연구)당하는 측의 사람들을 "구경거리"로 만든 것이나 마찬가지였다.

일본의 초기 인류학이 식민지와 관계를 맺고 있었던 것은 학술인류관 사건만이 아니다. 쓰보이 쇼고로의 수제자였던 도리이 류조鳥居龍藏(1870~1953)는 여러 지역에서 현장연구를 실시한 인류학자로 알려져 있다. 도리이가 랴오둥반도遼東半島 조사(1895)를 필두로 대만, 중국 남서부, 만주, 조선, 몽고, 쿠릴열도(치시마열도千島列島), 시베리아, 사할린까지 조사지를 확대해간 과정은 일본이 식민지를 획득했던 과정과 중첩된다(山路 2011: 20~21). 일본의 문화인류학은 근대 일본의 식민지주의와 긴밀하게 연결되며 성립·전개된 것이다.

한편 식민지에 관한 인류학적 연구가 그 후 동아시아 지역에 관한 문화인류학적 연구의 기초가 된 것도 사실이다(宮岡 2011; 朝倉 2011; 崔 2011). 태평양전쟁이 끝난 후, 일본의 식민지였던 곳이 독립하면서 각 사회에서 자기 문화를 탐구하는 연구자가 많이 늘어났지만, 자문화 연구도 과거 식민지 인류학을 마주 대하며 전개됐다. 예를 들어, 한국 출신의 문화인류학자인 최길성은 식민지 조선의 대표적인 민족학자였던 무라야마 지준村山智順과 아키바 다카시秋葉隆의 무속巫俗에 관한 연구 성과를 검토하고, "이들의 무속 연구는 한

반도 전체의 문화를 조사한 것으로 큰 의미가 있다."라고 평가했다
(崔 2011: 168). 이것은 식민지배의 역사와 그 영향을 긍정한 것이라
는 의미가 아니라, 각 시대의 인류학자가 처했던 역사적인 문맥을
고려하면서 비판적으로 대화하는 자세로부터 도출된 평가라고 할
수 있다.

(2) 강대국의 패권과 자기 문화 연구

그런데도 지배당한 측의 자기 문화 연구는 지배하는 측의 영향을
알게 모르게 받기 마련이다. 이에 대해, 오키나와 연구의 초창기 상
황을 살펴봄으로써 설명하고자 한다.

일본의 한 지방으로서 "오키나와현"이 성립된 것은 메이지 정부
가 강제적으로 류큐왕국을 해체했던 1879년이었다(류큐처분琉球処分).
류큐처분 직후, 류큐왕국은 다시 독립하기 위해 중국에 지원을 요
청했던 적이 있었으나, 청일전쟁(1894~1895)에서 일본이 승리하면서
일본이 동아시아에서 세력을 확장하게 되자 류큐왕국이 다시 독립
하는 일은 거의 불가능해졌다. 그리고 메이지시대(1868~1912) 중기
가 되자, 오키나와의 지식인들 사이에서는 일본으로의 동화同化를
요구하는 담론이 주류를 차지하게 되었다. 오키나와 연구가 본격적
으로 시작된 것은 이러한 역사적인 상황 속에서였다.

오키나와 연구의 선구자인 이하 후유伊波普猷(1876~1947)는 일본
인과 류큐인이 선조先祖를 공유하고 있다는 "일류동조론日琉同祖論"
을 전개했다(伊波 1906; 小熊 1998: 294~299). "일류동조론"은 청일전

쟁 이후 오키나와 지식인 사이에서 일반적인 견해였으며, 당시 오키나와가 놓인 차별적인 상황에서 벗어나 일본에 동화됨으로써 정치 경제적 지위를 상승시키고자 하는 사고방식과 연결되어 있었다. 그러나 이하 후유의 "일류동조론"은 당시 지식인의 일반적인 담론과는 달리 동화를 지향하는 것이 아니었다. 이하 후유의 "일류동조론"은 문자 그대로 일본과 오키나와 양측의 선조가 같다는 것으로, 일본 본토의 관점에서 기이하게 보이는 오키나와의 풍습도 기원을 찾아보면 일본 본토와 관련되어 있다는 것이 그의 주장이었다(伊波 1906, cf. 小熊 1998).

이러한 관점은 단적으로 말해 오키나와를 "고대 일본을 비추는 거울"로 간주하는 것이다. 이러한 관점은 야나기타 구니오柳田國男에 의해 계승·강화됐고, 태평양전쟁 시기까지 오키나와 연구의 패러다임이 되었다(Hara 2007: 106~107; 屋嘉比 1999).

이하 후유 연구의 관점과 틀은 "강력한 타자"에게 영향을 받은 것으로, 일본과의 조화를 도모하면서 오키나와의 독자성을 분명히 하려는 것이었다. 오늘날의 눈으로 보면 이러한 연구는 불평등한 권력관계를 결과적으로 강화하고 있는 것처럼 보인다. 지배당하는 측의 자기 문화 연구자가 "강력한 타자"에 의해 규정되는 것에 저항하기는 쉽지 않다.

(3) 오키나와 연구와 일본, 그리고 미국

시대를 한참 거슬러 올라가, 최근 오키나와 연구의 사례로서 미국인 문화인류학자 크리스토퍼 넬슨Christopher Nelson이 쓴 민족지를 검토해보자. 1985년에 처음 오키나와를 방문했을 때, 넬슨은 23세의 젊은 해병대 장교였다. 어느 여름날 밤, 비틀스 음악이 흘러나오는 미군기지 근처 술집 밖에서 노인 한 명을 보았다. 노인은 지나가려다 말고 넬슨 쪽을 바라보았다. 눈이 마주쳤다. 노인은 그 자리를 조용히 걸어서 떠났다. 그것 말고는 아무 일도 없었지만, 바로 그때 넬슨의 마음속에 한 가지 질문이 떠올랐다.

> 나이를 고려하면 그는 태평양전쟁을 겪은 사람임이 틀림없다. 그는 그 후의 인생을 어떻게 살아왔을까? 마을에 들어선 기지와 술집을 볼 때, 그리고 나 같은 해병대원을 볼 때, 그는 어떤 느낌이 들까?(Nelson 2008: 2)

그 후 넬슨은 미국으로 돌아가, 일본어를 배우면서 문화인류학 교육을 받았다. 이 과정에서 그 여름날 유흥가의 풍경을 다시금 떠올리게 됐다. 그로부터 10년 후인 1995년, 넬슨은 현장연구를 하기 위해 오키나와에 돌아왔다. 그리고『사자死者와 함께 춤을: 전후 오키나와에서의 기억, 연행, 일상생활Dancing with the Dead: Memory, Performance, and Everyday Life in Postwar Okinawa』(Nelson 2008)이라는 민족지를 썼다. 넬슨은 이 책의 서두에 다음과 같이 적고 있다.

> 오키나와의 사람들은 과거를 어떻게 이해하고 있을까? 그들이 건너

온 공포나 포기해버린 기쁨, 지불해야 했던 희생에 대해 어떻게 기억하고 있을까? 이런 문제는 그들이 계속하고 있는 행위나 단념해버린 행위와 어떻게 관련되어 있을까? 그들은 기억과 어떤 식으로 맞닥뜨리고 있을까? 필사적으로 기억해내려고 하고 있을까? 아니면 받아들이려고 애쓰고 있을까? 그것도 아니면 조금씩 잊어가는 것을 받아들이고 있을까?(Nelson 2008: 2)

넬슨의 연구 목적과 동기는 말리노브스키와 같이 사회의 전체 모습을 이해하려고 하는 것이 아니며, 이하 후유나 야나기타 구니오처럼 일본과 대비해서 오키나와 문화의 특징을 분명히 하려는 것도 아니다. 또한 넬슨이 설정한 연구 대상은 클리퍼드가 비판했던 것처럼 권력관계를 자각하지 못한 연구자가 자의적으로 만들어낸 것도 아니다. 오히려 과거와 현재의 권력 상황에 민감하게 반응하며 알게 된 문제와 대상에 시선을 돌렸다. 젊은 해병대 장교였던 시절 오키나와의 한 노인과 마주친 것이 10년 후 넬슨이 다시금 오키나와에 돌아오는 계기가 됐다. 문화인류학자가 된 넬슨이 연구 대상으로 삼은 것은 "일인극一人芝居"이나 오키나와 전통 춤 "에이사エイサー"였고, 여기서 그가 제기했던 문제는 오키나와전沖縄戦[1]을 기점으로 오키나와 사람들이 감당해야 했던 역사적 경험이 현재 사람들

---

[1] 제2차 세계대전 중 미군이 일본 본토를 점령하기 위한 기반을 마련하기 위해 오키나와섬에서 1945년 4월부터 6월까지 전개한 지상전地上戦으로, 일본군 10만 명뿐만 아니라 당시 오키나와현 인구의 4분의 1에 해당하는 민간인 9만 4,000명도 희생됐다.

의 삶의 방식에 어떠한 영향을 미쳤는지, 과거의 기억이 미래에 대한 전망에 어떤 식으로 연결되고 있는지의 문제였다.

4. 현장과 문헌 모두에서 얻는 발상

문화인류학은 현장에서의 만남에서 시작된다. 그러나 연구과제는 현장에서만 발견되는 것이 아니며, 많은 경우 현장연구와 함께 문헌 연구에서도 발견된다. 문헌에서 배운 것이나 문헌이 제기하는 문제를 바탕으로 새로운 연구를 시작하기도 한다.

문화인류학자는 현장연구를 기초로 타자의 사회와 문화를 이해하려고 한다. 나아가 "인류"학이라는 명칭에서 드러나듯이, 인류의 지식에 공헌하고자 한다. 또한 문화인류학을 배우는 사람은 자신의 현장뿐만 아니라 다른 현장으로부터도 배울 필요가 있다. 내 경우에는 주된 현장은 오키나와였지만, 오키나와 연구와 직접적으로는 관계가 없는 인도에서의 경험이 중요했다. 내 경험으로부터 연구과제를 발견하는 과정이 어떤 식으로 이루어졌는지를 보여주고자 한다.

1986년부터 1988년까지 나는 인도 동부 콜카타^{Kolkata}에 있는 일본총영사관에서 파견 직원으로 일했다. 그때부터 인도 연구를 하고 싶다고 막연하게나마 생각했었다. 그러나 귀국 후 대학원 진학을 준비하고 있을 때, 오키나와의 역사에 관한 책을 읽은 것을 계기로 오키나와에 관해 공부해야겠다는 생각이 강하게 들었다. 그때까지 나는 오키나와의 역사에 대해 거의 아는 것이 없었다. 아무것도 몰랐던 것은 아니지만, 류큐침공琉球侵攻[2], 류큐처분, 오키나와전, 본토 복귀[3]라는 커다란 힘에 몇 번이나 뒤흔들렸던 역사 속에서, 그곳에서 살아온 구체적인 사람이 있었다(있다)는 점을 생각하지 못했다. 나 자신을 키워온 장소에 시선을 돌리지 않은 채 다른 문화를 연구하는 것은 무엇인가 잘못됐다고 생각했다. 이 경험이 내가 오키나와 연구를 하게 된 출발점이었다.

그 이후로 오키나와 연구를 하고 있지만, 인도에 관한 관심이 사라진 것은 아니었다. 오키나와에서 현장연구를 하고 있던 2000년 봄, 인도에 단기 여행을 다녀왔다. 서벵골주 콜카타로부터 북동쪽으로 160킬로미터 정도 떨어진 곳에 있는 샨티니케탄Shantiniketan이라는 마을을 방문했다. 거기서 세탁업을 생업으로 하는 도비Dhobi라고 불리는 하층 카스트 사람들을 만났다. 열 명 정도의 남녀가 연못에서 침대 시트를 세탁하고 있었다. 연못 가장자리에 앉아 있던 노인 남성에게 벵골어로 말을 걸어보았다. 말이 통하지 않았다. 그는 벵골 사람이 아니었다. 짧은 힌디어로 어떻게든 말을 해보니, 그들은 비하르주에서 서벵골주의 샨티니케탄으로 집단이주했으며, 한 달간 버는 돈이 2,000루피 정도라는 것을 알게 되었다.

---

2 1609년 현재의 가고시마현에 해당하는 사쓰마번薩摩藩이 류큐왕국을 침략해 종속시킨 사건이며, 사쓰마번은 시마조 일족에 의해 통치되고 있어서 원문에는 시마조침공島津侵攻이라고 표기되어 있다.

3 1952년 체결된 샌프란시스코강화조약에 따라 일본은 주권을 회복했지만, 오키나와는 1972년에 일본에 반환될 때까지 미군의 점령 아래 놓여 있었다.

그림 1-1 비하르인 도비 카스트의 세탁 풍경

　여행 중에 있었던 사사로운 경험이었지만, 이것은 예전에 읽었던 나카네 지에[中根千枝](1926~)의 "종적 사회·횡적 사회[タテ社会·ヨコ社会]"에 관한 논의와 연결됐다. 나카네 지에에 따르면, 사회구조를 규정하는 원리에는 "자격[資格]"과 "장[場]"이 있는데, "자격"의 원리는 사람을 횡적[横的]으로 연결하는 반면, "장"의 원리는 사람을 종적[縱的]으로 연결하는 기능이 있다. 나카네 지에는 횡적인 관계의 예로서 인도를, 종적인 관계의 예로서 일본을 들어 분석했다(中根 1967, 1987). 그녀에 따르면, 서로 다른 카스트 사이의 인구이동은 거의 없지만, 같은 카스트 구성원은 횡적으로 연결되어 있고, 이 연결관계는 마을의 범위를 넘어선다. 내가 만났던 사람들은 마을의 범위를 넘었기 때문인지 말이 통하지 않는 곳에서 생활하고 있었다.

　현장에서의 경험과 문헌에서 읽은 것으로부터 내 마음속에 한 가지 질문이 떠올랐다. 오키나와에서는 어떨까라는 질문이었다. 오키나와의 사회와 인구이동의 상황은 일본보다도 인도에 가까운 것처럼 느껴졌다. 이러한 생각에 이끌려 나는 다시 오키나와에서 현장연구를 하기 위해 돌아왔다. 인도에서 살았을 때는 알려고도 하지 않았던 하층 카스트 사람들의 배경에 관심을 두게 된 것은 나카네 지에의 사회조직론 덕분이며, 이 경험은 오키나와 연구에 간접적으로 연결됐다. 내 현장연구는 오키나와와 인도 그리고 문헌이 중첩되면서 진행됐다.

5. 타자/자기이해로부터 알게 되는 세계의 지평 속으로

문화인류학적 실천을 통해 "어른이 된다"는 것은 지금까지 보이지 않았던 것이 보이게 된다는 뜻이다. 아이에게는 보이지 않고 어른에게는 보이는 것은 무엇일까? 어떤 강의에서 들은 이야기로, 항상 저녁 반찬으로 정어리만 올라오는 것에 아이는 불평을 하지만, 가족을 위해 돈을 벌어 와야 하는 아버지는 아무런 불평을 하지 않는다고 한다. 정어리 반찬뿐인 것은 자신에게도 일말의 책임이 있기 때문이다. 눈앞에서 벌어지는 일에 솔직하게 반응하는 것이 아니라면, 현상의 배후를 알고 있는 어른은 눈앞의 일만 보고 반응하지 않는다. 인류학은 "어른의 학문이면서 동시에 어른이 되기 위한 학문이다."라고 우메사오 다다오가 말했던 것에는 이러한 의미가 담겨 있다고 이해할 수 있다. 현장연구는 현장에서 일어나는 현상과 그 배후를 탐구하고, 더 넓은 문맥에서 타자를 이해하려는 시도이다. 총체론적 접근이란 "나의 잣대"를 상대방에게 강요하지 않고, "상대방의 잣대"에 의지하면서 현상의 배후를 살피려고 하는 자세라고 바꿔 말할 수 있다.

말리노브스키는 사회의 "통일적 전체" 속에서 현상을 파악했다. 말리노브스키식의 총체론적 접근을 클리퍼드 등이 비판했지만, 클리퍼드와 같은 사람도 또 다른 종류의 총체론적 접근을 주장했다고도 볼 수 있다. 즉, 그들이 지향했던 것은 연구하는 측과 연구되는 측을 모두 포함한 "총체론적 접근"이다. 클리퍼드는 이것도 "부분"에 지나지 않는다고 주장했지만 말이다. 1980년대에 문화인류학에 제기된 비판은 타자이해는 필연적으로 자기이해가 바탕이 되어야 한다는 주장이었다.

오늘날, 현장에 나가 현지 사람이나 집단을 대상으로 하는 연구방식은 역사학이나 사회학 등 여러 학문 분야에서도 이루어지고 있다. 이러한 상황에서 문화인류학적 현장연구가 다른 분야의 현장연구와 구별되는 점은 거기에 타자/자기이해가 포함되어 있는가, 그렇지 않은가에 달려 있다고 필자는 생각한다. 이것은 자기 문화에 관한 연구에서도 다른 문화에 관한 연구에서도 마찬가지다. 현장은 타자와의 만남의 장이기 때문이다. 현장연구에서 민족지 작성에 이르는 과정에서, 구체적인 타자에 대한 이해를 심화함으로써 자신을 되돌아본다. 이것이 현장연구의 묘미다.

이러한 문화인류학적 실천이 인류의 지식에 공헌할 수 있는 이유는 자신과 타자가 서로를 이해할 수 있는 명확한 지평을 만들기 때문이다. 인류의 역사는 서로에 대한 몰이해, 반목, 분쟁, 살육으로 가득 차 있다. 미국 국무부(美国務省 1999)의 보고에 따르면, 세계 160개국에서 여성에 대한 남성의 폭력이 현저하게 발견된다. 또한 20세기 100년 동안 전쟁에서 죽은 사람의 수는 1억 수천만 명에 달한다(常石 2003: 145). 가정폭력에서 전쟁에 이르기까지, 사회의 여러 방면에서 사람은 다투어왔으며 지금도 어디선가 다투고 있다. 다툼은 "나의 잣대"로 다른 사람을 판단하는 데에서 시작된다. "나의 잣대"로 이해할 수 없는 타자는 동화 혹은 배제의 대상이 된다(バウマン 2001: 132). 이러한 세계의 현실 속에서, 문화인류학자는 타자/자기이해를 목표로 하며, 서로를 이해할 수 있는 명확한 지평을 만들려고 애쓰고 있다. 현장연구는 이러한 원대한 목표를 내다본 연구 방법이며, 민족지는 현장연구의 성과로서 타자/자기이해를 표현한 것이다.

여기까지 쓰고 나서 부인에게 원고를 읽어달라고 했는데, "'어른이 된다.' 진짜 근사한 말을 썼네. 집에서의 생활에서도 제발 '어른'이 되었으면 좋겠어."라는 소리를 들었다. 타자는 머나먼 현장에 있는 것만이 아니라 바로 옆에도 있다. 타자란 내가 아닌 사람, 따라서 절대로 내가 생각한 대로 되지 않는 사람이며, 타자는 종종 나의 맹점과 급소를 찌른다. 살아 있는 한, 타자이해의 과정은 끝이 없고, 타자의 잣대에 비춰 본 나에 대한 이해도 끝이 없다. 바로 이

때문에, 우리는 지금 당장 현장연구를 시작할 수 있으며, 계속해나
갈 가치가 있다.

참고 문헌

朝倉敏夫 2011 「植民地期朝鮮の日本人研究者の評価: 今村鞆・赤松智城・秋葉隆・村
山智順・善生永助」山路勝彦編『日本の人類学』関西学院大学出版会, 121-150頁.

伊波普猷 1906 「沖縄人の祖先に就いて」『琉球新報』(1906年12月5〜9日).

梅棹忠夫 1974 「人類学のすすめ」梅悼忠夫編『人類学のすすめ』筑摩書房, 245-281
頁.

小熊英二 1998 『〈日本人〉の境界』新曜社.

ギアツ, C 1987 「厚い記述: 文化の解釈学的理論をめざして」『文化の解釈学II』吉田禎
吾・柳川啓一・中牧弘允・板橋作美訳, 岩波書店, 3-56頁. (클리퍼드 기어츠, 문옥표
옮김, 2009, 『문화의 해석』, 까치.)

クリフォード, J 1996 「序論: 部分的真実」J.クリフォード/G.マーカス編『文化を書く』春日
直樹・足羽與志子・橋本和也・多和田裕司・西川麦子・和迩悦子訳, 紀伊図屋書店,
1-50頁.

クリフォード, J/G.マーカス編 1996 『文化を書く』春日直樹・足羽與志子・橋本和也・多和
田裕司・西川麦子・和途悦子訳, 紀伊園屋書店. (제임스 클리퍼드・조지 마커스, 이
기우 옮김, 2000, 『문화를 쓴다』, 한국문화사.)

崔吉城 2011 「朝鮮総督府調査資料と民族学: 村山智順と秋葉隆を中心に」山路勝彦編
『日本の人類学』関西学院大学出版会, 151-173頁.

當石希望 2003 「戦争という暴力」海老澤善一ほか『人はなぜ暴力をふるうのか』梓出版
社.

中根千枝 1967 『タテ社会の人間関係』講談社. (나카네 지에, 양현혜 옮김, 2002, 『일
본 사회의 인간관계』, 소화.)

中根千枝 1987 『社会人類学: アジア諸社会の考察』東京大学出版会.

バウマン, Z 2001 『リキッド・モダニティ: 液状化する社会』森田典正訳, 大月書店. (지그

　　문트 바우만, 이일수 옮김, 2009,『액체근대』, 강.)

米国務省編 1999『なぐられる女たち: 世界女性人権白書』東信堂.

マーカス, G・E/M・M・J・フィッシャー編 1989『文化批判としての人類学: 人間科学における実験的試み』永淵康之訳, 紀伊國屋書店. (조지 마커스·마이클 피셔, 유철인 옮김, 2005,『인류학과 문화비평』, 아카넷.)

マリノフスキ, B 2010『西太平洋の遠洋航海者: メラネシアのニュー・ギニア諸島における住民たちの事業と冒険の報告』増田義郎訳, 講談社. (브로니슬라브 말리노브스키, 최협 옮김, 2013,『서태평양의 항해자들』, 전남대학교출판부.)

三苫利幸編 2008「伊波普猷『沖縄人の祖先に就いて』」『九州国際大学教養研究』15(1): 83-118頁.

宮岡真央子 2011「台湾原住民族研究の継承と展開」山路勝彦編『日本の人類学』関西学院大学出版会, 77-119頁.

屋嘉比収 1999「古日本の鏡としての琉球: 柳田国男と沖縄研究の枠組み」沖縄国際大学南島文化研究所『南島文化』21:45-173頁.

山路勝彦 2011「日本人類学の歴史的展開」山路勝彦編『日本の人類学』関西学院大学出版会, 9-73頁.

Clifford, J. 1992. Notes on (Field) notes. In Sanjek, R. (ed.), *Field Notes: Making of Anthropology.* New York: Cornel University Press, pp. 47-70.

Hara, T. 2007. Okinawan Studies in Japan, 1879-2007. *Japanese Review of Cultural Anthropology* 8: 101-136.

Jackson, J.E. 1992. I Am a Fieldnote: Fieldnotes as a Symbols of Professional Identity. In R. Sanjek (ed.), *Field Notes: Making of Anthropology.* New York: Cornel University Press, pp. 3-33.

Nelson, C. 2008. *Dancing with the Dead: Memory, Performance, and Everyday Life in Postwar Okinawa.* Durham and London: Duke University Press.

Strathern, M. 2004. *Partial Connections (Updated Edition).* Lanham: Rowman and Littlefield Publishers, Inc. (메릴린 스트래선, 차은정 옮김, 2019,『부분적인 연결들』, 오월의봄.)

읽을거리

• 『フィールドワークの物語: エスノグラフィーの文章作法(현장연구 이야기: 민족지 작성법)』J·V·マ: ネン, 森川渉 訳, 現代書館, 1999年(Van Maanen, John. 1988. *Tales of the Field: On Writing Ethnography*. Chicago: The University of Chicago Press).

　　1980년대의 "문화 쓰기$^{writing\ culture}$" 비판을 포함해 현장연구에서 민족지 작성에 이르는 과정을 해설한 입문서. 독자적인 시점에서 분류한 민족지의 유형이나 민족지 작성에 필요한 기술이 "역사적인 지식 및 언어 능력, 그리고 개인의 경험"에 강하게 영향 받는다는 점을 지적하는 등(p.12), 문화인류학적인 행위의 다양성과 깊이를 가르쳐준다.

• 『京大式 フィールドワーク入門(교토대학 식의 현장연구입문)』京都大学大学院アジア·アフリカ地域研究研究科, 京都大学東南アジア研究所 編, NTT出版, 2006年.

　　신진 연구자나 대학원생이 발표한 연구논문을 주된 소재로 삼아, 현장연구에서 민족지 작성에 이르는 과정을 소개하고 있다. 현장에서의 시행착오나 논문으로 정리할 때까지의 고민을 구체적으로 검토함으로써, 이 책은 현장연구를 하는 사람과 이제부터 시작하려고 하는 사람에게 큰 시사점을 준다.

• 『ラディカル·オーラル·ヒストリー: オーストラリア先住民アボリジニの歴史実践(급진적 구술사: 오스트리아 선주민의 역사실천)』保苅実, 御茶の水書房, 2004年.

　　역사학자가 문화인류학적 현장연구의 방법을 사용해서 쓴 "역사민족지"이다. 이 책이 출판되기 직전까지 저자는 말기 암으로 병상에 있었다. 이 책은 저자인 호카리 미노루 씨가 목숨을 내걸고 쌓아 올린 연구 성과이며, 저자의 삶의 방식을 있는 그대로 표현한 것이기도 하다.

미군기지 문제

다마키 다케시

오키나와에 대한 일본의 시정권施政權을 정지한 니미츠 포고(1945년 3월 26일)부터 화폐경제 부활(1946년 4월 15일)까지의 1년간, 오키나와에는 어떠한 자치나 자유도 없었다. 오키나와섬 주민은 지정된 열두 개의 수용지구에 거주하고, 그 밖의 광대한 토지는 미국의 군용지로 변했다. 수용지구는 인구밀도가 높아 한 집에 5∼6세대가 사는 게 보통이었다. 이것이 오늘까지 이어지는 미군기지 문제의 출발점이다.

1950년을 전후로 오키나와의 미군기지는 절대로 적었다고는 말할 수 없지만, 같은 시기 일본 본토에는 오키나와의 약 여덟 배에 달하는 미군기지가 있었고, 오키나와에만 미군기지가 집중되어 있었던 것은 아니었다. 그러나 샌프란시스코강화조약(1952년 4월 28일 발효)을 계기로 일본 본토의 미군기지는 대폭 축소됐다. 한편, 이 조약에서 미국에 의한 오키나와 통치를 인정하는 조항이 삽입되어(제3조) 오키나와는 일본에서 분리됐다.

이러한 상황에 대해 오키나와의 주민은 강하게 반발해 미군기지에 반대하는 사회운동이 일어났다. 1960년대가 되어 이것은 조국복귀운동祖国復帰運動으로 이어졌다. 조국인 일본에 복귀하면 기지가 없어질 것이라고 많은 사람이 바라고 기대했기 때문이다. 그러나 복귀 후에도 오키나와의 기지는 거의 줄어들지 않았다. 그 결과, 국토 면적의 0.6퍼센트에 불과한 오키나와에 재일미군기지(전용시설 포함)의 74퍼센트가 집중되는 상황이 벌어졌다.

지난 20년간 헤노코(오키나와섬 북부)에 새로운 기지를 건설하는 것에 반대하는 운동이 계속되고 있다. 이 운동에 관여하고 있는 치바나 쇼이치知花昌一는 미국인 영화감독 존 융커만John Junkerman과의 인터뷰에서 "오키나와는 진 적이 없다."라고 말했다. 융커만 감독이 깜짝 놀라며 "계속 패배하고 있는 것이 아닙니까?"라고 묻자, 치바나 씨는 "지금까지 한 번도 이긴 적이 없으므로 지는 것도 모릅니다. 따라서 승패를 의식하지 않고 지금 할 수 있는 일을 할 뿐이지요."라고 대답했다. 오랫동안 이어온 미군기지에 반대하는 운동은 치바나처럼 긴 호흡으로 조금씩 나아가는 활동으로 착실하게 지탱되고 있다.

가족과 친족

한국과 일본의 혈연관계로부터

오타 심페이

한국의 전통적인 조상 제사는 식순에 따라 성대하게 거행된다. 참가자는 같은 친족집단의 일원이지만 서로 이름조차 모르는 경우도 많다. 젊은이는 거의 없다. 이러한 배경에는 무엇이 있는 걸까?(2009년, 필자 촬영)

가족이란 무엇인가라고 질문했을 때, 흔한 대답은 "돌아갈 수 있는 장소"라거나 "무슨 일이 있더라도 믿고 서로 도와줄 수 있는 집단"이라는 것이다. 이것은 어느 정도 이해할 수 있는 가족의 기능적 측면을 제시하고 있다. "당신은 어떤 가족을 꾸리고 싶습니까?"라고 질문을 던지면, "사랑하는 사람과 결혼해서 행복한 가정을 꾸리고 싶습니다."라는 대답이 일본에서는 일반적일 것이다.

그러나 한 번쯤은 이런 말들을 의심해보았으면 한다. 결혼이란 무엇인가? 결혼이 가족을 꾸리는 유일한 방법인가? 가족애나 가족의 행복은 한 가지 모습으로 귀결될까? 가족을 위와 같이 기능적인 측면으로만 바라보아도 괜찮은가?

덧붙여서, 각자가 생각하는 이상적인 배우자의 조건에 대해서도 한 번쯤 의문을 던져보았으면 좋겠다. 나는 수업에서 학생들에게 "누군가와 가족을 꾸린다면, 배우자로는 어떤 사람이 좋을까요?"라고 질문을 던지곤 한다. 학생들은 성격, 용모, 수입 등의 조건을 들어 열심히 대답한다. 하지만 "그런 상대를 어디에서 고르나요? 여러분의 배우자가 될 수 있는 사람은 전 인류 중에서 몇 퍼센트나 될까요?"라고 질문하면, 모두 선뜻 대답하지 못한다. "몇 퍼센트라고 할 것도 없이, 살면서 어울려 지내고 친해질 수 있는 사람이 많아야 100명 정도"라면, 그중에서도 "어울려 지내"며 "친한" 사람이어야지만 미래의 배우자가 될 수 있다. 나는 여기서 좀 더 곤란한 질문을 던진다. "친하면 모두 배우자의 후보인가요?" 학생들은 동요한다. 자기와 가장 친한 사람일수록 사실은 배우자가 될 수 없다는 사실을 깨달았기 때문이다. 부모, 형제자매, 연애 상대가 될 수 없는 친한 친구 등은 배우자가 될 수 없다. 기혼자도 이상적인 배우자 후보에서 제외된다. 이것은 일본인 대부분에게 매우 중요한 점이지만, 보통은 의식조차 하지 않는 암묵적으로 전제된 사실이다.

가족과 친족은 문화인류학이 시작되었을 때부터 중요한 주제 중 하나였다. 문화인류학 내에서 이 주제가 어떻게 다루어져왔는가를 살펴보면서, 독자 및 독자 주변 사람들의 연애나 인생의 대전제가 된, 암묵적으로 받아들여진 영역을 조명해보고자 한다. 이를 위해 일본의 사례와 조선·한국의 사례를 여러 차례 비교하면서 논의할 것이다. 일본에 사는 사람들이 자신의 모습을 되돌아보고자 할 때, 이웃인 조선·한국의 사례는 비춰 볼 수 있는 거울로서 흥미로운 효과를 가져다주기 때문이다.

1. 친족관계와 친족집단

문화인류학은 19세기 중반 서구에서 시작됐다. 당시에는 서구인에게도 세계 여러 지역이 여전히 미지의 영역이었다. 세계지도에 국경선을 그어 표시하기도 곤란할 지경이었다. 특히 사하라 이남 아프리카, 남아메리카, 오세아니아와 같이, 국가라는 체제 없이 사람들이 흩어져 살아가는 지역도 있었다.

이처럼 국가 없는 사회에서 살아가는 사람들이 자기 집단을 다른 집단과 구별하기 위해 자주 사용했던 개념이 대체로 친족관계 kinship라고 부를 수 있는 개념이었다. 같은 언어를 사용하더라도, 비슷한 풍습을 갖고 있더라도, 현지 사람들은 어떤 사람이 우리 집단의 일원인지 아닌지를 구분해서 말했고, 대부분 지역에서 출계 descent가 같다는 것이 자기 집단의 조건이었다. 이러한 친족집단 lineage은 종종 대외적으로 정치나 외교의 단위가 됐다.

여기에 특별히 크게 관심을 표명했던 것이 영국의 인류학자들이었다. 영국에서는 전통적으로 문화인류학 대신 사회인류학social anthropology이라는 명칭을 사용하는 경우가 많다. 친족관계처럼 사회의 근간을 형성하는 것을 연구하는 경향이 강하기 때문이다.

19세기 후반, 영국을 포함한 서구에서 지식인 사회를 지배하던 사고방식에는 사회진화론social Darwinism이 있었다. 이것은 생물학의 진화론으로부터 영향을 받아 인간 사회도 진화한다고 주장하는 사고방식이다. 옥스퍼드대학교 인류학교실의 초대 교수로, 흔히 "사회인류학의 아버지"라고 불리는 에드워드 타일러Edward B. Tylor(1832~1917)도 자신의 연구에 기꺼이 진화론적 관점을 도입했다. 얼마 안 있어 그의 영향을 받은 사회인류학자들이 각 사회의 문화도 "야만"에서 "미개"를 지나 "문명"이라는 똑같은 단계를 거쳐 발전한다는 사고방식을 세상에 전파했다. 이것이 바로 문화진화론cultural evolutionism의 탄생이다.

이러한 영향으로 결혼과 가족의 형태에 대해서도 진화론에 의거해 생각하게 됐다. 대표적인 예는 미국 인류학자인 루이스 헨리 모건Lewis Henry Morgan(1818~1881)의 주요 저서인 『고대사회』(1877)이다. 이 책에서 모건은 혼인이 배우자가 불명확한 원시적 집단혼(난혼亂婚)에서 형제 중 몇몇이 다른 집단의 자매 몇몇 사람에게 함께 장가가는 방식(프나루아혼Punaluan marriage)으로 진화했다고 주장했다. 그는 여기까지의 과정을 야만野蠻이라고 분류한다. 다음으로 토기를 만들 정도의 단계에서, 한 명의 남성이 한 명의 여성에게 장가가는 형태(모계대우혼가족母系對偶婚家族)로 바뀌고, 목축이나 농경이 시작되면 남성 지도자가 지배하는 혈연집단에 다른 집단의 여성이 시집오는 가부장가족家父長家族으로 진화한다고 주장했다. 즉, 모계가족에 근거한 사회로부터 부계가족을 중시하는 사회로 진화했다는 것이다. 그러나 모건에 따르면 이 단계도 여전히 미개未開에 해당한다. 곧 국가를 형성할 정도까지 사회가 진화하고, 결혼도 가족 간의 약속에 따라 여성이 남성의 가족에 시집을 오는 형태가 될 때, 비로소 문명에 가까운 사회가 형성됐다고 보았다.

주목해야 할 점은 모계가족은 미개사회의 관습으로, 문명사회의 부계가족보다 뒤처진 제도라고 보았다는 것이다. 모건 자신이 속한 서구의 사회문화가 진화의 정점에 있다고 주장한 셈이며, 그는 자문화중심적이고 타자를 멸시하는 태도를 보였다고 할 수 있다. 다만 그와 같은 문화진화론자가 직접적인 현장연구를 통해서가 아니라 다른 사람을 통해 세계 각지의 다양한 정보를 수집하고 그것을 비교·정리하는 방법을 취했다는 점에서 문화 연구를 과학에 가깝게 만들었다고 평가할 수 있다.

1920년대가 되자 사회인류학의 연구 방법이 급변했다. 특정 집단을 직접 현장에서 연구해서 그 문화를 파고들어 설명하는 것이 인류학의 주류가 됐다. 이때 문화상대주의가 확립되기 시작했으며, 연구 대상도 현존하고 있는 문화를 중심으로 파악했다. 그리고 문화는 서로를 지탱해주는 요소의 집합체라고 간주했다. 예를 들어, 한 사회에서 가족과 혼인의 형태가 바뀌면 그 사회의 다른 문화 요소에도 영향을 미친다고 생각했다.

　　이 점을 알기 쉽게 설명하기 위해 단순화한 예를 들어 이야기해보자. 먼저 생태계에 대해 생각해보면 좋겠다. 하나의 생태계 속에는 모든 생물이 전체를 이루고 있어서, 어느 하나의 생물이 멸종되면 생태계 전체가 흔들린다. 하나의 문화를 하나의 생태계에 빗대어, 결혼에 관한 개별적인 규칙과 같은 각각의 문화 요소들을 문화 속에 있는 생물이라고 생각해보자. 그러면 각각의 문화 요소들은 어떤 요소나 전체를 지탱하며, 문화를 형성하는 데 필수 불가결한 일부분이라는 것을 알 수 있을 것이다.

　　이러한 사고방식을 취한 사회인류학을 기능주의[functionalism]라고 한다. 기능주의의 대표적인 학자인 말리노브스키는 모건이 주장한 난혼이나 프나루아혼은 인간의 생물적인 특징에 반[反]하는 가설이므로, 도저히 있을 수 없는 주장이라고 비판했다(Knight 2008: 70). 기능주의의 또 다른 대표자인 래드클리프브라운[Alfred R. Radcliffe-Brown](1881~1955)도 『안다만 섬사람들[The Andaman Islanders]』(1922)과 『미개 사회의 기능과 구조[Structure and Function in Primitive Society]』(1952)에서, 서구인

의 관점에서 볼 때 기이한 친족관계도 해당 사회의 문화 전체를 지
탱하는 요소라고 주장했다.

2. 일본과 한국의 친족

기능주의를 지향하는 사회인류학이 일본에도 전해지자, 일본의 가
족제도인 이에제도^{イエ制度}를 탐구하는 데 활용한 사람들이 1930년
대에 등장했다. 이런 식의 연구를 처음 시작한 것은 아루가 기자에
몬^{有賀喜左衛門}(1897~1979) 같은 농촌 사회학자들이었다. 가족^{家族}이 아
니라 "이에^{イエ}"라고 쓴 데에는 이유가 있다. "가족"이라는 단어는 영
어 family의 번역어로, 근대 이후 만들어진 일본어이다. 이에 비해
일본에서 오래전부터 사용해온 "이에"라는 단어는 건물로서의 집,
역사적·사회적 의미에서의 가문, 그리고 그 가문의 구성원 등과 같
이 여러 가지 의미를 복합적으로 또는 중층적으로 가지고 있다.

　예를 들어, 아루가는 이에를 노동과 연결해 생각했다. "이에연
합" 이론이라고 불리는 그의 분석에 따르면, 노동의 조직화가 이에
라는 집단을 낳았고, 그것이 생활보장의 기능도 수행하게 됐다는
것이다. 그는 이에를 본가와 분가와 같은 동족^{同族}의 연합과 지연^{地緣}
에 근거한 마을 조직^{村組}의 연합을 구성하는 최소단위로 간주했고,
그것은 가부장적인 부부관계를 기본으로 하면서도 비^非혈연자까지
포함하는 생활집단이며, 구성원의 세대교체가 이루어져도 영속하

는 것이라고 보았다(有賀 1965).

여기서 "왜 비혈연자가 이에에 포함되는가?"라는 의문을 제기하는 독자는 근대 이전까지 일본의 지주는 소작을 종종 개인이 아니라 이에에 맡겼던 것이나 상가商家의 지배인番頭이나 고용인奉公人도 이에의 일원이었다는 사실을 생각해보길 바란다. 그들에게도 이에는 돌아갈 장소이자 믿고 서로 돕는 집단이었다. 또한 "이에가 영속한다는 것은 무슨 말인가?"라고 생각하는 독자는 일본의 이에에서 중요하게 간주하는 후계자 계승의 문제나 상속되는 묘지, 한 개인의 사망일과 법명 등을 적은 기록장過去帳, 선물용 작은 비단 보자기袱紗, 가게 이름屋号 등을 알아보면 재미있는 사실을 발견할 수 있을 것이다.

아루가의 주장에는 이후 많은 비판이 제기됐다. 하지만 그로 대표되는 전전戰前[1]의 농촌 사회학자들은 다음에 설명하는 것처럼 후세대에도 영향을 미쳤다.

마찬가지로 전전의 일로 소개하고 싶은 것은 일본인에 의한 조선의 친족관계에 대한 연구이다. 조선의 친족제도는 일본보다 중국 한족의 영향을 받았다. 부계제이면서 부부별성夫婦別性, 즉 결혼하더라도 여성이 남성의 성을 따르지 않는 제도이다. 일본의 이에와 비슷한 의미인 "집"은 여성이 상속할 수 없었다. "동성동본同姓同本" 관계에 있는 남녀는 아무리 거리가 먼 친척이더라도 결혼할 수 없었

---

1 일본에서는 1945년 8월 제2차 세계대전에서 패배한 것을 기준으로 삼아 전전戰前과 전후戰後라는 구분을 사용한다.

다. 동성동본이 아니더라도 증조부모 대까지 살펴봐서 친족관계가 가까운 조상이 없는지 확인하는 일이 흔히 있었다. 비혈연자는 "집"의 일원이 될 수 없었으며, 양자를 선택할 때도 동성동본이면서 가능한 한 가까운 친척 중 같은 대의 유아를 선택하는 것이 일반적이었다. 일본의 지식인들은 이런 사실에 관심을 가졌다. 일본에 의한 식민지 지배의 총본부였던 조선총독부도 촉탁囑託(비정규직 연구원)에게 연구를 맡겨 조선의 역사와 문화를 정리한 「조사자료」 시리즈를 간행했는데, 그중에서도 젠쇼 에스케善生永助(1885~1971)의 『조선의 성씨와 동족부락』(1943) 등이 친족관계에 관한 조사연구이다.

동성동본이란 성姓과 본관本貫이 같다는 뜻이다. 예를 들어, 김해 김씨라는 동성동본 조직은 성이 김이고 본관이 김해인 집단을 지칭한다. 본관은 조상과 인연이 깊은 지명이며, 같은 김씨라도 경주 김씨나 광산 김씨 등 본관이 다른 김씨와 김해 김씨는 친족관계가 아니다. 동성동본 조직은 종친宗親이나 종족宗族 등으로 바꿔 말할 수도 있다.

동성동본 조직은 규모가 대단히 크다. 규모가 가장 큰 김해 김씨의 경우, 현재 한국 총인구의 약 9퍼센트나 된다. 따라서 당연히 결속력이 약하다. 이 때문에 동성동본 조직은 조선왕조(1392~1897)에서 출세한 인물 등 유명한 조상을 기점으로 문중門中이나 파派라고 불리는 하부조직으로 나뉜다. 이것을 단위로 족보를 편찬하거나 대규모의 연중제사를 지내기도 한다. 족보는 한국의 한민족韓民族, 중국의 한족漢族, 베트남의 킨족 등 동아시아의 많은 사람이 현재까지

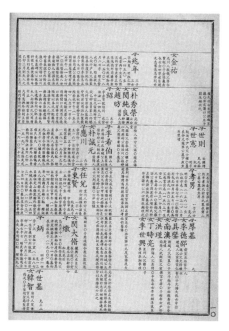

그림 2-1 1980년에 간행된 반남 박씨 족보의 일부
출전: 반남 박씨 대종중(1980: 10)

도 중요하게 여기는 서적이다. 여기에는 파의 시조로부터 편찬 시점에 이르기까지 남성의 이름이나 약력이 기재되어 있으며, 여성이 시집간 집안이 적혀 있는 경우도 많다. 그러나 문중조차도 규모가 지나치게 크기 때문에, 개별 구성원들에게는 모르는 사람으로 가득한 조직이다.

이에 비해, 대략 4대代 위까지의 조상을 같은 단위로 하는 "집안" 혹은 "당내堂內"가 있다. 조선과 한국에서는 4대조까지의 조상을 대상으로 해마다 기일에 개별적으로 제사를 지낸다. 이 때문에 집안 사람들끼리는 대부분 서로 얼굴을 아는 사이다. 다만 이것도 어디까지나 부계에 해당하는 이야기다. 모계 쪽의 친척과는 이만큼 먼 관계에 있는 사람들과 교류하는 일은 없다.

이상의 단위에서도 일본의 본가에 해당하는 조선과 한국의 종가宗家는 장남이 이어간다. 장남을 먼저 대우하고 차남 이하에 재산을 분배하는 경우도 있지만, 그런 경우에도 종가의 지위는 장남이 상속한다. 장남의 권리에 따라오는 것이 선조 제사의 의무였다. 제사를 모시는 데는 상당한 비용이 들고, 4대조까지 모신다면 1년에 적어도 여덟 번이나 제사를 지내야 한다. 덧붙여서 선조의 첩도 제사를 지내게 되면 그 횟수는 더 늘어나며, 만약 문중의 종가라면 문중 차원의 제사를 지내는 수도 더해야 한다. 종가에 재산을 더 할당하거나 지위를 높이 대우하는 시스템에는 제사의 의무를 무사히 수행하라는 지도력의 책임을 부과하는 셈이다. 반면 중국 한족의 경우에는 재산이 균등 상속되는 것이 더 일반적이며, 베트남의 경우에는 여자아이의 상속권이 인정된 사례도 있다(中西 1999).

조선과 한국의 친족관계에는 전통적인 신분제도와 관련된 점도 숨겨져 있다. 이마무라 도모今村鞆(1870~1943)는 전전의 일본 지식인들이 조선의 문화를 이해하는 데 막대한 영향을 끼친 인물로, 한반도 동부 지역에서 근무한 경찰관이었다가 조선통으로 이름을 날리며 학계의 조언자로 변신한 인물이다. 그는 조선 사람들을 접하는 일본 사람들이라면 전통적인 신분제도의 중요성을 반드시 알아야 한다고 주장했다. 이마무라(今村 1914: 17)는 조선의 전통적인 신분제도는 특권신분인 양반兩班, 전문기능직을 담당하는 중인中人, 그리고 평민과 노비라는 네 가지 신분으로 구성되어 있다고 보았다.

양반이란 본래 고려시대(918~1392)부터 조선시대까지 문관과 무관을 합쳐서 부르는 말이었다. 그러나 16세기부터 17세기까지 공직자가 될 자격이 점점 특정 문중의 남성에 한해 제한됐다. 이 때문에 양반이 특권신분으로 고착됐다. 조선시대의 양반은 최종적으로 인구의 5퍼센트에 지나지 않았다(Deuchler 1992).

이마무라 이후, 많은 연구자가 조선과 한국의 역사적인 신분제도를 연구해왔다. 그러나 이마무라는 자신의 저서에서 양반에 대해서만 분석했고, 후대 연구자들도 그런 경향을 보였다. 21세기에 접어들어서도 중인이나 평민 혹은 노비에 관한 연구는 매우 적다(桑野 2002).

게다가 이마무라의 주장에는 사실 중대한 문제가 있다. 조선과 한국의 전통적인 신분제도를 네 가지로 구분한 것부터가 잘못됐다. 조선시대의 유일한 헌법인 『경국대전』(1485)에서는 백성을 "양민良民"과 "천민賤民" 즉 일반인과 노비로만 구분했다. 공문서에서는 사회적으로 양반과 동의어로 간주하는 경우가 많은 "사족士族"이라는 특권신분을 인정한 적도 있었지만, 그조차도 영원히 계승되는 것은 허용하지 않았다. 따라서 양민과 천민 이외의 신분은 어디까지나 사회적 통념에 지나지 않았다. 더구나 사회 통념상 모든 지역에서 사람들의 신분을 네 가지로 분류한 것은 아니어서, 신분을 네 가지로 구분하는 것의 보편성도 의심스럽다. 또한 양반, 중인, 평민 사이에는 상당한 정도로 신분 이동이 있었다. 일본의 에도시대 (1603~1867)에도 무사, 도시에 사는 상인町人, 농어민이라는 신분 사이에, 데릴사위가 되거나 무사 신분을 사거나 등용 및 고용 등을 통해 신분 이동이 가능했던 것처럼, 조선시대에도 마찬가지로 혹은 에도시대 일본 이상으로 신분의 상하 이동이 있었으며, 일본과는 달리 어느 신분이나 노비로 전락할 수도 있었다.

일본의 독자들은 조선과 한국의 친족관계를 "이상"하다고 생각할 수도 있겠다. 그러나 이를 거울로 삼아 일본의 친족관계를 되돌아보면 좋겠다. 여성도 데릴사위를 받아들여서 이에를 계승할 수 있는 일본은 정말로 부계 사회인 걸까? 조선과 한국에도 "데릴사위"라고 해서 사위를 집에 들이는 경우가 있었지만, 그 경우에도 사위가 처의 집안을 이어가는 것은 아니었다. 더구나 장자상속에도 일본의 관습은 이상한 점이 있다. 성별과 관계없이 첫째가 이에를 상속하는 것이 표준인 지역(후쿠시마현, 미야기현, 이와테현 등이 속한 동북 지역 등)도 있고 막내에게 많이 상속되는 지역(혼슈, 시코쿠, 규슈 사이의 좁은 바다인 세토내해 지역 등)도 있다. 일본의 일부 상가商家에서는 친자식보다 장사에 소질이 있는 성인을 양자로 들여와 이에를 이어가도록 하는 성인양자成人養子의 관습도 드물지 않다. 필자가 한국의 대학에서 수업할 때마다, 한국인 학생들은 일본의 이러한 이에제도에 대해 "믿을 수가 없다!"라며 몹시 당황스러워했다.

3. 혼인의 유형

한국 학생들을 더욱더 곤혹스럽게 한 것은 일본에는 사촌 간 결혼이 가능하다는 이야기였다. 이미 말한 것처럼, 조선과 한국에서는 친족관계인 사람끼리의 혼인을 엄격하게 피해왔다. 이런 방식의 혼인을 외혼外婚, exogamy이라고 한다. 덧붙여서 조선과 한국에는 혼인에 관해 더 엄격한 금기도 있었다. 같은 집안끼리 혼인관계를 중복해서 맺는 것, 즉 겹사돈은 꼭 피해야 하는 일이라고 생각했다. 예를 들어, 여동생은 올케 집안의 남성과 결혼할 수 없다.

이에 비해 일본에서는 어떤가? 헤이안시대平安時代(794~1185)의 귀족 사회나 센고쿠시대戦国時代(15세기 후반~16세기 후반)의 무사 사회처럼 내혼內婚, endogamy이 오히려 장려된 때도 있었다. 그 외에도 공통의 조상이 없는지 살펴서 내혼을 철저히 피하려고 하는 규범은 없었다. 현재에도 사촌 간의 결혼을 포함해 친척 간의 결혼이 적지 않게 이루어지고 있다.

말리노브스키는 인류에게 보편적으로 나타나는 "근친상간 금기 incest taboo"에 대해, 가족 구성원 사이의 결혼을 인정하지 않음으로써 가족 내부의 긴장(형제가 누이를 두고 다투는 일 등)을 줄여 가족의 분열을 회피하는 기능이 있다고 지적했다. 다만 근친상간 금기에 저촉되는 근친혼近親婚을 앞서 이야기한 내혼과 혼동해서는 안 된다. 일본처럼 근친혼의 범위와 내혼의 범위가 다른 예도 있다. 그리고 인도의 카스트 내혼처럼, 사회적 속성이 공통적인 사람들 간의 혼인homogamy을 장려하면서도, 근친혼을 범하지 않기 위해서 먼 친척과의 내혼을 오히려 당연시하는 예도 있다. 또한 이슬람 문화권처럼 사촌 간의 결혼, 특히 부계의 평행사촌 간의 결혼(남성과 삼촌의 딸 간의 결혼)을 중시하는 예도 있다. 게다가 모계 교차사촌 간의 결혼(남성과 외삼촌의 딸 간의 결혼)을 이상적이라고 여기는 사회도 있다. 이런 사회에서는 특정 사촌과의 결혼에 특별한 가치를 부여하는 한편, 그 이외의 사촌과의 결혼을 근친혼이나 그것에 가까운 일로 인식해 꺼리는 경우가 많다.

혼인규범을 이론적으로 설명한 민족학자로 레비스트로스Claude Lévi-Strauss(1908~2009)가 있다. 민족학ethnology은 문화인류학의 다른 이름으로 유럽 대륙을 중심으로 발달했다. 그는 구조주의structuralism를 확립하고 현대 사상에 막대한 영향을 끼친 학자로 알려져 있는데, 『친족의 기본구조Les structures élémentaires de la parenté』(1949)에서 증여贈與라는 개념을 활용해 혼인과 친족의 기본 원리를 규명했다. 그의 연구의 특징은 한 사회 혹은 몇몇 사회에 있는 여러 문화 요소를 도식화하거나 수식화하고, 그것을 변환 조작함으로써 사람들의 문화를 근본적으로 규정하는 무의식적인 법칙을 도출했다는 것이다. 혼인은 한 친족집단이 여성을 교환함으로써 인접하는 다른 친족집단과 연합alliance을 형성하는 것이라고 보았다(吉岡 1984). 혼인할 때 교환하는 것은 여성만이 아니다. 사회에 따라 지참금이나 신부대新婦代처럼 혼수품이나 예물을 주고받는 경우도 있다. 신랑이 신부의 가족을 위해 일정 기간 일(신랑봉사新郎奉仕)을 해야 비로소 결혼이 성립된다고 보는 사회도 있다.

이런 관점에서 보면 조선과 한국의 겹사돈혼 금지는 친족연합을 최대한으로 형성하는 방법일지도 모른다. 시집을 간 여성은 출가외 인이라고 해서 친정 집안의 일원으로 간주하지 않았지만, 그 여성 이 시집간 집안을 족보에 기록해둠으로써 집안 간의 관계는 확실하 게 해두었다.

조선과 한국에도 예물의 교환이 있다. 현재에도 신랑 측은 신부 측에게 예물을 보내며, 신부 측은 가재도구를 준비하고, 신혼집을 마련하는 데 드는 비용은 서로 의논해서 분담하는 것이 혼수품 교 환의 표준적인 규범이다. 일본에서도 신랑 측은 신부 측에게 약혼 반지와 예물(상징적인 물건과 금일봉)을 주고, 신부 측은 가재도구를 준비한다는 표준적인 규범이 있다. 물론 개개인이 표준적인 규범을 어디까지 따를 것인지, 지역별 규범이나 변이가 있는지 등은 다른 차원의 이야기다.

구조주의의 사고방식을 적용해, 일본 사회의 구조를 수직사회タ テ社숲의 인간관계로 집약해 표현했던 사회인류학자인 나카네 지에 도 예외는 얼마든지 있을 수 있다는 점을 전제로 생각하지 않으면 친족구조를 해명할 수 없다고 말했다. 나카네 지에는 전전의 농촌 사회학자들이 경제적 거주 단위로 간주한 동족同族의 개념에, 구성 원 혹은 이에 사이의 위계를 중요한 요인으로 덧붙였다(中根 1962). 그리고 본가와 분가의 위계, 부모와 자식의 위계 등과 같은 수직관 계를 회사와 같이 일본 사회 어디에서나 볼 수 있다는 점을 지적한

『수직사회의 인간관계タテ社会の人間關係』(1967)를 출판해, 일본만이 아니라 세계에까지 충격을 주었다.

4. 가족의 유형

앞서 설명한 지점으로 되돌아가보자. 가족을 생각할 때, 우리는 정신적인 연결관계를 중요시하는 경향이 있다. 그러나 지금까지 살펴본 문화인류학의 연구 성과는 어디까지나 친족의 정치경제적 기능에 관한 것으로, 말하자면 생각도 하지 못한 이야기였을 것이다. 사실 가족에 관한 문화인류학의 고전적인 정의도 "함께 살면서 경제적인 협동과 자녀의 생산을 목적으로 하는 하나의 사회집단"(Murdock 1948: 1)이었다. 이것도 아루가나 나카네의 동족론同族論과 비슷하다. 우리가 생각하는 것처럼 사랑을 필수조건으로 하는 가족상과는 거리가 멀다.

그렇다고 이런 식의 접근이 전통적인 가족이나 친족의 형태는 정신적인 연결관계와 상관없다고 말하려는 것은 아니다. 현대에는 핵가족화가 진전되어, 핵가족만이 마지막으로 의지할 곳이라고 생각할 만큼 가족은 작은 단위가 되고 말았다. 그러나 전통 사회에는 다른 가족상이 있었다. 흔히 문화인류학자는 확대가족extended family과 결합가족joint family이라는 용어로 여러 부부가 하나의 가족을 형성하는 가족 형태에 주목했다. 이런 연구를 통해서도 핵가족의 틀을 뛰어넘는, 사람과 사람 간의 깊은 신뢰관계가 있다는 것이 보고되었다. 구체적으로는 공간의 공동 사용, 공유재산이나 가계家計의 일체화, 공동육아 등에서 알 수 있듯이, 이런 가족 형태는 사랑으로 치환해도 좋을 정도의 신뢰관계를 전제로 하고 있다. 핵가족 내의 신뢰관계는 말할 나위도 없을 것이다.

여기서 사회의 가치관 변화가 격심했던 1990년대 전후의 서울을 무대로 서민들의 생활 모습을 그린 드라마인《응답하라 1988》(tvN 2015~2016)을 소개하고자 한다. 이 드라마에서 이웃 사람들은 집을 구분하지 않고 서로 왕래하며 살아간다. 다른 사람에게서 얻은 음식을 또 다른 사람들과 나눠 먹는 것은 물론이고, 식사는 어느 집에서나 해도 괜찮다는 식의 감각조차 드러난다. 아이들이 밤에 이웃 아이의 집에서 자더라도 전혀 이상하지 않다. 서울로 극단적인 집중이 진행되는 와중에 서울 이주자의 1세대와 2세대에 해당하는 사람들은 마치 결합가족을 방불케 하는 가까운 이웃관계를 유지했다는 것을 보여준다. 그 이후 한국 가족의 모습은 일본보다 더 빠른 속도로 크게 변했다. 그러므로 기껏해야 20년 조금 지난 시기의 일상적인 이야기를 다룬 이 드라마가 사람들에게 신선하게 받아들여져서 크게 인기를 끈 것이다.

한국 드라마 중에는 사극도 인기인데, 이것은 양반에 대한 끊이지 않는 관심과도 관계가 있다. 양반의 규모는 많이 잡아도 인구의 5퍼센트 이하에 불과했지만, 언제부터인가 양반의 자손임을 주장하는 문중이 전체의 약 90퍼센트에 이르렀으며, 양반다움을 실천하려고 하는 사람들이 늘어났다. 이것을 "양반화yangbanization"라고 한다(Lee 1986; 末成 1987; 仲川 2008). 이 과정에서 많은 적든 서민들도 서민적인 것을 꺼리게 되었고, 자기 정체성을 양반으로 규정하려는 경향이 나타났다. 이래서는 서민적인 결합가족이 성립될 수 없었다.

인구의 절반 이상이 거주하게 된 수도권에서는 아파트에 사는 사람이 40퍼센트나 되어 이웃과의 교류가 뜻대로 이루어지지 않는 상황이 됐다. 이처럼 급격한 집중 현상과 거주 공간의 변화도 가족의 형태가 급변하게 된 요인이라고 말할 수 있다.

5. 현대 사회에서 나타나는 변화

또 다른 격변의 예로서 1990년, 2002년, 2014년의 4년제 대학 진학률, 평균 초혼 연령, 출생률의 변화를 살펴보면 [표 2-1]과 같다. 이 표에서 알 수 있는 것은 여성의 고학력화, 성별과 관계없는 만혼화晚婚化, 출생률의 저하와 같이 일본에서도 공통으로 나타나는 변화이지만, 문제는 그 변화의 속도이다.

또한 2014년 대한민국 통계청의 데이터베이스에 따르면, 40대부터 50대까지의 부부 중 51퍼센트 이상이 맞벌이를 하고 있다.

같은 데이터베이스에서 눈길을 끄는 것은 결혼에 대한 의식 조사이다. 결혼은 해야 한다고 답한 사람이 남성은 61.5퍼센트이지만,

제2장 가족과 친족

여성은 52.3퍼센트에 불과하다. 또한 여러 신문사 등의 조사에서 2030년경 한국의 생애 미혼율(50세의 시점에 결혼을 한 번도 한 적이 없는 사람의 비율)은 2030년쯤 일본의 생애 미혼율과 비슷한 수준에 도달해, 대략 남성 3명 중 1명, 여성 4명 중 1명이 50세가 되었을 때 미혼일 것이라고 예상된다.

이런 변화의 배경으로 도시 지역 아파트 가격의 급등을 거론하는 사람이 많다. 혼자서 원룸 생활을 유지하기도 힘든데, 두 명이 일하더라도 가족용 아파트(방 두 개에 거실과 부엌이 있거나 그보다 넓은 아파트)를 소유하는 것은 무리라고 생각하는 미혼자가 많다. 또한 자녀의 사교육비, 즉 보육기관이나 학원 등을 보내는 데 비용이 많이 든다는 점도 한국의 미혼자들이 결혼에 소극적인 이유 중 하나다. 한국의 사교육비는 경제협력기구OECD 회원국, 즉 이른바 선진국 전체 중에서도 가장 높다는 점은 한국에서도 잘 알려져 있다.

하지만 이런 경제적 동기만으로 만혼화나 비혼화를 설명할 수는

표 2-1 한국인의 생활 변화의 예(전국 데이터)

	1990년		2002년		2014년	
	남성	여성	남성	여성	남성	여성
4년제 대학 진학률 (국내 대학만 집계, %)	22.1	19.4	47.0	43.5	44.8	48.8
평균 초혼 연령(세)	27.8	24.8	29.8	27.0	32.6	30.0
출생률	1.570		1.166		1.205	

출전: 대한민국 통계청의 데이터베이스를 참고로 작성

없다. 실제로 필자가 지적하고 싶은 것은 오히려 유교적인 규범의 쇠퇴이다. 누구나 결혼을 해서 가문을 계승할 남성을 확보하고, 그 남자아이를 결혼시켜 다시 집안을 이어갈 사람을 얻지 않으면 안 된다는 관념은 자신을 포함한 조상의 제사가 중단되지 않게 하기 위한 유교적인 규범에 근거한 것이다(제3장 참조). 한국의 전통적인 묘는 시신 한 구씩 땅에 매장하는 것이므로(토장土葬), 누군가가 제사를 지내지 않으면 금세 황폐해진다. 따라서 후손이 없는 사람은 묘를 쓰지 않고 화장火葬을 했다. 대한민국 보건복지부의 통계에 따르면, 1990년에 화장을 한 사람은 10퍼센트 정도였지만, 이 수치는 30대 중반까지의 사람들이 사망한 비율과 별 차이가 없었다. 그러나 화장이 급속히 보급되면서 2014년에는 80퍼센트에 이르렀다. 조상의 전통적인 묘를 다시 파서 화장을 한 뒤 납골당에 보관하는 사람도 생겼다. 이런 상황이라면 한국에 유교의 규범이 강하게 남아 있다고 말할 수 있을까?

그러면 당사자들은 만혼화와 비혼화를 어떻게 설명할까? 이것을 고찰하기 위해서는 위에서 말한 경제적 이유의 실상을 좀 더 깊이 파고들 필요가 있다.

도대체 왜 도시 지역의 가족용 아파트에 살지 않으면 안 되는 것일까? 그 배경에는 도시에서 봉급생활자로 일하며 모두 같은 설비를 갖춘 아파트에서 사는 것 말고 다른 삶의 방식을 생각할 수 없다는 점이 자리 잡고 있다. 자녀가 당연히 입시경쟁에 뛰어들어야 한다고 생각하므로, 가계의 균형감각이 깨져 분수에 넘치게 사교육비를 지출하기도 한다. 이러한 점들 모두 사람들이 획일적인 삶의 방식을 추구하기 때문이라고 할 수 있다.

사교육비 문제의 배경에는 또 다른 점이 있다. 자녀를 매일 밤늦게까지 학원에 보내는 이유로 부모들이 말하는 진짜 이유는 아이들이 경쟁에서 이기기를 바라기 때문만은 아니다. 부부 모두 밤늦게까지 직장에서 일하기 때문에, 어린아이도 집에 일찍 돌아올 수가 없는 것이다. 이럴 경우, 여성의 수입이 그대로 사교육비에 들어가게 된다. 필자가 아는 40대 한국인 여성은 어떤 이야기를 하던 중에 무심코 다음과 같이 말했다.

> 결국, 내가 집에 처박혀 있고 싶지 않으니까 일하는 것뿐이야. 그렇지만 다른 사람에게 이런 이야기를 하면 날 나쁜 엄마라고 생각하겠지? 그래서 아이를 학원에 보내기 위해서 일한다고 말하는 거야. [...] 때때로 일을 그만두고 싶다는 생각이 들어. 내가 아이의 공부를 봐줘도 결과는 전혀 달라지지 않겠지만.

물론 자녀를 할아버지, 할머니에게 맡기는 사람도 있다. 그러나 이미 핵가족용 아파트에 살게 된 한국 사람들에게 그것도 간단한 일이 아니다. 더구나 다른 아이들은 모두 학원에 다니고 있으므로 내 자식만 보내지 않으면 아이는 학교에서, 자신은 엄마들 사이에서 따돌림을 당한다는 이야기도 쉽게 들을 수 있었다. 결국 경제가 아니라 삶의 방식에서 비롯되는 문제다.

이처럼 애 키우기 힘들다는 이야기는 미혼자에게 반면교사로 받아들여져 결혼하지 않는 동기로 작용한다. 일본의 독자는 이런 이야기가 "선뜻 이해되지 않을" 것이다. 한국에는 아이를 가지지 않는다는 선택지는 없는 것이냐고 묻고 싶을지도 모른다. 10년 정도 전에 결혼해서 자녀 없이 지내기로 한 한국인 부부 두 쌍을 알고 있다. 그중 한 커플의 남성은 이렇게 말한다.

이 나라에서는 자녀가 없는 부부가 아직도 드물어. 의사를 소개해준다는 사람이나 왜 아이를 갖지 않느냐고 묻는 사람이 내 주변에도 아주 많아. 이상한 헛소문을 지어내는 사람도 있고. 짜증 나. [...] 우리는 결혼하기 전부터 아이는 낳지 않겠다고 말했는데도 말이야.

말하자면, 한국에는 자녀를 양육하는 부담이 크다는 인식이 있으면서도, 결혼하면 아이를 갖는 것이 당연하다는 풍조가 뿌리 깊게 남아 있다. 또한 다른 사람이 부부의 일에 간섭하는 경우가 많다는 것도 위의 사례로부터 알 수 있다.

끝으로, 전통적인 친족관계에 대한 이야기로 돌아가보자. 한국에서는 여러 차례의 검토를 거쳐 2005년에 민법이 개정됐다. 이로써 동성동본 간의 결혼이 허용됐고, 7촌 이상의 남녀가 결혼할 수 있게 되었다. 겹사돈혼을 금기시하는 관념도 전에 비해 약해지고 있다. 물론 앞으로도 이런 관습을 중시하는 사람들은 있을 테고, 친족 중에 그런 사람이 있으면 동성동본 결혼이나 겹사돈혼을 하려고 할 때 넘어야 할 벽이 다른 경우보다 많을 것이다.

족보에서도 변화가 나타나고 있다. 최근에는 여성의 이름이나 약력을 기재하는 문중도 적지 않다. 그러나 이런 식으로 바꾸려고 할 때, "양반은 그래서는 안 된다"며 반대 의견을 제기하는 일도 흔히 볼 수 있다.

마지막으로 중요한 점을 복습해보자. 문화 요소 중 하나가 바뀌면 전체의 기능적 조화에 영향을 미친다. 따라서 법률을 바꿈으로써 사회 심층에 남아 있는 구조도 이런저런 식으로 바뀌며, 행위에까지 영향을 끼치게 된다.

가까운 관계 중에 가족과 친족의 형태가 변화된 예가 떠오르는가? 그리고 현대에 존재하고 가까운 미래에 나타날 일본의 가족과 친족의 형태는 정말 법이나 제도로 "교정"해야 하는 "문제"일까?

참고 문헌

有賀喜左衛門 1965 『日本の家族』至文堂.

今村鞆 1914 『朝鮮風俗集』ウツボヤ書籍店. (이마무라 도모. 홍양희 옮김. 2011. 『조선풍속집: 제국의 경찰이 본 조선풍속』. 민속원.)

桑野栄治 2002 「朝鮮社会の身分制度」古田博司・小倉紀藏編 『韓国学のすべて』新書館, 96-99頁.

末成道男 1987 「韓国社会の『両班』化」伊藤亜人ほか編 『現代の社会人類学1』東京大学出版会, 45-79頁.

仲川裕里 2008 「『両班化』の諸相と儒教: イデオロギーの社会的上昇機能と限界」土屋昌明編 『東アジア社会における儒教の変容』専修大学出版局, 53-105頁.

中西裕二 1999「祖先の作り方: アジア諸文化にみる親族」片山隆裕編『アジアの文化人類学』ナカニシヤ出版, 13-27頁.

中根千枝 1962「日本同族構造の分析: 社会人類学的考察」『東洋文化研究所紀要』28:133-167頁.

中根千枝 1967『タテ社会の人間関係: 単一社会の理論』講談社. (나카네 지에, 양현혜 옮김, 2002,『일본 사회의 인간관계』, 소화.)

モルガン, L·H 1958『古代社会(上·下)』青山道夫訳, 岩波書店. (루이스 헨리 모건, 정동호·최달곤 옮김, 2005,『고대사회』, 문화문고.)

吉岡政徳 1984「構造主義」綾部恒雄編『文化人類学15の理論』中央公論社, 163-181頁.

レヴィ=ストロース, C 2001『親族の基本構造』福井和美訳, 青弓社.

Deuchler, M. 1992. *The Confucian Transformation of Korea: A Study of Society and Ideology*. Boston: Harvard University Press. (마르티나 도이힐러, 이훈상 옮김, 2013,『한국의 유교화 과정: 신유학은 한국 사회를 어떻게 바꾸었나』, 너머북스.)

Knight, C. 2008. Early Human Kinship Was Matrilineal. In N.J. Allen, H. Callan, R. Dunbar and W. James (eds.), *Early Human Kinship: From Sex to Social Reproduction*. Oxford: Blackwell, pp. 61-82.

Lee, K. K. 1986. Confucian Tradition in the Contemporary Korean Family. In W.H. Slote (ed.), *The Psycho-Cultural Dynamics of the Confucian Family: Past and Present* (ICSK Forum Series No.8). Seoul: International Cultural Society of Korea, pp. 3-22.

Murdock, G.P. 1949. *Social Structure*. New York: Macmillan. (죠지 피터 머독, 조승연 옮김, 2004,『사회구조: 친족 인류학의 이해』, 서경문화사.)

潘南朴氏大宗中 1980「潘南朴氏世譜」Seoul: 潘南朴氏大宗中(ハングル,非売品).

읽을거리

• 『つながりの文化人類学(연계의 문화인류학)』高谷紀夫·沼崎一郎 編, 東北大学出版会, 2012年.

정력적인 문화인류학자들이 모여 "연계つながり"라는 독자적인 키워드로 인간관계의 존재 방식을 폭넓게 다룬 논집. 동아시아 지역의 가족과 친족을 중심으로 하면서도 그 이외의 연결관계나 지역도 다루고 있다는 점에서, 이 장에서 다룬 내용을 더 넓게 알고 싶은 독자에게 추천하고 싶다.

• 『〈血縁〉の再構築: 東アジアにおける父系出自と同姓結合("혈연"의 재구축: 동아시아의 부계출계와 동성결합)』吉原和男·鈴木正崇·末成道男 編, 風響社, 2002年.

중화권, 한반도와 제주도, 베트남 북부에서 나타나는 가족과 친족의 존재 방식을 깊이 있게 분석하고 있다. 고전적인 연구 성과를 정리하면서도 구체적인 예를 다루고 도시화나 시대 변화에도 관심을 기울이고 있다. 이 장에서 다룬 내용을 더욱 깊이 있게 탐구하고자 하는 독자에게 추천한다.

• 『日本人の仲間意識(일본인의 동료 의식)』米山俊直, 講談社, 1976年.

이 장에서도 소개한 나카네 지에의 『수직사회의 인간관계』와 함께 읽으면 좋다. 요네야마가 전개한 수평의 연결관계에 대한 논의는 이 장에서도 소개한 나카네의 논의를 보충하면서 일본 문화론에 새로운 문제를 제기한 연구이다.

오타 심페이

변화하는 중국의 한 자녀 정책

가네시로 이토에

공산당 정권이 들어선 직후의 중국에서는 국력 증강을 위해 출산을 장려하는 정책을 실시했다. 그 후 식량 사정이 악화되면서, 1957년에는 경제학자인 마인추馬寅初가 "만혼"이나 산아제한을 요점으로 하는 인구억제론을 주장했다. 하지만 사회주의 국가에 인구문제는 존재하지 않는다는 생각 때문에, 마인추의 인구억제론은 공산당의 사상에 반하는 것으로 엄격하게 비판받았다. 그 후에도 얼마 동안은 인구증가를 지향했지만, "대약진운동"[2]이 실패하고 재해로 인해 식량 자급률이 하락하는 가운데 출산율이 최고치를 달하게 되자, 인구정책의 수정이 불가피했다. 이로써 1979년부터 "만혼만육晚婚晚育(늦게 결혼하고 늦게 출산함)", "소생우육少生優育(아이를 적게 낳아 우수하게 기르는 것)"을 장려하는 이른바 "한 자녀 정책"(중국어로는 "계획생육計劃生育")이 개시됐다. 한 자녀 정책에서 부부 한 쌍에 아이는 한 명만이라고 제창됐지만, 조건에 따라서는 아이 두 명까지 허용됐다. 정책에 따르는 사람들은 다양한 면에서 우대를 받았지만, 위반한 사람에게는 벌이 부가됐다. 말 그대로 "당근"과 "채찍"으로 인구를 조정해온 것이다.

결과적으로 중국의 인구는 어느 정도 억제됐지만, 대신 다양한 사회문제가 생겨났다. 예를 들어 농촌 지역을 중심으로 남자아이를 희망하는 경향이 강하기 때문에 여자아이라는 것을 알게 되면 낙태를 하는 경우가 많이 발생해 국제적으로 비난을 받았다. 또한 계획하지 않은 출산으로 인해 호적에 등록할 수 없는 아이들(이른바 "숨겨진 자식")의 존재도 심각한 문제가 됐다. 게다가 저출생 고령화가 진행됨에 따라 노인부양 문제가 주목을 받게 되고, 장래 젊은이들이 부담하게 될 경제적 부담이 커졌다는 점도 지적되고 있다.

2010년에는 형제자매가 없는 외동끼리 부부가 된 경우에는 두 명까지 아이를 낳는 것이 가능하도록 정책이 완화되었고, 2015년 12월에는 모든 부부가 두 명의 아이를 갖는 것이 인정됐다. 하지만 여전히 정부에 의해 인구가 관리되고 있는 것에는 변함이 없고, 앞으로도 새로운 문제가 생길 것이라고 예상된다.

---

2 마오쩌둥의 주도하에 1958년부터 1960년 초 사이에 일어난 경제성장운동으로, 공업화를 급격하게 추진하는 과정에서 농업 노동력의 부족과 자연재해로 인한 흉작, 그리고 소련의 원조 중단 등으로 인해 경제성장을 이루는 데 실패했다(시사상식사전 참고).

종교

중국의 신, 조상,
귀신을 통해

가와구치 유키히로

"저세상의 일도 돈에 달렸다."라는 말이 있다. 이 사진의 돈은 돌아가신 조상이 사용할 돈이다. 그러면 조상에게 돈을 증여하는 행위는 종교일까? 애초에 종교란 무엇일까? 이 장에서 생각해보자(2016년, 필자 촬영).

1. 종교란 무엇인가?

"당신의 종교는 무엇입니까?"라는 질문을 받는다면 어떻게 대답할까? 한 조사에 따르면, 일본에서 "특정 종교 단체에 가입해 있다."라고 답한 사람의 비율은 6.8퍼센트, "신앙이 있다."라고 답한 20대의 비율은 11.5퍼센트였다(石井 2011). 그렇다면 독자 중 상당수가 "믿고 있는 종교는 없다."라고 대답하지 않을까?

(1) 최근 필자의 주변에서 일어난 일

필자는 텔레비전의 "오늘의 운세" 코너가 날마다 신경이 쓰인다. 운세가 좋은 순서부터 발표되는데, 내 별자리인 처녀자리가 앞에 나오지 않으면 '아직도 멀었나.' 하는 생각이 들며 걱정이 된다. 그리고 결국 "죄송합니다. 오늘의 최하위는 처녀자리입니다."라고 발표되면, 아침 시작부터 뭔가 꼬였다는 기분이 든다. 하지만 곧 오늘의 운세가 안 좋은 사람을 위로하기 위해 알려준 "행운의 사물"을 몸에 지니거나 먹어야겠다는 생각을 하며 기분을 전환한다. 또한 이 글을 쓰고 있는 날은 우연히 3월 3일 히나 마쓰리ひな祭り[1] 날이어서, 딸을 위해 작은 히나 인형을 장식하고, 밤에는 지라시스시[2]를 만들

---

1 매년 3월 3일, 여자아이의 건강과 행복을 빌며 빨간 천으로 덮은 제단 위에 히나 인형과 여러 음식을 올려 장식하는 행사이다(두산백과 참고).

2 그릇에 잘게 썬 생선, 달걀부침, 오이, 양념한 채소를 초밥과 섞고 위에 계란지단, 초생강 등을 고명으로 얹은 초밥으로, 히나 마쓰리 때 먹는 음식 중 하나다(두산백과 참고).

어서 대합 수프와 함께 먹었다. 며칠 전에는 93세인 할머니의 상태가 좋지 않아서 오사카 부모님 댁에 문병을 갔다. 그러고는 (슬프지만) 할머니가 돌아가시면 장례식은 어떻게 할 것인지 아버지와 삼촌과 이야기를 나누고 오랜만에 불단에 향을 피워 할머니의 안녕을 빌었다. 돌아오는 길에 이타미 공항에서 프로야구 개막전의 결과를 보도한 스포츠 신문을 받아 기내에서 열심히 읽었는데, 데뷔할 때부터 응원했던 한신 타이거스의 후지나미 신타로 투수가 잘 던졌다는 소식에 기뻤다. 센다이에 돌아와서 직장인 도호쿠대학에 출근하니, 앞으로 며칠 후면 동일본대지진 5주년이라 지진 발생 시각인 2시 45분에 모든 교직원이 묵념하기로 했다는 연락이 왔다.

(2) 종교는 어떤 것인가?

필자가 며칠 동안 일상에서 겪은 일 중에 종교라고 부를 수 있는 것은 몇 가지나 있을까? 오늘의 운세에 신경을 쓴다. 자녀의 건강과 성장을 바라며 인형을 장식하고 정해진 음식을 먹는다. 친족의 죽음에 대해 생각하고 사망 이후의 의례, 즉 장례에 관여한다. 조상의 불단 앞에서 손을 모아 기도한다. 특정 스포츠 팀과 선수를 응원한다. 재해로 희생당한 사람들을 위해 묵념을 한다. 물론 이것은 종교를 어떤 식으로 생각하느냐에 달렸다. 임시로 종교를 ① "나로서는 어찌할 수 없는 힘의 존재를 인정하고, 그것을 두려워하며, 불행을 회피하거나 좋은 결과를 얻기 위해 무엇인가를 실천하는 것"이라고 정의한다면 어떨까? 그렇다면 운세에 신경을 쓰는 것이나 돌아가신 분을 위해 기도하는 것도 종교에 해당할 것이다. 히나 마쓰리만이 아니라, 이른바 전통적인 연중행사에는 "복을 불러오고 불행을 물리친다"(초복양재招福攘災)는 바람이 내포되어 있다. 특정 스포츠팀이나 선수 또는 아이돌 등을 열심히 응원하는 것도 자신의 응원이 그 팀의 승리, 선수의 플레이, 아이돌의 퍼포먼스에 어떤 식으로든 영향을 미치길 바란다는 점에서, 점卜이나 주술과 공통점이 있다고 할 수 있다.

(3) 우리에게 종교란

그러나 우리는 보통 종교를 이런 식으로 생각하지 않는다. 앞서 말한 것 같은 여러 행사나 이벤트에 참여하고 있더라도, 대부분의 사람은 "종교를 믿지 않는다."라고 대답하는 것에서도 이 사실을 알수 있다. 더구나 스포츠 팀이나 아이돌을 응원하는 것을 종교라고 말한다면, 대다수 사람은 황당해할 것이 틀림없다.

우리가 종교라는 말을 들었을 때 떠올리는 이미지는 ② "a. 절대적인 신이나 조상이 있고, b. 그들로부터의 가르침을 기록한 경전이 있으며, c. 가르침을 실천하기 위한 시설과 조직이 있다"는 것일 테다. 아마도 우리는 ②가 구체적으로 무엇을 뜻하는지, a, b, c가 무엇을 말하는지 금방 상상할 수 있을 것이다. 우리가 "종교"라는 말을 들었을 때 연상하는 것은 유대교, 그리스도교, 이슬람교 등과 같은 이른바 아브라함의 종교이며, 아니면 신흥종교나 이른바 컬트cult 교단이라고 불리는 조직일 것이다. 그리고 그리스도교에서 a의 신은 하느님, b의 경전은 성경, c의 시설은 교회에 해당할 테고, 이슬람교라면 각각 알라, 꾸란, 모스크를 지칭할 것이다.

일본인 중 많은 사람에게 반드시 가깝다고 할 수 없는 그리스도교나 이슬람교를 종교라고 인식하는 반면, 일상생활 중에 늘 접하는 주술이나 점, 그리고 성묘 등을 종교라고 부르는 데 주저하는 것은 왜일까? 우선 동아시아에서 종교가 어떻게 성립되었는지 살펴봄으로써 이 질문에 대해 생각해보자.

2. 동아시아의 종교

(1) 종교는 있나? 없나?

애초부터 일본이나 중국 같은 동아시아에는 종교가 존재하지 않았다고 잘라 말하는 것은 다소 어폐가 있는 것 같다. 인간이 자신보다 큰 존재를 두려워하며, 눈에는 보이지 않는 것을 인식하고, 망자亡者가 마지막에 갈 곳을 마련해두는 것은 원초적인 행위라고 생각할 수 있다(エリアーデ 1991). 오히려 이처럼 상상력을 발동할 수 있다는 점이 인간과 다른 동물을 구분하는 한 가지 특징이라고 봐도 좋을 것이다. 그렇다면 ① "나로서는 어찌할 수 없는 힘의 존재를 인정하고, 그것을 두려워하며, 불행을 회피하거나 좋은 결과를 얻기 위해 무엇인가를 실천하는 것"이라는 의미에서의 종교는 아주 오래전부터 어느 지역의 사람들 사이에서든, 물론 동아시아에서도 존재했다고 하겠다.

그러면 ②의 의미의 "종교"는 어떨까? "이런 식의 종교도 일본이나 중국에 있었다."라는 의견도 있을 것이다. 확실히 일본이나 중국에는 사찰이 많이 있고, 세계 3대 종교 중 하나로 간주하는 불교가 널리 퍼져 있다. 일본에는 사실 약 8만 곳의 사찰이 있다. 우체국이 약 2만 5,000곳, 편의점이 5만 곳 정도이므로, 사찰이 얼마나 많은지 알 수 있다. 또한 신도神道의 신사神社도 전국적으로 8만 곳이 있으며, 일본인이면 누구나 정월 첫 참배인 하쓰모데初詣나 시치고산七五三(남자아이가 3세, 5세, 여자아이는 3세, 7세가 될 때 신사를 찾아 아이들의 성장을 축하하는 행사)을 위해, 또는 합격을 기원하기 위해 신사를 방문한 적이 있을 것이다. 한편 중국에는 도교道教가 있다. 도교의 신을 모시는 시설을 사당廟이라고 부른다. 중국에는 사당이 무수히 많고, 지역에 따라서는 마을마다 여러 개의 사당이 있을 정도다. 이런 사당에는 평소에도 여러 가지 일을 빌기 위해 사람들이 방문하며, 모시고 있는 신의 탄생일에는 더 많은 사람이 공양하며 소원을 빈다. 이런 점을 보면, 불교, 신도, 도교 모두 동아시아 사람들의 생활에 밀접하게 관련되어 있다는 것을 알 수 있다.

(2) 제도로서의 "종교": 일본과 중국

그러면 불교, 신도, 도교는 "종교"일까? "종교"를 제도로 이해한다면, 대답은 "그렇다."이다. 다만 여기에 "어느 시기부터"라는 단서를 붙여야 한다. 종교라는 단어는 원래 중국어로 번역된 불교 경전에서 사용됐고, 에도시대에는 "불교에서 설파하는 진리의 가르침"이라는 뜻이었다. 에도시대 말부터 메이지시대 초기에 그리스도교를 용인할 수밖에 없었던 상황에서, 이 말은 영어 religion의 번역어로서 새로운 의미를 획득했다(磯前 2012: 179). 그리고 "종교"라는 이 새로운 단어는 일본에서 중국으로 역수출됐다. 덧붙이자면, "경제經済"나 "과학科学" 등의 단어도 이 시기에 일본에서 중국으로 전해진 일본식 한자어다.

일본에서는 전후 만들어진 헌법에 따라 "신앙의 자유"가 새롭게 보장되어, 국가가 인정한 종교법인 이외에도, 바꿔 말하면 아주 개인적으로도 종교 활동이 가능하게 됐다. 따라서 무엇이 종교이고 무엇이 아닌가는 상황이나 인식 방법에 따라 달라진다고 말할 수 있다.

한편 중국에서도 신앙의 자유는 보장되어 있지만 실상은 일본과 크게 다르다. 중국에서는 국가가 인정한 장소 이외에서의 종교 활동은 금지되어 있기 때문이다. 종교 활동이 인정되는 곳은 대체로 그리스도교(가톨릭과 개신교)의 교회, 불교의 사찰, 이슬람의 모스크(청진사清眞寺), 도교의 사당이며, 이것이 사실상 중국에서 신앙을 인정받고 있는 종교에 해당한다. 바꿔 말하면, 이것 이외에는 ①에서 열거한 주술이나 점, 연중행사에 관련된 여러 가지 행위는 종교가 아니다. 일본과는 대조적으로, 중국에서는 무엇이 종교이고 무엇이 종교가 아닌가를 국가가 명확하게 정하며, 종교 이외의 "종교적인" 활동은 종교가 아니라 "전통행사"나 "민족문화"로 인정된다. 아주

모호하면서도 흥미로운 일이다.

(3) 제도로서의 "종교": 서양의 경우

이처럼 우리에게 있어서 "무엇이 종교이고 무엇이 종교가 아닌가?" "종교를 믿는가 믿지 않는가?" 등과 같은 질문에 답하는 것이 꽤 어려운 이유는 왜일까? 만약 유럽의 어느 나라, 예를 들어 핀란드에서는 이런 질문에 어떻게 답할까? 아마도 대부분의 사람들에게 종교란 그리스도교이고, 이들이 신앙생활을 열심히 하는지 아닌지와는 별개로 자신은 그리스도교 신자라는 답을 듣게 될 것이다. 통계상으로는 핀란드 인구의 약 90퍼센트가 가톨릭교도이다.

쉽게 설명하기 위해 단순화해 말하면, 유럽은 그리스도교의 세계다. 정치도, 학문도, 예술도 모두 신의 이름으로 행해져왔다. 농경이나 목축의 주기週期도 그리스도교의 달력과 관련되어 있으며, 각각의 절기에 행하는 행사도 모두 신이나 성인을 섬기는 일이었다. 세상의 이치는 모두 신에게 달려 있었다.

이와 같은 신에 의한 지배로부터 해방되는 데 큰 걸음을 내디딘 것이 근대였다. 정치에서도, 학문에서도, 예술에서도, 나아가 모든 공적인 기관이나 활동으로부터 신을 분리하고, 신앙은 공적으로 강요되지 않게 되었다. 그리고 세상의 이치는 신의 윤리가 아니라 새로운 논리, 주로 과학으로 설명되었다. 사람들이 교회에 다니는 횟수는 줄어들었고, 신에게 기도하는 일도 드물어졌다. 이것을 세속화世俗化라고 한다.

그러나 이와 같은 근대화와 세속화로 인해 종교가 쇠퇴해간다고 만은 결코 말할 수 없다. 예를 들어, 종교는 여러 정치적 로비 단체나 자원봉사 조직 등의 사회 영역에 침투하는 방식으로, 오히려 정치나 사회에 영향력을 발휘하고 있다(カサノヴァ 1997). 2016년 현재, 이슬람 원리주의를 표방하는 IS^{Islamic State}의 활동이나 테러 행위를 뉴스에서 접하지 않는 날이 없다. 이것은 진정한 이슬람이 아니라는 견해도 있지만, 당사자들이 이슬람이라는 이름을 사용하고 있다는 점 또한 중요하다. 현대 세계에서 신은 "재발견"되어(バーガー 1982) 형태를 바꿔가면서도 계속해서 사람들의 생활과 밀접하게 관련되어 있다. 말하자면, 후기 세속화 혹은 재주술화再呪術化가 일어나고 있다. 절대적인 신이 없는 세계이므로, 사람들은 오히려 다시금 신이나 신과 같은 것을 희구하지 않고는 살 수 없는 것이다.

(4) 그리스도교로서의 종교

이런 식의 종교사, 즉 종교에 의한 세계 → 세속화 → 후기 세속화라는 도식은 서양의 그리스도교 사회의 관점에서 보면 설득력이 있을지도 모른다. 그러나 일본인의 입장에서는 어떨까? 애초에 근대 이전의 일본은 신이 지배하는 세계였다고 말하기 곤란하며, 그렇다면 우리는 세속화도 후기 세속화도 서양에서와 같은 의미로는 경험한 적이 없다고 하겠다.

즉, 세속화나 후기 세속화에서 "종교"로 상정되는 것은 주로 그리스도교일 뿐이다. 따라서 종교를 그리스도교로 한정한다면, 종교는

애초부터 일본에 없었다. 그러나 여러 대상이나 자연에 생명 혹은 혼魂이 있다는 것을 인정하고 그것에 무엇인가를 빌거나 조상 제사를 지낸다는 의미에서의 종교, 즉 앞에서 이야기한 ①의 의미에서의 종교라면, 일본에도 그리고 중국에도 있었다. 종교가 이런 의미에서가 아닌 ② "신, 경전, 시설"을 갖춘 그리스도교와 같은 형식으로 정착된 것은 서양이 근대라는 시대에 세계를 제패한 이후부터 생겨난 일임이 틀림없다. 종교란 이처럼 여러 가지 조건 속에서 형성되어온 역사적인 산물이다(アサド 2004). 이상의 사항을 염두에 두면서, 드디어 다음 절부터는 중국의 종교에 대해 구체적으로 살펴보고자 한다.

3. 중국의 종교: 광둥성 광저우시를 사례로

내가 20년 가까이 조사해온 중국 남부의 광저우시는 중국 동남부 지역의 대도시이다. 수도인 베이징에서 꽤 떨어진 곳이지만, 경제활동이 활발해 거리에는 활기가 넘친다. 일본으로 치면 후쿠오카 같은 위치의 도시라고 생각하면 이해하기 수월할 것이다. 사실 광저우시와 후쿠오카시는 자매도시이기도 하다.

(1) 인정받은 "종교"시설
광저우시에는 정부가 공인한 종교시설이 많이 있다. 광저우시의 민족종교사무국广州市民族宗教事務局에 따르면, 2016년 현재 광저우 시내에는 가톨릭 9곳, 개신교 16곳, 이슬람교 4곳, 불교 21곳, 도교 7곳 등의 공적으로 인정된 종교활동 장소가 존재한다(광저우시 민족종교사무국 홈페이지 참고). 이런 시설에는 정부로부터 인가받은 "종교활동 장소"라는 것을 보여주는 간판이 게시되어 있다. 바꿔 말하자면, 현대 중국에서는 이런 "종교활동 장소" 이외에서는 종교활동이 인정되지 않는 셈이다.

다음으로 필자가 조사하고 있는 광저우시 근교의 농촌 지역으로 시선을 돌려보고자 한다. 거기에서는 공적으로 인가된 종교만 봐서는 상상도 할 수 없는, 종교와 신앙의 현실적인 세계가 펼쳐진다.

(2) 마을 사람들의 종교

필자가 주요한 조사 지역으로 삼고 현장연구를 한 마을은 광저우시의 중심부로부터 지하철을 타고 남쪽으로 40분 정도 가서, 다시 버스로 갈아타고 15분 정도 가야 하는 곳이다. 일본인의 감각으로 말하면, 대도시 교외의 농촌 지역에 해당한다. 그러나 지난 30년 정도 사이에 마을 주변에 공장이 많이 생겼고, 이주노동자들이 많이 와 일하게 됐다. 최근에는 고층 아파트가 지어져 도시 지역의 베드타운이 되어가고 있다. 농지는 거의 없어졌고, 지역 주민들은 공기나 물이 오염되었다고 한숨을 짓는다. 세계의 공장, 경제발전, 빈부격차, 환경문제 등 우리가 뉴스에서 자주 접하는 오늘날의 중국이 응축된 것 같은 지역이다.

이 마을 사람들은 어떤 식으로 종교와 관계를 맺고 있을까? 실제로 마을에서 생활해보면, "오늘도 또 있나?" 싶을 정도로 1년 내내 여러 가지 활동이 이루어진다. 그러나 먼저 말해둘 것은 종교라고 하더라도 앞서 본 것과 같이 정부가 공적으로 인가한 종교시설이 이 마을에는 "하나도 없다"는 점이다. 반면, 마을 사람들은 여러 가지 소원을 비는 의례를 치르고 있다. 그리고 그 대상은 크게 "신"과 "조상" 그리고 "귀신" 세 가지로 나뉜다. 어떤 때, 어떤 식으로, 사람들은 신, 조상, 귀신과 관계를 맺고 있는 것일까? 그리고 우리는 그것을 어떻게 이해할 수 있을까? 차례차례 살펴보자.

① 신에게 빌기: 사당에서의 의례

먼저 신에 대해 알아보자. 신을 모시는 대표적인 장소는 사당이다. 이것은 결코 정부가 말하는 "사당"이 아니지만, 마을 사람들은 그렇게 부르고 있으며, 건물에도 사당이라고 쓰여 있기에 여기서는 일단 그렇게 부르려고 한다.

사당에는 항해의 안전을 주재하는 천후天后나 북제北帝, 상업과 무술의 신인 관우關羽, 학문의 신인 문창文昌, 음악의 신인 여조呂祖, 그리고 관음觀音 등의 여러 신을 모신다. 각각의 신의 탄생일에는 사당에서 의례가 거행된다. 그 의례의 모습은 다음과 같다.

먼저 전날 밤에 인근 마을에서 도교의 도사道士가 방문한다. 이 마을의 사당 관리인이 초청한 것이다. 도교의 도사는 불교의 승려 (중)에 해당하지만, 이 사람도, 이 사람이 평소에 사용하는 인근 마을의 사당도 정부로부터 인정을 받지는 못했으므로 정식 "도사"는 아니다. 그러나 이 사람은 "진짜" 도사와 마찬가지로 신의 동상 앞에서 나팔, 실로폰, 심벌즈 등의 악기로 음악을 연주하며 독경讀經을 하고, 그날의 의례를 지휘한다.

다음 날, 사당은 아침부터 많은 사람으로 북적거린다. 사당에 먼저 도착한 사람들부터 신의 동상 앞에서 향을 피우며 소원을 빌고 종이로 만든 돈(지전紙錢)을 태운다. 그사이에 도사는 음악을 연주하며 독경을 계속한다. 잠시 후 그 리듬이 빨라지면 의례의 클라이맥스가 가까워진 것이다. 참배자들은 도사의 주변에 모여 종이로 만든 흰색 말과 자신의 몸을 서로 어루만진다. 자신에게 붙은 나쁜 기운을 말에게 보내는 것이다. 도사가 치는 심벌즈 소리가 울려 퍼지

그림 3-1 음악을 연주하고 독경하는 도사들(2009년, 필자 촬영).

제3장 종교

면서 이 말은 불태워진다. 도사는 사람들에 있었던 나쁜 기운도 함께 사라져버렸다고 말한다. 마지막으로 큰 폭죽을 터뜨리고, 굉음과 불꽃으로 사악한 것을 일소한다. 이것으로 첫번째 의례가 끝난다. 정오까지 세 번 정도 이와 같은 순서로 의례가 반복된다. 점심이 되면 참배자들이 다 같이 식사를 한다. 이때 나오는 음식은 육류나 생선을 사용하지 않은, 말하자면 사찰음식(정진음식精進料理)이다. 의례가 끝나고 참배자들이 다 함께 식사하는 것은 세계의 여러 지역에서도 관찰된다. 일본에는 이것을 나오라이直会라고 부른다.

도교의 신과 힘

사람들은 이런 의례를 할 때, 예를 들어 장사가 잘되길 빌거나 자식이 잘되길 바란다거나 시험에 합격하길 기원하는 등 여러 가지 바람을 특히 그 방면으로 은혜를 준다고 알려진 신에게 빈다.

도교에는 정말 다양한 신들이 있고, 신이 계속 늘어나고 있기도 하다. 유교의 창시자로 알려진 공자가 도교의 사당에서도 모셔지고 있으며, 최근에는 중화인민공화국의 건국을 이끈 마오쩌둥(1893~1976)도 숭배의 대상이 되고 있다. 한때, 택시 운전사 등이 마오쩌둥의 초상화를 운전석에 걸어두고 부적으로 삼는 것이 유행하기도 했다. 마오쩌둥은 혁명을 성공시키기도 했지만, 대약진운동이나 문화대혁명[3] 등의 정치적 혼란도 초래해 수천만 명의 희생자를 낳은 사건의 발단이 된 인물이기도 하다. 이처럼 장단점을 모두 가진 점이 사람들을 강하게 사로잡아 그를 신격화하게 된 것이다. 사

실 일본에서도 학문의 신으로 이름이 높은 스가와라노 미치자네菅
原道眞(845~903)는 규슈로 좌천을 당해 사망한 그의 원통함을 달래주
기 위해 신으로 모신 것이며, 베트남에서도 혁명을 이끈 건국의 아
버지 호찌민胡志明(1890~1969)을 모시는 사당이 있다. 원한이나 혁명
의 에너지와 같은 강력한 힘을 가졌던 인물이 나중에 신앙의 대상
이 되는 것은 동아시아에서 결코 드문 일이 아니다.

집 안의 신들

사당 말고 집 안에서도 다양한 신들을 모신다. 특히 중요한 것은 메
인룸에 있는 제단이다. 제단에는 그 집안의 신의 위패가 있고 그 옆
이나 아래에는 조상의 위패가 모셔져 있다. 신과 조상의 위패를 함
께 모시고 있는 것은 일본의 비교적 오래된 집에서 집 안에 신을 모
셔놓은 감실龕室인 가미다나神棚에는 신을, 불단에는 위패를 같이 모
시고 있는 것과 비슷하다. 그러면 위패를 모시고 있는 조상은 노대
체 어떤 사람일까? 신과는 어떻게 다를까? 조상의 위패를 모시는
것은 종교일까? 다음에서 차례로 살펴보자.

② 조상 모시기: 위패와 묘는 어디에서 온 것일까?

조상에 대한 제사는 일본, 한국, 중국은 물론 동아시아에서 광범위

---

3 1966년부터 1976년까지 10년간 중국의 최고지도자 마오쩌둥이 주도하며 전통적인 가치와 자본주의
   적인 문화를 일소한다는 명분 아래 경제성장과 실용주의적 외교를 주장하는 정치적 반대파를 숙청했던
   사건이다(두산백과 참고).

하게 이뤄지고 있다. 많은 일본 사람들이 불단 앞에서 손을 모으거나 성묘를 하러 갈 것이다. 따라서 위패와 묘는 불교적인 것으로 생각할지 모르겠다. 일본에서는 많은 경우에 장례식, 불단, 묘는 불교의 방식을 따르고 있지만, 사실 이런 현상은 동아시아 전체로 보면 드문 일이다. 일본의 불교는 도쿠가와막부가 정한 단카제도檀家制度[4]에 의해, 모든 가정의 조상제사를 담당하게 된 독특한 이력을 가졌다. 그러나 원래 불교에서는 모든 사물에 대한 집착을 경계하기 때문에, 죽은 사람을 위패나 묘로 모시는 것을 권하지 않는다. 게다가 사망 후 49일이 지나면 환생해서 다른 삶을 산다고 생각하기 때문에, 불교에는 조상제사라는 발상 자체가 없다.

위패와 묘에서 조상에게 제사를 지내는 것은 유교에서 비롯된 일이다. 유교 윤리의 핵심은 "효孝"다. 효란 "생전에는 예禮에 따라 대접하고, 돌아가신 후에는 예에 따라 장례를 지내며, 예에 따라 제사를 모시는 것"이며, 유교에서는 바로 효가 "사람 된 도리의 근본"이라고 생각한다(加地 2007: 24). 지금의 자신이 있는 것은 자신을 낳아주고 길러준 부모 덕분이며, 그 부모가 있는 것은 조상이 있기 때문이다. 이처럼 부모와 조상의 중요함을 설파하는 유교에서는 돌아가신 후에도 조상이 자식이나 손자의 가족들과 이야기를 나눌 수 있도록 장례를 지낸 장소, 즉 묘에 돌아가신 부모나 조상을 불러 모

---

4   17세기 초 에도막부는 신분과 관계없이 모든 사람을 사찰의 신도로 등록하도록 하고, 장례에 관련된 일을 해당 사찰이 관리하도록 했는데, 이로 인해 사람들과 사찰 사이에 맺어진 관계를 의미한다(두산백과 참고).

시는 것이다. 이때 돌아가신 분의 혼이 머물 수 있도록 한 것이 위패이며, 묘에서 초와 향을 피우는 것은 망자가 돌아올 때 길을 알려주기 위한 것이다. 지금도 위패와 묘 앞에 음식을 차려놓고 망자에게 말을 건네는 것은 유교의 이런 가르침에 따른 것이다(加地 1990).

다만 흥미로운 점은 이와 같은 교의상의 원칙이 당사자들 사이에 공유되어 있다고는 할 수 없다는 것이다. 조상제사를 지내는 사람의 대부분은 "제사를 지내는 것이 당연한 일"이라는 의미에서 "관습"이라고 말하며, 유교를 실천하는 것으로는 생각하지 않는다. 게다가 중국에서 보통 유교는 종교로 간주하지 않으며, 중국 정부도 "종교"로 인식하지 않는다. 지금으로부터 100년 정도 전에는 서구 열강에 대항하기 위해 유교를 그리스도교와 같이 종교로 간주하자는 주장도 있었지만 성공하지 못했다(中島 2011). 그 후 근대화를 내세운 지식인이나 공산당 정부는 유교를 봉건제의 근원이라고 간주하며 비판했다. 그러나 최근 들어 도덕·교육 측면에서의 가치가 재인식되어 유교를 정식으로 중국의 종교로 삼자라든가, 중국인의 사상적인 기반으로 삼자는 주장도 등장하고 있다(干 2008).

묘에서의 조상제사

중국에서는 특히 4월 초순의 청명절淸明節이라고 불리는 날에 성묘를 한다. 일본에서는 양력 8월 15일에 제사를 지내는 오봉お盆이나 춘분과 추분을 기준으로 전후 7일간 제사를 모시는 오히간お彼岸에 해당한다. 다만 현대 일본에서는 대체로 가족별로 성묘를 하지만,

중국에서는 한 집안 모두가 함께 성묘하는 경우가 많다. 5대 정도 전 조상에게는 그 사람의 자손들 30명 정도가 함께 성묘하러 간다. 30명이라면 일본인이 생각하기에는 충분히 많은 편이지만, 마을을 처음 만든 제1세대 조상(입향조入鄕祖)의 성묘에는 온 마을 사람들이 총출동해서 수백 명 규모로 성묘를 하는 일도 드물지 않다. 예를 들어, 필자가 조사하고 있는 마을의 입향조는 11세기에 이 마을에 왔다고 알려져 있으며, 지금 사는 사람들은 그의 28대손이나 29대손이다. 마을 세대주의 대부분은 그의 자손이며, 똑같이 진陳이라는 성을 쓴다. 시집을 온 여성을 포함하면 이 마을의 인구는 5,000명 정도다. 5,000명의 진씨 집안사람들(즉 종족宗族)로 이루어진 마을인 셈이다. 이들 모두 성묘에 참여하는 것은 아니지만, 그래도 성묘를 마치고 열리는 식사 자리에는 수백 명이 참가해서 성황을 이루는 잔치가 된다.

조상을 추적해보면

또한 입향조가 마을에 오기 전에 살던 곳의 선조先祖도 있고, 거기서 파생된 다른 마을의 사람도 모두 그 선조의 자손이므로, 그에 대한 성묘는 수천 명, 수만 명 규모가 된다. 이 마을 사람들은 매년 버스를 빌려 마을의 입향조와 그의 선조의 묘에 성묘하러 간다. 입향조의 선조는 5세기에 북쪽 지역에서 내려온 대단한 장군이었다고 알려져 있다. 일본식으로 말하자면, 3세기 중반부터 7세기 말까지의 약 400년 동안 전방후원분前方後圓墳 형식의 고분이 많이 발견된 고분시대의 인물을 선조로 모시는 제사를 지내고 있는 것이다.

이처럼 조상, 그리고 그 조상의 선조로 계속 올라가다 보면 어떻게 될까? 사람은 반드시 누군가로부터 태어난 것이니, 원리상으로는 끝없이 위로 조상을 찾아 올라갈 수 있을 것이다. 그러나 필자를 포함해 일본에서는 웬만큼 유서 깊은 집안이 아니면 증조부나 고조부, 즉 3~4대 앞까지의 조상을 인식하는 것만도 괜찮은 편이라고 할 수 있다. 그러나 중국에서는 "민족의 출발점"이라고 간주하는 인물에 대한 조상제사까지도 모시고 있다. "중화민족의 시조"로 간주되는 염제炎帝·황제黃帝는 기원전 2000년보다 더 이전에 살았던 존재로 알려져 있지만, 고고학적으로는 이들이 실존했는지 아직 확인되지 않았다. 일본으로 말하자면 덴무 천황의 지시로 천황

그림 3-2 중화민족의 시조인 염제의 상에 참배를 드리러 온 사람들(2014년, 필자 촬영)

제3장 종교

가의 역사를 중심으로 기록한 책인 『일본서기日本書紀』(720)나 고대 일본의 신화, 전설, 사적을 기술한 책인 『고사기古事記』(712)에 나오는 아마테라스 오오미카미나 야마토 다케루 같은 존재다. 사실상 신화에 나오는 선조에 대한 제사를 중국 정부가 주도해서 성대하게 치르고 있는 셈이다.

중국은 다민족 국가로, 다양한 민족들로 이루어졌다. 지금의 중국은 같은 민족 안에서도 빈부 격차가 확대되고 있어서, 부유한 사람도 가난한 사람도 있다. 이처럼 다양한 사람들도 조상을 찾아 올라가면 모두 한 명의 인물한테서 나온 자손이라는 발상은 국가를 단합하는 데 효과적이다. 바꿔 말하면, 현대 중국에서는 그만큼 하나의 국가로서의 단결이 필요한 셈이다. 사실 일본도 메이지시대부터 아마테라스 오오미카미가 천황의 선조이며, 사람들에게 농업과 양잠을 알려주었다고 역사 교과서에 기록하고 가르쳤다(島薗 2010: 158~159). 민족으로서의 단결이 필요할 때, 선조라고 간주하는 인물을 내세운 점에서 지금의 중국과 마찬가지다.

조상제사는 중요한 의무

이처럼 조상제사는 자신을 낳고 길러준 부모, 나아가 지금 여기에 있는 나 자신의 뿌리인 조상의 은혜에 보답하는 것이며, 살아 있는 자손들이 다해야 할 의무이다. 바꿔 말하면, 부모가 자식을 낳고 기르는 것은 자신이 나이가 들었을 때 자신을 돌봐주고 죽어서는 제사를 지내줄 존재를 얻는 것이다. 죽은 사람은 자손에게 제사를 받아야 비로소 조상이 된다.

그러면 제사를 지내주는 사람 없이 죽은 사람은 어떻게 되는 걸까? 예를 들어 자식을 남기지 못하고 사망하거나, 자손들이 "효"의 중요성을 잊고 제사를 지내주지 않는다면? 그런 사람은 "귀신"이 된다.

③ 귀신에 대한 공양

일본에서 귀신이라고 하면, 붉은빛의 얼굴에 뿔이 나고 호랑이 줄무늬 바지를 입은 모습을 떠올릴 것이다. 반면 중국에서 귀신은 넓은 의미에서 죽은 사람을 전반적으로 지칭한다. 일본에서도 "죽는" 것을 "귀신의 호적에 들어간다"고 말한다. 다만 실제로 죽은 사람 중에서도 불행한 죽음을 맞이하거나 제사를 지내줄 사람이 아무도 없어서 살아 있는 사람들에게 뭔가 해를 끼칠 수도 있는 존재를 귀신이라고 부르는 일이 많다. 즉, 일본에서 말하는 "유령"에 해당한다.

이런 귀신으로 인해 불행한 일이 생기지 않도록, 사람들은 1년에 한 번씩 귀신에게 공양을 올린다. 이것은 음력 7월 15일인 백중百中 (우란절盂蘭節), 현재 일본에서는 양력 8월 15일인 오봉에 이뤄진다. 일본에서는 많은 경우에 오봉은 조상이 돌아오는 날이라고 간주하지만, 세가키施餓鬼라고 불리는 귀신에게 공양을 올리는 절도 있다.

중국 마을의 이야기로 돌아오자. 백중 당일은 몇몇 여성들이 마을의 몇몇 장소를 돌면서 귀신에게 공양한다. 예를 들어, 사당 주변

같은 귀신이 나오기 쉽다고 여겨지는 장소나, 마을에서 외떨어진 곳, 귀신이 들어올 수 있는 다른 마을과의 경계 등이 이런 장소들이다. 여성들은 이런 곳의 땅 위에 봉지에 넣어 온 밥, 두부, 미펀* 粉(중국 요리에 쓰이는 멥쌀가루로 만든 면) 등의 음식을 놓아둔다. 조상이나 신에게 음식을 바칠 때는 식기와 젓가락을 준비하는 것과는 대조적이다. 주변을 떠돌아다니는 굶주린 귀신에게 음식을 나눠준다는 느낌이 강하게 드러난다. 야외에 음식을 두는 귀신 제사를 보면 죽은 이후에 누구로부터도 제사를 받을 수 없다는 것이 얼마나 슬픈 일인지 잘 알 수 있다. 귀신은 두려우면서도 처량한 존재인 셈이다. 바꿔 말하면, 이러한 귀신이 되어 비참함을 겪지 않기 위해, 사람들은 자식을 남겨 죽은 이후에 제사를 받기를 바라는 것이다.

4. 살아가기 위한 지침으로서의 종교

이 장에서는 중국을 중심으로 일본의 상황을 참조하면서 다양한 소원 빌기祈り나 제사에 대해 살펴보았다. 국가에 의해 정의되고 사회에 정착된 개념, 당사자들의 인식, 그리고 연구자의 해석에 따라, 그런 일들을 종교로 간주하기도 하고 그렇지 않기도 한다. 한 가지 말할 수 있는 것은 여기서 소개한 사람들이 신, 조상, 귀신에게 행복과 건강을 빌고, 재액災厄을 피할 수 있도록 부탁하며, 이로써 사람들의 일생이나 자연의 움직임을 규정하는 원리를 어느 정도 추구하고 있다는 점이다.

이렇게 생각하면, 이 장에서 일단은 종교로 언급했던 것들은 모두 현상을 설명하고 살아가기 위한 지침을 사람들에게 전달해주고 있는 셈이다. 여기에는 보통 종교로 불리지 않는 행위도 포함되어 있을지 모른다. 예를 들어, 맨 처음에 필자의 상황을 예로 들었듯이, 좋아하는 스포츠 팀을 열광적으로 응원하는 것이나, 가족, 친구, 연인을 소중하게 여기는 것이나, "노력은 보답받는다"고 믿고 공부나 일에 전력을 다하는 것이 이에 해당한다. 좋은 일이 있기를 바라며 행운의 징표를 몸에 지니고 다니거나, 영적인 힘을 얻을 수 있는 파워스포트^{パワースポット}(power와 spot을 결합한 일본식 조어)를 방문할 수도 있다. 우리는 모두 믿고 행동할 수 있고 내일도 최선을 다할 수 있다고 생각하도록 도와주는 확고한 존재나 지침, 아니면 의지할 만한 곳을 필요로 하고 있는지도 모른다.

여러분 모두가 중요하게 여기는, 삶에서 믿고 의지할 곳은 무엇인가? 그리고 종교에 관해 물었을 때 먼저 연상되는 그리스도교나 이슬람교, 혹은 신흥종교, 나아가 이 장에서 살펴본 중국 사람들의 신, 조상, 귀신에 대한 기원^{祈願} 등과 여러분이 의지하는 것은 어떤 점에서 공통적이며, 어떤 점에서 다른가? 타자를 통해 자신을 새롭게 이해한다는 문화인류학의 가르침을 염두에 두며 이런 질문들을 생각해보면 좋겠다.

참고 문헌

アサド, T 2004 『宗教の系譜: キリスト教とイスラムにおける権力の根拠と訓練』中村圭志訳, 岩波書店.

石井研士 2011 「世論調査による日本人の宗教性の調査研究(平成20年度~22年度科学研究費補助金 基盤研究 (B) 研究成果報告書 研究課題番号20320014)」 http://www2.kokugakuin.ac.jp/ishii-rabo/data/pdf/201102.pdf#search=%E6%97%A5%E6%9C%AC%E4%BA%BA+%E5%AE%97%E6%95%99+%E6%84%8F%E8%AD%98(最終閲覧2015年12月4日).

磯前順一 2012 『宗教概念あるいは宗教学の死』東京大学出版会.

エリアーデ, M 1991 『世界宗教史 I: 石器時代からエレウシスの密儀まで』荒木美智雄・中村恭子・松村一男訳, 筑摩書房. (미르치아 엘리아데, 이용주 옮김, 2005, 『세계종교사상사 1: 석기시대에서부터 엘레우시스의 비의까지』, 이학사.)

カサノヴァ, J 1997 『近代世界の公共宗教』津城寛文訳, 玉川大学出版部.

加地伸行 1990 『儒教とは何か』中央公論新社.

加地伸行 2007 『孝経全訳註』講談社.

千春松 2008 「21世紀初頭中国大陸における『儒学運動』の理論構想およびその評価」中島隆博編『中国伝統文化が現代中国で果たす役割』小野泰教訳, 東京大学グローバルCOE「共生のための国際哲学教育研究センター」, 11-38頁.

広州市民族宗教事務局 http://www.gzmzzj.gov.cn (最終閲覧 2016年3月28日).

島薗進 2010 『国家神道と日本人』岩波書店.

中島隆博 2011 『共生のプラクシス: 国家と宗教』東京大学出版会.

バーガー, P 1982 『天使のうわさ: 現代における神の再発見』荒井俊次訳, ヨルダン社.

읽을거리

- 『日本の憑きもの: 社会人類学的考察(일본의 귀신: 사회인류학적 고찰)』, 吉田禎吾, 中央公論社, 1972년.

  개 귀신이나 여우 귀신 등 현장연구를 통해 일본의 다양한 "귀신"을 탐구한 고전 명저다. 마을에서 "귀신의 집憑きものの筋"이라고 불리는 곳은 새롭게 벼락부자가 된 사

람의 집인 경우가 많다. 귀신은 사람들의 시샘과 질시에서 생겨난다는 점에서, 아프리카의 요술사나 유럽의 마녀와도 비슷하다.

• 『現代中国の宗教: 信仰と社会をめぐる民族誌(현대 중국의 종교: 신앙과 사회에 관한 민족지)』川口幸大·瀬川昌久 編, 昭和堂, 2013년.

　　중국의 공인 종교인 그리스도교, 불교, 이슬람교, 도교에서부터 민간신앙과 티베트 문제까지 다룬 논문집. 현대 중국에서 종교가 얼마나 국가와 사회에 있어서 중요한지를 알 수 있다.

• 『霊柩車の誕生(增補新版)(영구차의 탄생: 증보신판)』井上章一, 朝日新聞出版, 2013년.

　　메이지시대 이후 화려해진 장송행렬을 극적으로 보여주는 것이 궁궐 모양의 영구차이다. 지난 수년 동안 영구차가 간소화되는 경향이 크게 나타나고 있다. 지난달 (2016년 11월) 할머니가 돌아가셨을 때 사용한 영구차는 아무런 색다른 점이 없는 평범한 자동차였고, 게다가 흰색 차량이었다! 일본의 죽음과 장례에 관한 문화사로서도 읽어볼 만한 책이다.

연중행사와 환경보호

가네시로 이토에

중국에서는 연중행사 때 "불을 이용한 물건"을 사용하는 경우가 많다. 예를 들어, 설날春節(음력의 신년)에는 대량의 폭죽을 사용하거나 불꽃놀이로 새해가 된 것을 축하하며, 청명절에는 묘 앞에서 조상에게 향을 올리고 지전을 태운다. 폭죽이나 향처럼 "불을 이용한 물건"은 민중의 일상생활을 장식하는 중요한 요소이다.

한편으로 최근 "불을 이용한 물건"은 환경보호를 위해 사용이 제한되는 추세다. 그 이유 중 하나는 심각한 대기오염 때문이다. 최근 중국에서는 사람들의 건강을 해칠 정도의 대기오염이 사회문제가 되고 있다. 대기오염을 일으키는 원인으로 공장에서 불법적으로 배출된 오염물질이나 급증하는 자동차에서 나오는 배기가스가 거론되는 한편, 불꽃놀이나 폭죽에서 생기는 연기도 원인 중에 하나로 지적되고 있다. 배기가스에 비교하면 불꽃놀이나 폭죽에서 생기는 연기의 양 자체는 적지만, 수억 명이 일제히 사용한다면 이야기가 달라진다.

환경보호가 급선무가 된 중국에서는 환경보호 관련 법률을 급격히 개정하는 동시에, 환경에 좋은 방법으로 연중행사를 하는 것이 권장되고 있다. 예를 들어, 청명절의 경우 종래에는 공물을 지참한 자손들이 조상의 묘 앞에 모여 향을 피우고 지전을 태우면서 조상제사를 지냈다. 마지막에는 대량의 폭죽을 터뜨렸다. 그러나 환경에 좋은 방법이 권장된 후부터 폭죽의 사용을 삼가고 향 대신 꽃을 묘 앞에 바치는 등 "불을 이용한 물건"을 사용하지 않고 조상제사를 지내는 사람들이 도시 지역을 중심으로 늘어났다. 또한 최근에는 집을 나서지 않고도 성묘를 할 수 있는 "온라인 성묘" 서비스도 등장했다. "온라인 성묘"는 화면을 통해 조상에게 메시지를 보낼 수 있으며, 가상의 향도 태울 수 있다고 한다. 환경보호라는 관념이 연중행사를 지내는 방법을 어떻게 변화시켜나갈지 계속해서 주목할 필요가 있다.

젠더와 섹슈얼리티

한국의 여자다움/ 남자다움으로부터

나카무라 야에

치마을 입은 한국의 여대생. 치마를 입은 여대생은 많지만, 치마를 입은 남자 대학생은 없다. 우리는 복장을 선택할 때도 젠더로부터 자유롭지 않다(2016년, 필자 촬영).

1. "여자"인가 "남자"인가?

눈앞에 청바지를 입고 머리가 긴 사람의 뒷모습이 보인다고 해보자. 이 사람은 여성일까, 남성일까? "긴 머리"를 단서로 여성이라고 생각해야 할까? 하지만 머리가 긴 남성도 있다는 것을 여러분도 알고 있을 것이다. 그렇다면 다른 단서를 찾아보자. 핸드백을 메고 하이힐을 신은 모습이 보였다고 하자. 그러면 아마도 여러분은 그 사람을 여성이라고 생각할 것이다.

　이처럼 우리는 순간적으로 그리고 무의식적으로 남녀("여남"이라고는 표현하지 않는 점에 주의하자.)를 나누는 작업을 하고 있다. 왜 그렇게 하는 것일까? 우리가 남성과 여성을 나누는 근거는 무엇인가? 당연히 그 사람에게 남자의 성기가 있는지, 여성의 성기가 있는지 확인할 수는 없다. 남성인지 여성인지를 구분하는 근거는 반드시 생물학적 성별이 아니며, 머리 모양이나 복장 등과 같은 외모, 가방이나 하이힐과 같은 소지품, 몸매나 걸음걸이 등의 기호記號가 성별 구분의 근거로 사용된다. 그렇지만 여성이다 혹은 남성이다, 여성답다 혹은 남성답다고 규정하는 요소는 사회나 시대에 따라 다르다. 중세 유럽에서는 남성이 키가 커 보이기 위해 하이힐을 신었다는 일화가 잘 알려져 있다.

　인류학에서는 성性에 관한 연구를 생식, 가족생활, 친족, 혼인 등의 주제 중 일부로 다루어왔다. 이 장에서는 인류학의 성과와 한국의 사례를 교차하면서 젠더와 섹슈얼리티에 대해 생각해보고자 한다. 성에 대해서 우리는 어떻게 인식하고 있을까? 거기에는 어떠한 다양성이 있는가? 이 장을 읽고 남성 혹은 여성이라는 것이 어떤 것인지 거기에 부여된 의미를 여러 가지 시점에서 생각해보고, 인류학적인 관점을 이해함으로써 보통 의심하지 않았던 "성"에 관해 자신의 인식을 상대화해보자.

2. 세 가지의 "성"

일본어의 "성"에는 다양한 의미가 포함되어 있다. "성"은 남녀의 구별, 남녀의 육체적 특징과 관련된 일반적인 사항에서부터 외설적인 것까지 모두 의미한다. 따라서 "성"에 대해 생각할 때, 영어를 사용해 정리하는 것이 가장 이해하기 쉬울 것 같다. 이 장에서는 성을 크게 세 가지로 나눠 고찰하고자 한다. ① 섹스sex: 신체적·생물학적인 성별, ② 젠더gender: 생물학적인 성별에 부여된 사회적·문화적 가치나 규범, ③ 섹슈얼리티sexuality: 성적 지향이나 성 행동 등 전반.

예를 들어, 한 학생이 실연失戀한 친구를 향해 "힘내. 세상의 절반은 여자야."라고 위로했다고 하자. 조금 과장되기는 했지만, 여자는 많이 있으니 지금부터도 연애의 기회가 있다는 의미로 한 말일 것이다. 이 사소한 한마디 말로부터 위에서 말한 "성"의 세 가지 의미를 생각해보려고 한다.

먼저, ① "섹스"의 문제이다. 사실 "세상의 절반은 여자"가 아니다. 일반적으로, 태어날 때 성기의 겉모습을 보고 판단해 "귀여운 여자아이네요."라든가 "건강한 남자아이네요."라고 성별을 알려줌으로써 남녀로 양분한다. 그러나 원래 세계적으로 남녀의 출생 성비는 여자아이를 100으로 할 때 남자아이가 105 정도라고 한다. 나아가, 태어났을 때 바로 성별을 판단할 수 없는 외관을 갖고 태어나는 사람도 있다. 발달 과정에서 염색체(X, Y) – 생식선(정소, 난소) – 외성기(음경, 질)의 조합상에서, 일반적으로 전형적인 여성 혹은 남성이라고 알려진 것 이외의 조합을 가지고 태어난 사람들을 말한다. 이전에는 태어나자마자 의사의 판단에 따라 어느 한쪽의 성별에 적합하도록 수술을 시행했고, 성장 과정에서도 여러 차례 수술을 반복하거나 나중에 수술로 부과된 것과는 반대의 성징性徵이 나타나는 등의 문제가 있었지만, 현재는 적절한 검사로 성별을 판정할 수 있다고 한다. 이런 사람을 양성공유자intersex라고 불러왔지만, 최근에는 성분화 질환 혹은 성발달 이상Differences of Sex Development, DSDs이라고 부른다. 2차 성징 때나 불임을 계기로 비로소 DSDs로 판명되는 사람도 있으며, 다양한 신체적 상태가 있다. 당사자의 대부분은 명확하게 여성 혹은 남성이라는 성 정체성을 갖고 있지만, 이에 반해 "사실은 남자다/여자다", "남성과 여성의 외성기를 다 가지고 있다(양성구유兩性具有)", "남자도 여자도 아니다"라는 등의 편견으로 인한 사회적 문제가 심각하다. 이러한 사람들의 존재는 전형적으로는 둘로 나뉘는 생물학적 신체에도 다양한 상태가 있다는 점을 시사한다.

다음은 ③ "섹슈얼리티"에 대해 다뤄보자. "세상의 절반이 여성"이라고 가정할 때, 당연하지만 모든 여성이 나를 좋아하지는 않을 것이다. 그에 앞서, 몸은 여성이지만 성 정체성은 다른 경우나, 이성애자가 아닌 경우도 적지 않게 있다. 또한 독자가 "실연한 친구"를 무의식적으로 남성이라고 생각하고 있다는 점도 섹슈얼리티를 생각해보는 출발점이 될 수 있다. 이 친구가 좋아하게 될 사람이 남성, 여성, 양쪽 모두일까, 아니면 어느 쪽도 아닐까, 이것 이외에 어떤 조건을 가진 상대일까는 사실 알 수 없다. 섹슈얼리티에 대해서는 다음에 좀 더 자세하게 다루고자 한다.

누구를 좋아하는 것은 ③ "섹슈얼리티"의 문제만이 아니라 ② "젠더" 영역의 문제이기도 하다. 개인은 자신을 남성 혹은 여성으로 인식하고, 사회에서 각각의 성별에 부합한다고 간주하는 행동을 하기 때문이다. "여성은 강한 남성을 좋아한다."라거나 "남성은 모두 어린 여성을 좋아한다."라는 사회적인 통념도 포함되어 있다. 가족을 형성하기 위해 누구를 연애 대상으로 삼고 혼인의 대상으로 하는가(할 수 있는가)에 관한 기준은 사회에 따라 다르다. 혼인에 관해서는 제2장 "가족과 친족"에 자세하게 설명되어 있으니 참조하길 바란다.

각각의 성별에 부여된 문화적인 가치나 규범을 내면화하는 일은 무의식중에 이루어진다. 예를 들어 양성공유자인 사람은 여성의 성기가 없더라도 여성으로서 양육되어온 경우에는 그 성을 내버릴 수 없는 일도 있다고 한다. 이것이 우리에게 시사하는 것은 성차란 태어나면서 정해지는 것이 아니라, 처한 환경, 즉 사회나 문화에 따라 다르다는 점이다. 그런 의미에서 몸이나 마음도 사회의 일부라고 말할 수 있다.

3. 사회에서 형성되는 젠더

(1) 획득된 젠더

여성과 남성은 보통 다른 존재라고 인식된다. 또한 여성과 남성은 서로 반대되는 특징이 있다고 간주한다. 예를 들어, 여성과 남성을 꾸미는 단어는 서로 바꿔 사용할 수 없는 이항 대립적인 것이 많다. 일본이나 한국의 경우, 여성은 "정숙한", "귀여운", "작은" 등의 형용사로, 남성은 "씩씩한", "멋진", "큰" 등의 형용사로 표현된다. 이것을 서로 바꿔서 말하면 욕으로까지 들리기 십상이다. 앞에서 설명한 것처럼 몸에 지니는 물건으로도 구분할 수 있다. 전형적으로 여성은 치마를 입고 하이힐을 신지만, 남성은 보통 하이힐을 신거나 치마를 입지 않고 양복과 넥타이를 착용한다. 화장실에 그려진 성별 표지에도 이러한 특징이 상징적으로 드러나 있다.

우리 대부분은 태어난 순간에 남녀 어느 한쪽의 성으로 분류되며, 사회의 가치관에 따라 무의식중에 그것을 내면화한다. 먼저, 어릴 때부터 주변 사람들로부터 여자아이 혹은 남자아이로서 적합한 행동을 해야 한다는 기대를 받는다. 여자아이에게는 분홍색 옷을

입히거나 인형을 사주며 얌전하게 놀 것을 기대한다. 남자아이에게
는 파란색 계통의 옷을 입히고 장난감 자동차를 사주며 장난스럽
게 놀 것을 기대한다. 중학교와 고등학교에서는 남녀가 다른 교복
을 입고, 생활의 여러 장면에서 남녀를 다른 존재로 대우한다. 이런
성장 과정을 통해 우리는 남녀의 이분법과 가치 및 규범을 강화해
나간다.

인류학에서 젠더는 사회 속에서 만들어지는 것이라는 점을 설파
한 선구자는 마거릿 미드$^{Margaret Mead}$(1901~1978)이다. 미드는 폴리네
시아의 사모아섬 소년·소녀의 사춘기가 미국의 경우와는 크게 다
르다는 점을 보여주며, 사춘기라는 시기가 인류에게 보편적인 것

그림 4-1 남녀가 쌍을 이뤄 피구를 하는 대학생. 남성이 앞에서 방패 역할을 하고, 여성
은 남성의 옷을 잡고 떨어지지 않으려고 한다. 여성이 공에 맞으면 아웃이 되는 것이 규
칙이다. 한국의 대학생들은 막아주는 남성, 보호를 받는 여성이라는 성역할에 어렸을
때부터 친숙하다(2016년, 필자 촬영).

　　　　　　　　　　　　　　제4장 젠더와 섹슈얼리티

이 아니라는 점을 분명히 했다. 또한 뉴기니에서는 "여자다움" 혹은 "남자다움"으로 간주하는 특징이 선천적인 것이 아니며, 후천적으로 만들어져 나타나는 것이라고 본다는 점도 명확히 했다(ミ―ド 1961, 1976). 이후에 미드의 연구에 비판이 제기되었지만, 젠더를 사회적 관계성 속에서 생각하려고 한 미드의 공헌은 변하지 않는다.

우리의 젠더가 만들어진 한 가지 기준에 지나지 않는다는 사실을 잘 알 수 있는 예를 들어보자. 에번스프리처드^{Edward Evan Evans-Pritchard}(1902~1973)에 따르면, 수단의 누에르족에서는 "여성혼^{女性婚}"이라고 불리는 혼인 방식이 존재한다(エヴァンズ=プリチャード 1985). 아이를 낳지 못한 여성이 남편으로서 "부인"을 얻어 가족을 꾸리고 자손을 남기는 방법이다. 아이를 낳지 못한 여성은 남편, 아버지, 삼촌 등의 호칭으로 불리며, 그런 역할을 수행한다. 말하자면, "부인"이 낳은 아이의 정식 아버지가 될 수도 있다. 생물학적인 아버지는 될 수 없지만, 사회적인 아버지로서 자녀를 갖는 것이다. 우리에게는 여성이 "아버지"가 될 수 있다는 "여성혼"이 기이하게 생각되지만, 이 사회에서는 남성과 여성의 구별이 아이를 낳는가 낳지 못하는가에 따라 정해진다고 생각하면 이해하기 쉽다. 아이를 낳지 못하는 여성은 남성으로 간주하는 셈이다.

(2) 여성과 남성의 대조성

인간은 사회적인 필요성을 근거로 사물을 분류한다. 성차는 모든 사회에 존재하고 있으며, 사회의 의미체계를 따라 대조적인 범주로 분류되는 경우가 많다. 남녀의 이원론이 바로 그것이다. 전형적인 예로, 고대 중국의 "음陰"과 "양陽"이라는 범주를 들 수 있다. "음"은 여성, 어두움, 약함, 밤, 달, 대지를 나타내며, "양"은 남성, 밝음, 낮, 태양, 하늘 등을 지칭한다. 이 외에도 남성에게는 위, 앞, 강함 등의 상징을, 여성에게는 아래, 뒤, 약함 등의 상징을 부여하는 사회도 있다. 여성은 부정적인 상징에, 남성은 긍정적인 상징에 연결한다는 것을 알 수 있다.

왜 인간은 이런 식으로 분류하려 할까? 니덤Rodney Needham (1923~ 2006)은 그 이유를 "세상에 대해 생각을 짜내고 세상에 관여하기 위해 여러 가지 현상을 몇몇 등급class으로 나눌 필요가 있기 때문"이라고 말한다(ニーダム 1993: 21). 바꿔 말하면, 인간은 자신의 손으로 세계를 분류해 세계에 질서를 부여하려 하기 때문이다. 질서란 원래부터 갖추어져 있는 것이 아니라, 세계를 이해하거나 세계에 관여하기 위해 만들어낸 것이다. 남성과 여성의 분류도 그런 것 중 하나다.

남성과 여성을 분류하는 데 있어서, 대부분의 사회에서는 남성이 여성보다 높은 지위에 있다고 간주한다. 『남자는 문화이고, 여자는 자연인가?アードナー/オートナー』(1987)에서는 세계에서 보편적으로 여성이 낮은 지위에 있는 현상에 대해 논의하고 있다. 남성은 "문화"와 결부되어, "자연"에 결부된 여성에 대해 우월한 위치를 차지하고 있다는 것이다. 일본에서는 "전후, 스타킹과 여성이 강해졌다."라든가 한국에서는 "세상에서 가장 강한 사람은 아줌마다."라는

등 여성의 강함을 말하기도 하지만, 이것이 적용되는 영역은 어디까지나 가정 내에 제한되어 있다. 남성의 주요한 활동 범위는 공적 영역이며, 남성은 가정 영역에는 관여하지 않는 경향이 있다. 이것은 일본어에서 아내를 안사람을 뜻하는 "카나이家內"로 부르고 남편은 주인을 뜻하는 "슈진主人"이라고 표현하는 것에서 단적으로 드러난다.

한국어에서는 다소 고풍스러운 표현이기는 하지만, 주부主婦를 나타내는 "안주인"과 가장家長인 남성을 나타내는 "바깥어른"이라는 표현이 있다. 안과 밖이라는 담당 범위의 차이와 권력관계가 단적으로 드러나는 말이다. 한국에서 어머니가 자식을 무턱대고 사랑하는 경향은 어머니에게 있어서 자식은 바깥세상의 권력과 연결되는 통로이기 때문일 것이다. 한류 드라마를 본 사람이라면, 시대극에서 뒤에서 실을 당겨 자식이나 아버지를 조정해 권력을 손에 넣으려고 하는 왕비나 측실側室을 떠올리면 이해하기 쉬울 것이다.

한편 남녀의 역할분담이 비교적 상대화되어 있는 사회도 있다. 하라 히로코가 조사한 북미의 수렵채집 사회인 해어Hare("위대한 토끼부족"이라는 뜻의 카우초틴Kawchottine이라고도 한다.) 사회에서는 큰 짐승은 주로 남성이 사냥하고 토끼 사냥은 주로 여성이 하지만, 상호 배타적이지는 않다. 즉, 남성은 토끼 사냥을 해서는 안 된다거나 여성이 큰 짐승을 사냥해서는 안 된다는 규칙은 없다. 남성만 큰 짐승의 가죽을 벗기는 작업을 한다는 점을 제외하면, 그 외의 일이나 가사와 육아 등은 거의 남녀가 함께 분담한다(原 1989). 가혹한 환경에서 생존하기 위해 남녀 모두 서로의 일을 적극적으로 실천하는 것이다. 그렇지만 이런 사회는 세계적으로 매우 드물다. 모계 사회가 별로 없고 여성이 담당하는 일이 경시되거나 종속적인 지위에 놓이는 경향이 있는 것처럼, 젠더의 비대칭성에 대해서는 앞으로도 논의가 필요하다.

(3) 남자 되기, 여자 되기

그러면 사람은 어떻게 "남자" 혹은 "여자"가 되는가를 살펴보자. 많은 사회에서는 인생의 분기점에 상징적으로 남녀를 구별하고 성인成人으로 인정하는 의례, 즉 성숙의례成熟儀禮를 치른다. 예를 들어, 한국에서는 전통적으로 남자아이가 태어나면 문에 숯덩이, 솔잎, 붉은 고추를 꽂고, 여자아이가 태어나면 숯덩이와 솔잎을 꽂아 금줄을 쳤다. 아들인지 딸인지를 주변에 알리고, 아기가 태어난 직후에는 얼마 동안 낯선 사람들의 출입을 막기 위해서 금줄을 친 것이다. 일본에서는 5월 5일 남자아이의 건강한 성장을 기원하는 단오축제端午の節句와 3월 3일 여자아이의 성장을 축하하는 복숭아축제桃の絶句(흔히 히나 마쓰리라고도 불린다.)가 구분되어 있으며, 시치고산 행사는 대체로 남자아이는 5세 때, 여자아이는 3세와 7세 때 잔치를 한다. 현대의 성인식은 20세 남녀 모두를 대상으로 하지만, 대체로 남성은 양복을, 여성은 소매가 긴 기모노인 후리소데振袖를 입도록 정해져 있다.

과거에 일본의 사무라이 집안에서는 성숙의례로 남자는 15세 전

후에 어른이 되었다는 표시로 머리 모양과 옷을 어른처럼 하고 관을 쓰는 의식인 "겐부쿠元服", 겐부쿠 때 에보시라는 모자를 쓰는 의례인 "에보시키노이와이烏帽子着の祝い", 남성용 속옷을 처음으로 입는 의례인 "훈도시이와이褌祝"를, 여자는 13세 전후에 허리 아래쪽에 두르는 옷을 입는 의례인 "모기裳着", 성인이 됨을 나타내기 위해 머리를 올리고 쪽을 지는 행사인 "가미아게髪上", 여자아이가 첫 월경을 하기 전에 친척이나 친한 지인 집을 방문해 치아를 검게 물들이는 의례인 "가네쓰케이와이鉄漿付け祝", 속치마처럼 허리에 감는 의례용 의복을 입는 행사인 "요모지이와이/코시마키이와이湯文字祝/巻き祝"를 했다. 이런 의례가 끝나면 주변으로부터 어엿한 한 명의 성인으로 대접받았고, 공동체 안에서 그에 상응하는 역할을 다하도록 기대됐다.

아프리카와 호주 등의 지역이나 이슬람교도 중 일부에는 성숙의 례로 할례를 실시하는 관습이 있다. 할례는 남녀 모두 성기의 일부를 절제하거나 절개하고 봉합하는 등의 시술을 행하는 것을 말한다. 종교적인 의미에서 행하기도 하지만, 남녀를 구별하고 남자가 남자답게 혹은 여자가 여자답게 되도록 한다는 의미도 내포하고 있다. 예를 들어, 수단의 어느 마을에서는 남녀 모두 10세가 될 때까지 할례를 받고, 그 이후로는 남녀로 나눠서 생활을 한다. 남성을 나타낸다고 여겨지는 여성의 음핵, 여성을 나타낸다고 간주되는 남성의 포피를 절제함으로써 비로소 남자와 여자가 된다고 생각한다(浜本 1993: 96). 이것은 자연 상태에서는 인간이 남녀로 나뉘어 있지 않지만, 인간의 손에 의해 남과 여로 나뉜다는 사고방식에 근거한 것이다.

실제로 20세기 후반 한국 사회에서는 대부분의 남성이 포경수술을 받았다고 한다. 질병에 걸렸다는 진단을 받아서가 아니라, 남성은 포경수술을 받지 않으면 안 된다고 간주하여 부모가 자식에게 수술을 받도록 하는 것이 보통이었다. 이로 인해 군 복무 전에는 많은 남성이 수술을 끝마쳤으며, 수술을 마치면 남성으로 인정받고, 반대로 수술을 받지 않으면 괴롭힘을 당하는 일도 있었다고 한다. 할례와 마찬가지로 아이에서 남자가 되고 그 이후에 군 복무를 마치면 한 사람의 성인 남성으로서 대접을 받는다는, 마치 성숙의례와 같은 모양새이다. 덧붙이자면, 최근에는 반드시 포경수술을 할 필요는 없다는 인식이 확산하여 수술률이 낮아지고 있다.

4. 성역할 규범: 남자는 괴로워, 여자는 괴로워

지금부터는 남녀의 역할 분업에 관해 한국의 사례를 중심으로 생각해보려고 한다. 한국의 전통적인 귀족 사회에서는 남녀의 구별이 엄격했다. "남녀칠세부동석男女七歲不同席"이라는 유교의 기본적인 도덕관념을 바탕으로, 집에서도 남녀의 생활공간이 분리되어 있었으며, 식사도 따로 하는 것이 좋다고 여겨졌다. 당연히 결혼 전에 남녀가 함께 어울리는 것은 어려웠다. 이런 관념이 여전히 살아 있었던

1970년대에 한국의 농촌을 조사했던 시마 무쓰히코嶋陸奧彦(嶋 2006: 23~31)는 젊은 남녀 무리가 부모의 눈을 피해 각각 시차를 두고 서로 동쪽과 서쪽으로 난 다른 길을 이용해 산에 올라가 합류하는 모습을 생생하게 묘사하고 있다.

결혼한 남녀의 역할분담도 엄밀해서, 남성은 바깥에서의 경제활동을, 여성은 가정 내의 활동을 담당하는 것이 이상적이라고 보는 경향이 지금까지도 적지 않다. 먼저 선남선녀가 결혼하는 것이 첫 번째 조건이다. 다음으로 아이를 갖는 것에 가치를 부여한 점도 일본과 크게 다르지 않다.

그렇다면 일반적으로 이상적인 여성상은 어떨까? 그것은 "양처현모良妻賢母"일 것이다. 한국과 중국에도 각각 "현모양처"와 "현처양모"라는 똑같은 가치관을 나타내는 말이 있다. 양처현모라고 하면 전통적인 유교의 가르침이라고 생각하기 쉽지만, 이것은 유교에서 나온 단어가 아니다. 이것은 메이지시대에 여성이 자녀를 낳고 기름으로써 가정의 연장延長인 국가를 위해 공헌하도록 하는 이데올로기에서 비롯된 표현이다. 그러나 1945년 이후 각국에서 전통적인 여성의 이념상으로 재해석되어 계속 사용되고 있다(陳 2006).

젠더의 시점에서 볼 때, 양처현모라는 이념상은 여성에게 "부담"이 되는 것이 사실이다. 현대의 여성 노동에 대해서 한국과 일본을 비교해보자. 먼저, 양국에서 현저하게 나타나는 것은 여성 노동자의 비율이 낮다는 점이다. 일본의 경우에는 1965년 이후 50퍼센트를 전후로 변동되는 상황이 되풀이되고 있으며 2010년에는 48.5퍼센트를 기록했지만, 한국의 경우에는 같은 시기 37.7퍼센트를 기록했으며 49.2퍼센트까지 늘어난 정도다(瀨地山 2015: 220). 이른바 "여성의 활약"은 한일 양국 어디에서도 활발하다고 말하기 어렵다. 또한 일본과 한국의 연령별 여성 노동자의 비율은 M자형 곡선을 나타내고 있는데, 이는 다른 선진국에서는 볼 수 없는 구조다(瀨地山 2015: 220). M자형 곡선은 여성의 취업률이 나이에 따라 변화하는 양상을 드러내고 있으며, 여성이 결혼을 계기로 직장을 그만두고 자녀 양육을 하다가 자녀가 어느 정도 성장한 후에 재취업한다는 것을 뜻한다.

어머니의 역할은 어떠한가? 일본에서 어머니의 역할을 대표적으로 드러내는 개념은 "3세 신화"이다. 이것은 아이가 어릴 때는 엄마와 함께 지내는 것이 좋다는 의미이다. 이에 비해, 한국에서는 입시를 위한 교육 관리 능력을 엄마의 주요한 역할로 꼽는다. 엄마는 늘 자녀의 곁에서 자녀를 돌보고, 자녀가 학원을 오갈 때 데려다주는 일을 담당한다.

한국에서 아버지의 역할은 애잔함마저 묻어 있는 표현인 "기러기 아빠"라는 말에 상징적으로 드러난다. 이것은 입시경쟁에 유리하길 기대하며 어린 자녀를 영어권 국가로 유학 보낼 때, 엄마는 자녀와 함께 가서 자녀를 돌보는 것에 비해, 아빠는 한국에 남아서 일하며 돈을 보내는 현상을 지칭하는 표현이다. 아빠는 1년에 몇 차례 자녀가 유학을 떠난 나라로 건너가 가족과 재회하기 때문에 "기러기"라고 불린다. 자녀 교육에 전력을 쏟는 엄마의 역할과 가정 밖에서의 경제활동에 주력하는 역할인 아빠의 모습이 단적으로 드러나 있다.

이처럼 엄마와 아빠의 이념형$^{ideal\ type}$이 고정되어 있는 한편, 경제가 좋지 않아 청년 취업률은 낮고 비정규직 고용이 늘어나고 있어 비혼화非婚化 혹은 미혼화未婚化가 진행되고 있다(제2장도 참조). 여성도 결혼한 후에 일을 계속하길 바라지만, 여성의 임금은 남성의 임금과 비교할 때 겨우 37.4퍼센트 수준에 불과하다(《조선일보》 2014년 8월 5일). 저임금에 더해 가사와 육아까지 전담하는 것은 대단히 힘든 일이다. 이것을 보여주듯, 한국의 합계특수출생률은 2013년 시점에 1.19로, 일본의 1.43보다도 낮다.

최근 몇 년 사이 한국에서는 "삼포세대"라는 말이 유행했다. 취직이 어려워서 연애, 결혼, 출산 세 가지를 포기한 젊은이를 지칭하는 말이다. 더 많은 것을 포기했다는 의미에서 "N포세대"라는 파생어까지 생겼다. 남성에게는 경제력을, 여성에게는 가사와 육아에 더해 경제활동까지 기대하는 상황 속에서 청년들은 희망을 잃어버리고 있다고 한다. 더구나 남성의 자살률이 여성에 비해서 높은 것도 "남성은 강해야 한다."라는 압력에서 비롯된다는 점을 생각하면, 노동, 취직, 결혼의 문제는 근본적으로 젠더의 존재 방식에 달려 있다고 말할 수 있을 것이다. 일본도 비슷한 상황이 아닐까?

5. 젠더와 섹슈얼리티의 다양성

(1) 제3의 성

사람을 남녀로 구분하는 문화가 매우 보편적이라는 점은 분명하지만, 인류학에서는 섹스에 따라 구분된 젠더라는 틀에 포섭되지 않는 성의 존재 방식도 다뤄왔다. 인류학에서는 인도의 히즈라, 북미 원주민인 베르다시^{berdache}처럼 "제3의 성(젠더)"이 적지 않는 사회에 존재한다는 것을 보고했다.

구니히로 아키코(國弘 2009)의 저작을 참고해 히즈라에 대해 알아보자. 인도 북서부의 힌두 사회에서는 남성으로 태어났지만 거세의례를 받고 속세를 떠난 존재인 히즈라로 사는 사람들이 있다. 히즈라가 되는 것은 남성이거나 소수의 양성공유자인 사람이다. 히즈라는 거세의례를 거치고 힌두교의 여신에 귀의한 사람의 지위를 부여받아, 여신과 사람 사이를 중개하는 역할을 한다. 사제관계인 집단을 형성하며, 여신을 모시는 사원을 활동거점으로 삼고, 아이들의 성장의례나 결혼예식 등을 주례하며 생계를 꾸려나간다. 여성의 의복인 사리를 걸치고 생활하며, 히즈라끼리 혹은 남성과 성적인 관계를 맺는 일도 있다.

히즈라는 생활 세계에서 여성 인칭으로 불리지만, 친족관계에서는 남성 친족에 해당하는 호칭으로 불리며, 남성 친족의 역할을 맡는 일도 있다. 즉, 상대방이 누구냐에 따라 남성 혹은 여성의 젠더를 나눠 맡는다고 말할 수 있으며, 남성과 여성, 성^聖과 속^俗을 유연하게 왔다 갔다 하는 존재이다. 사회 전체에서 히즈라는 남성도 여성도 아니며, 남성과 여성의 규범 바깥에 위치함으로써 내부질서를 뒷받침하는 존재로 간주한다. 따라서 히즈라를 남성과 여성에 더해 제3의 성으로 분류하는 것은 정확한 것이 아니다. 남성, 여성 어느 쪽에도 속하지 않는 존재이다. 이런 사람들은 어느 쪽에도 속하지 않아서 차별을 받기도 하지만, 특정한 능력을 소유한 사람으로 인정받기도 한다. 이런 의미에서 인도 사회에는 이들을 받아들이는 문화적 기반이 있다고 말할 수 있다.

(2) LGBT

히즈라의 예를 거론하지 않더라도, 타고난 신체적인 성에 위화감을 느끼는 사람이나 그것을 극복하려고 하는 사람, 이성애 이외의 사랑의 방식을 원하는 사람 등이 있다. 남녀의 이원론으로 정리할 수 없는 섹슈얼리티를 가진 사람들은 어느 사회에나 일정 수가 존재한다는 것을 독자들도 알고 있을 것이다. 이러한 성 소수자를 총칭해서 레즈비언lesbian, 게이gay, 바이섹슈얼bisexual, 트랜스젠더transgender의 첫 글자를 따서 LGBT라고 부른다.

LGBT로 사회활동을 하는 사람들은 섹슈얼리티를 ① 생물학적인 성, ② 마음의 성, ③ 좋아하게 된 성이라는 세 가지 요소로 나누고, 가로축의 좌우를 남과 여로 한 다음, 각각이 가로축의 어디에 위치하는가에 따라 다양한 섹슈얼리티가 있을 수 있다고 표현한다 (藥師·笹原·古堂·小川 2014). 섹슈얼리티는 정말 다양하다. 좋아하게 된 성에 관해서만 이야기하더라도, 모든 섹슈얼리티가 연애나 성적인 사랑의 대상이 되는 팬섹슈얼^{pansexual}, 어떠한 타자도 연애나 성적인 사랑의 대상이 되지 않는 언섹슈얼^{unsexual} 등을 예로 들 수 있다. 이런 사람들이 자신 가까이에 없다고 생각하기 쉬운 것은 차별적인 시선을 받기 때문에 커밍아웃하지 않거나 숨기고 있는 사람이 많기 때문이라는 것을 잊어서는 안 된다.

(3) 미디어의 표상과 곤란

2014년, 유로비전이라는 노래 경연대회에서 수염을 기르고 여장을 한 게이인 콘치타 부어스트$^{Conchita\ Wurst}$가 우승한 일이 화제가 됐다. 유럽에서뿐만 아니라 일본의 텔레비전 방송에서도 "언니 캐릭터^{おネエキャラ}"라고 불리며 다양한 섹슈얼리티를 지향하는 사람들이 다수 등장해서, 이들을 텔레비전에서 보지 못하는 날이 없을 정도이다. 이것만 보면 일본에도 LGBT에 관용적인 기반이 있는 것 같다는 생각이 든다. 다만 "게이를 놀림감으로 삼아도 된다"거나 "게이는 모두 말투가 언니 같다"거나 "게이는 패션이나 미용에 조예가 깊다"는 식의 고정관념이 방송에 넘쳐나고 있다는 점에 주의하지 않으면 안 된다. 신주쿠 2번가^{新宿二丁目}는 게이바가 많이 있는 거리로 유명한데, "커뮤니티"라는 말이 적합할 정도의 거리로 변화되고 있다는 점은 주목할 만하다(砂川 2015). 동시에 이것은 다른 곳에서는 게이 커뮤니티의 형성이 어렵다는 점을 나타내는 것이기도 하다.

한국의 미디어는 어떨까? 예를 들어 한국의 아이돌이라고 하면,

손과 발이 가늘고 매혹적이며 관능적인 여성 아이돌 그룹과 근육질의 남성 아이돌 그룹이 주류를 이룬다. 한국에서 텔레비전을 켜면, 예능 프로그램에서 "여자/남자라면 이래야 한다."라는 성별 규범이 강조되고, "여자/남자면서"라는 말로 젠더 규범에서 벗어난 것을 웃음거리로 삼는 내용이 눈에 거슬려 견딜 수가 없다. 드라마에서는 아름다운 여성과 잘생긴 남성이라는 커플밖에 주연 자격이 없는 것 같다. LGBT 예능인은 손에 꼽을 정도로 적고, 사회적으로 비난을 받기까지 한다. LGBT를 영화에서 다루는 경우는 적지 않지만, "동성애"는 주변으로부터 비난을 받고 차가운 시선을 받는다는 것을 전제로, 이 어려운 연애에 점점 희망의 빛줄기가 비친다는 줄거리가 주류를 이룬다. 이처럼 한국의 미디어에 노출되는 젠더는 틀에 박혀 있으며, 다양한 섹슈얼리티가 표현되는 경우도 드물다. 일본의 미디어에 드러나는 젠더나 LGBT의 표상은 어떠한가? 문제는 없는지 생각해보면 좋겠다.

한편 미디어 밖에서 LGBT가 목소리를 내기 시작했다. LGBT 축제인 "레인보우 퍼레이드"는 미국에서 시작되어 도쿄를 포함해 세계 각지에서 행해지고 있다. 서울에서는 "서울퀴어축제"라는 이름으로 2000년부터 실시되고 있으며, 상당수의 LGBT 당사자들과 지원자들이 참가하고 있다. 하지만 매년 보수적인 기독교 단체나 "가족제도의 위기"를 부르짖는 단체에 의한 방해공작이 벌어진다. "서울퀴어축제"가 열리는 서울시청 앞 광장에는 일상적으로 "동성애 반대"라는 푯말을 내건 사람이 서 있다. 극단적인 단체는 종교나 가족 그리고 국가의 붕괴 등을 이유로 "동성애"를 혐오하는 말을 계속 내뱉는다.

한국에서는 동성혼이 인정되고 있지 않지만, 세계에서는 네덜란드를 시작으로 동성혼을 정식 결혼으로 인정하는 국가도 있다. 일본에서는 2015년 시부야구가 "동성 파트너십 조례"를 제정해서, 동성혼을 결혼에 준하는 관계로 인정하는 "증명서"를 발급하기 시작했다. 그러나 이 조례가 발효되었을 때, 도쿄에서는 대규모 반대 시위가 열렸다. 한국과 비교해 관용적으로 보이는 일본에서도 이질성을 받아들이지 않는 태도가 확산되고 있는 것은 아닐까? 여러 가지 색의 섹슈얼리티가 무지개의 일곱 빛깔처럼 조화롭게 공존하기 위해서는 문화 기반, 사람들의 인식, 제도가 어떻게 변화해야 할지 우리는 고민하지 않으면 안 된다.

6. 성을 상대화하다

자신이 남성 혹은 여성이라는 것에 의문을 품지 않는 사람이 많지만, 반드시 이러한 이분법으로 정리해버릴 수 없는 사람들이 있다는 사실을 지금까지 살펴보았다. 남성이 여성을 좋아하는 것이나 여성이 남성을 좋아하는 것이 반드시 당연한 일은 아니다. 또한 여성/남성은 이래야 한다고 무의식적으로 생각하는 것도 사회나 문화에 의해 규정된 것이다. 이렇게 획득된 "여자다움/남자다움"은 사회적 압력으로 작용해, 이것을 내면화한 사람 개개인에게 때때로 살아가는 데 고통을 준다.

이 장에서 다룬 여러 가지 사례로부터 알 수 있는 것은 젠더와 섹슈얼리티는 사회에 의해 규정되며, 다양하다는 사실이다. 다양하다는 것은 젠더나 섹슈얼리티가 태어난 이후로 변하지 않는 것이 아니라 변할 수 있다는 것을 의미한다. 그러나 이러한 다양성이 반드시 우리 사회나 다른 사회에서 용인되고 있다고 말하기 어렵다는 점도 이 장에서 다룬 사례로부터 알 수 있다. 이 장을 읽고 자신의 젠더와 섹슈얼리티, 그리고 젠더와 섹슈얼리티를 둘러싼 여러 사회적 문제들에 대해 다시 생각해보는 기회가 되었다면 더 바랄 것이 없겠다.

참고 문헌

アードナー, E/S・B, オートナー 1987 『男が文化で, 女は自然か?: 性差の文化人類学』 山崎カヲル監訳, 晶文社.

エヴァンズ=プリチャード,E・E 1985 『ヌアー族の親族と結婚』長島信弘・向井元子訳, 岩波書店.

國弘暁子 2009 『ヒンドゥー女神の帰依者ヒジュラ: 宗教・ジェンダー境域の人類学』風響社.

嶋陸奥彦 2006 『韓国道すがら: 人類学フィールドノート30年』草風館.

砂川秀樹 2015 『新宿二丁目の文化人類学: ゲイ・コミュニティから都市をまなざす』太郎次郎エディタス.

瀬地山角 2015 「ジェンダーで日韓をみるということ: 少子化, 女性, 超高齢化社会」磯崎典世・李鍾久編 『日韓交流史1965-2015 III 社会・文化』東京大学出版会, 215-244

頁. (이종구·이소자키 노리요 편, 2015, 『한일관계사 1965-2015 III 사회·문화』, 역사공간.)

陳姃湲 2006 『東アジアの良妻賢母論: 創られた伝統』勁草書房.

ニーダム, R 1993 『象徴的分類』吉田禎吾·白川琢磨訳, みすず書房.

浜本まり子 1993 「人生と時間」波平恵美子編『文化人類学』医学書院, 75-110頁.

原ひろ子 1989 『ヘヤー·インディアンとその世界』平凡社.

ミード, M 1961 『男性と女性 上·下』田中寿美子·加藤秀俊訳, 創元新社.

ミード, M 1976 『サモアの思春期』畑中幸子·山本真鳥訳, 蒼樹書房. (마거릿 미드, 박자영 옮김, 2008, 『사모아의 청소년』, 한길사.)

薬師実芳·笹原千奈未·古堂達也·小山奈津己 2014 『LGBTってなんだろう?: からだの性·こころの性·好きになる性』合同出版.

읽을거리

- 『"ジェンダー論"の教え方ガイド: 女子大生のための性教育とエンパワーメント("젠더론"의 교육방식 가이드: 여대생을 위한 성교육과 역량 강화)』沼崎一郎, フェミックス, 2006년.

  저자가 실제로 여대에서 했던 강의 내용과 학생들의 반응을 수록하고 있다. 대학생의 일상 바로 옆에 존재하는 성폭력, 연애, 결혼에 관한 문제를 구체적으로 파헤치고 있다. 여성이 섹스나 임신, 직업의 결정에 있어서 얼마나 수동적인가를 절실하게 전달하면서 "자립"을 호소한다.

- 『新宿二丁目の文化人類学: ゲイ·コミュニティから都市をまなざす(신주쿠 2번가의 문화인류학: 게이 커뮤니티에서 도시를 바라보다)』砂川秀樹, 太郎次郎社エディタス, 2015년.

  게이 활동가이기도 한 저자가 쓴 "신주쿠 2번가"에 대한 민족지이다. 도쿄 레인보우 축제를 통해 커뮤니티 의식이 높아져가는 양상을 소상하게 묘사하고 있다. 게이가 처해 있는 차별적인 사회 상황에 대해서도 되짚어본다.

- 『女の子は本当にピンクが好きなのか』堀越英美, Pヴァイン, 2016년. (호리코시 히데

미, 김지윤 옮김, 2018, 『여자아이는 정말 핑크를 좋아할까』, 나눔의집.)

왜 여자아이는 분홍색, 남자아이는 파란색이라고 정해져 있는 걸까? 여아용 제품에 분홍색이 많은 이유를 해석하면서, 분홍색의 속박에서 벗어나기 위한 단서를 찾아본다. 여아용 장난감에서 나타나는 새로운 조류도 알 수 있다.

나카무라 야에

위안부 문제

오타 심페이

위안부慰安婦는 어떤 사업에 종사하는 사람에게 위안을 주기 위한 목적으로 배속된 여성을 말한다. 현재 일본에서는 제2차 세계대전 당시 병사들에게 성적 서비스를 제공하기 위해, 정부나 군속軍屬에 의해 동원된 종군위안부를 뜻하는 경우가 많다. 다만, 위안부나 종군從軍이라는 단어에는 동원하는 측의 생각만 드러나며, 동원당한 측의 사정은 무시되고 있다는 점에 비판이 제기되어, 성노예라는 단어로 바꿔 부르려는 움직임도 있다.

위안부에 얽힌 주된 문제는 크게 두 가지로 구분할 수 있다. 첫째는 역사적 사실의 문제다. 즉, 이미 일어난 일에 대해 무엇이 진실이고 무엇이 거짓인가를 다투는 논의가 아직도 결론에 이르지 못하고 있다. 둘째는 이제부터 이루어져야 할 일에 관한 문제다. 위안부였던 사람들에 대한 사죄와 배상, 위안부 제도 그 자체의 시시비비 등이 여기에 해당한다. 여기서는 법적으로든 인도적 차원에서든 무엇이 선이고 무엇이 악인지가 쟁점이 되고 있지만, 진위眞僞나 선악善惡의 판단은 역사학, 법학, 정치학 등이 잘하는 일이다.

이에 비해 인류학이 강점을 발휘할 수 있는 일은 앞서 언급한 것과는 구분되는 또 하나의 가치 기준인 미추美醜·미악美惡에 대한 정밀한 조사다. 즉, 한 사회에서 어떤 이야기는 "쉽게 이해가 되며" 어떤 말은 "거부감을 불러일으키는지"를 분명히 하고, 왜 그런가를 깊이 탐구하는 것이다.

제2차 세계대전 중에 구舊일본군이 동원한 위안부를 둘러싼 논쟁은 동아시아가 관련된 큰 문제다. 다만 잊어서는 안 되는 점은 동남아시아나 네덜란드처럼 동아시아 이외의 지역에도 구일본군에 의한 위안부 피해자가 많다는 것이다. 또한 위안부 문제는 문화에 관한 여러 문제를 우리에게 제기하고 있다는 점도 잊어서는 안 된다. 이것은 인간 사회에서 젠더의 권력관계에 관한 문제이기도 하다. 상황에 따라 개인의 윤리관이 멈춰버리고 마는 것을 생각하게끔 하는 문제이며, 나치즘하의 독일에서 일어난 유대인 학살에 대해 한나 아렌트Hannah Arendt(1906~1975)가 지적했던, 인류가 빠지기 쉬운 "악의 평범성banality of evil"의 문제이기도 하다. 사람을 사물로 간주하는 상황에 관한 문제이기도 하다.

사회관계

대만의 결혼식을 통해

니시무라 가즈유키

식사 자리에서 처음 만난 상대방과 대화의 계기를 만들기 위한 "술 따르기^{酌酒}". 술잔을 받으면 술잔을 건네는 것이 관습이어서, 서로 모르는 사람 사이에도 관계가 이루어진다(2016년, 필자 촬영).

1. 누가 낼까?

여러분은 친구들끼리 식사를 하고 막 가게를 나서려고 할 때, 어떤 식으로 비용을 낼까 마음에 걸린 일이 없는가? 계산대에서 돈을 낼 때, 자신이 먹은 것에 대해서만 각자 내는가? 아니면 n분의 1을 하는가? 일본에서는 n분의 1을 하는 것이 일반적일 것 같다. 일본과 가까운 중국, 대만, 그리고 한국에서는 n분의 1을 하는 일이 좀처럼 없다. 누군가 한 사람이 전부 계산한다. 즉 누군가가 다른 사람 모두에게 한턱내는 것을 당연한 일로 생각한다.

하지만 얻어먹은 사람과 한턱낸 사람 사이에는 왠지 불편한 마음이 생긴다. 얻어먹은 사람은 자기가 낼 돈을 다른 사람이 내줬다는 경제적 부담감 때문에 상대방에게 멋쩍은 기분을 갖게 된다. 이것은 말하자면 돈을 내준 사람에게 빚을 진 것이기 때문이다. 우리가 n분의 1을 선택하는 데에는 특정 상대에게 부채감을 느끼는 것을 피하려는 목적이 있다. 한편 중국이나 한국에서 일반적으로 한턱을 내는 행위를 잘 살펴보면, 다음에 계산해야 할 때는 앞서 돈을 내지 않은 사람이 계산한다. 이로써 시간을 두고 천천히 순조롭게 돌아가며 계산을 함으로써 부담감이 해소된다. 일종의 암묵적인 이해가 작동함으로써, 모든 사람의 부담감이 해소되는 방식이 성립된 것이다. 그러나 좀 더 생각해보길 바란다. 계산할 기회는 똑같이 주어지지만, 내야 하는 금액을 생각해보면 어떨까? 언제나 같은 사람들끼리 식사를 하는 것은 아닐 것이다. 돌아가면서 한턱을

낸다는 규칙 덕분에 정말로 부담감은 사라지는 것일까?

한편 일본에서는 백중お中元이나 연말お歳暮에 선물을 줄 상대방을 생각해서 선물을 고르며, 상대방도 마찬가지로 생각한다는 것을 전제로 선물을 받는다. 선물하는 물건은 서로의 관계에 걸맞다고 생각되는 것으로 그 가치의 균형이 상호 간에 이루어지지 않으면 안 된다. 그렇다고 해서 똑같은 물건을 선물해서는 안 된다. 말하자면, 선물교환은 일방적인 상하관계가 생겨나지 않고 어느 한쪽이 이득을 보거나 손해를 보지 않도록 이루어져야 한다. 그렇다면 이런 선물교환에는 어떤 의미가 있는 걸까?

이처럼 정해진 교환 방식에 맞서, 억지로 n분의 1을 주장하거나 균형이 맞지 않는 선물로 답례하거나 감사 인사를 전하지 않는다면 어떻게 될까? 그런 행동을 하면, 아마도 친구관계가 어긋나 사회에서 따돌림을 당하고 말 것이다. 이처럼 우리가 살아가는 사회에서는 화폐도 물품도 정보도 관습에 따라 주고받는다. 즉 이런 것들이 교환되고 있는 것이다. 교환은 사회의 존재 방식과 깊이 연관되어 있다. 보통 사람과 사람의 연계는 눈에 보이지 않는다. 부모 자식, 부부, 형제자매 같은 가까운 가족 간의 관계라고 하더라도, 어떤 식으로든 가시화되어야지만 결속을 확인할 수 있다. 인류학은 이런 눈에 보이지 않는 연계를 보이도록 하고 고찰하는 학문이다. 또한 우리는 물건이나 정보를 주고받으면서 가까운 가족·친족관계를 넘어서는 연계를 만들며 생활하고 있다. 이런 관계로 맺어진 집단을 사회라고 부른다. 사회는 여러 형태로 드러나는 사회관계의 그물코로 짜여 있는 셈이다. 이 때문에 인류학에서는 사회관계가 가시화되는 물건의 주고받음(교환)에 큰 관심을 가져왔다.

그러면 우선 비교적 가까운 범위에서 이루어지는 교환을 통해 눈에 보이고 서로 인식하는 사회관계를 생각해보고자 한다.

2. 교환

앞서 설명한 돌아가며 계산을 하는 행위에서는 경제적·금전적 의미에서의 균등화가 아니라 기회의 평준화가 이루어진다. 평준화는 불공평을 해소하기 위해 이루어지는 실천이다. 여기서는 금액상의 평준화가 목적이라기보다는 오히려 계산할 기회 자체를 똑같이 나누려 한다는 점을 알 수 있다. 관점을 바꿔 생각해보면, 부담감을 모두가 나눠 갖는 것이다. 이런 식으로 생각해보면, 우리의 생활 속에서 경제적이라는 단어가 금전적인 의미만 갖는 것은 아니라는 점을 깨닫게 된다.

헝가리의 경제사학자이자 인류학자이기도 한 칼 폴라니^{Karl Polanyi}(1886~1964)는 경제적이라는 단어에는 두 가지 의미가 있다며, 경제학적인 의미, 즉 최소한의 작용으로 최대한의 이익을 얻는다는 의미(형식적 의미)와 살아가는 데 필요한 생산·유통·소비의 의미(실체적 의미)로 구분했다. 실체적 의미에서 유통이란 물건이 사람과 사람 사이를 오가는 것을 의미한다. 여기에 주목한다면, 사람과 사람의

연계, 즉 사회관계를 눈에 보이는 형태로 이해하고 다룰 수 있다. 그래서 폴라니는 경제는 사회에서 분리된 것이 아니며, 경제는 사회속에 "묻혀 있는embedded" 상태라고도 말했다(ポラニ― 1980). 이것을 포함해 사회 속에서 이루어지는 물건이나 돈의 교환에는 사회관계가 전제되어 있다는 것을 알 수 있다.

예를 들어, 생일날 선물로 손목시계를 받았을 때, 부모님에게서 받은 것인가, 아니면 친구로부터 받은 것인가, 즉 누구에게 받은 것인가에 따라 의미가 달라진다. 손목시계라는 물건의 화폐가치는 변하지 않지만, 선물을 한 사람에 따라 그 선물에 어떤 생각이 담겨 있는지를 알 수 있다. 만약 선물을 준 사람이 부모님이라면, 여러분은 이 선물에 대한 답례로 "감사해요."라는 말로 때울 것이다. 그러나 친구가 선물을 주었다면, 그 친구의 생일에 무엇인가를 보답하려고 할 것이다. 또한 선물을 준 사람을 잘 모르는 경우라면, 여러분은 약간 불안감을 느끼며 선물을 받는 것 자체를 거절하고 손목시계를 그 자리에서 되돌려줄지도 모른다.

(1) 교환과 호혜성

인류학이나 사회학에서는 선물을 주고받는 일, 즉 교환을 성립시키는 원칙, 그리고 이것에 근거한 운영 방식을 "호혜성互惠性, reciprocity"이라고 부른다. 선물의 교환에는 의례가 수반되며, 관습적인 형식에 따른 방법이 채택되는 경우가 많다. 프랑스의 사회학자 마르셀 모스Marcel Mauss(1872~1950)는 세계 각지에서 행해지고 있는 선물교

환을 예로 『증여론』을 썼는데, 이 책에서 선물을 둘러싼 의무로 세 가지를 들고 있다. 그것은 ① 관습에 따라 선물을 할 의무, ② 선물을 받을 의무, ③ 답례할 의무이다. 모스는 이 세 가지 의무가 달성됨으로써, 선물을 통해 사회관계가 만들어지고 교환이 지속된다고 말한다(モース 2014). 그중에서도 ③의 의무를 소홀히 하면 그 관계는 최종적으로 파탄에 이른다.

물건의 호혜적 교환과 사회관계의 거리를 연관 지어 이해한 사람이 미국의 인류학자인 마셜 살린스Marshall Sahlins이다. 그는 인간관계의 사회적 거리와 세 가지 호혜성을 동심원 그림을 이용해 정리하고 있다(サーリンズ 1972: 179~191). 먼저 첫번째는 일반적인 호혜성이다. 동심원의 가장 안쪽, 즉 사회적으로 매우 가깝고 친한 관계에 있는 인물과의 사이에서 이뤄지는 호혜성에 입각한 선물교환이 여기에 해당한다. 이때, 경우에 따라서는 답례를 하지 않기도 한다. 앞선 손목시계의 예처럼 부모님이 선물을 준 교환이 여기에 속한다. 두번째는 균형적 호혜성으로, 여기에는 관습에 정해진 대로 비슷한 수준의 선물교환이 직접 이루어진다. 즉 의례적인 교환이 이에 해당한다. 앞선 일반적인 호혜성과 비교하면 먼 관계이지만 그럼에도 불구하고 우호적이며 친근한 사이에서 이뤄진다. 친구들 사이의 생일 선물 교환이 여기에 해당한다. 마지막 세번째는 부정적 호혜성이다. 이것은 한마디로 말해 서로 빼앗는 것이다. 또한 자신이 속한 집단 외부에 있는 상대방과의 물건 교환도 이에 해당한다.

(2) 대만의 한 결혼식에서

실제 선물교환은 생활 속에서 빈번하게 일어난다. 1999년대 중반, 대만 동해안의 한 항구도시에서 한인漢人 부부의 결혼식이 열렸다. 두 사람으로부터 초대를 받은 나는 주위 사람들과 의논해서 붉은색 축하 봉투인 홍포紅힌(민난어로 안파우, 중국어로 혼파오)에 축의금을 넣어 결혼식에 참석했다.

친구로서 이런 경우에 도대체 얼마를 내야 할지 고민했던 것이 생각난다. 혼약식 당일, 양가의 부모님과 가장 친한 한인 남성이 같은 원형 테이블에 앉아 있는 것을 보고 말을 걸어보았다. 그는 초대받지 않았지만, 축의금을 건네주러 참석했다고 했다. 가장 친한 친구라면 초대를 받지 않더라도 이런 경우에는 참석하는 것이 당연

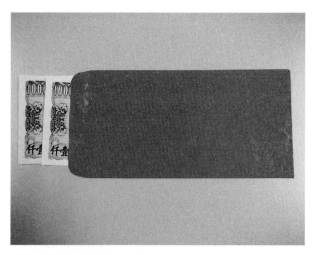

그림 5-1 결혼식에 초대받고 준비했던 홍포(2016년, 필자 촬영)

제5장 사회관계

하다고 했다. 사실 초대하는 측에서는 하나의 원형 테이블에 10인 분의 식사를 준비해둔다. 하지만 실제로 앉을 수 있는 의자는 여덟 개뿐이다. 이것은 손님이 따로 누군가를 데리고 연회에 참석할 수도 있다고 예상하기 때문이다. 그리고 돌아가는 길에는 신랑 측이 준비한 과자를 받았다.

다음 날, 신랑의 집과 그 앞 골목에서 결혼식과 피로연이 열렸다. 나는 친구로서 다시 초대를 받았고 한 손에 카메라를 들고 그의 주변을 따라다녔다. 이때도 축의금을 봉투에 담아 건넸다. 사진을 찍으면서 먹고 마시고 있었는데, 신랑이 도중에 찾아와서 나에게 "홍포"를 건네주었다. 내가 사진을 찍어주고 있는 것에 대한 수고비였다. 행사가 끝나고 아주 친한 친구들과 신랑·신부가 모인 자리에서 들어온 홍포를 열고 누가 낸 것인지를 기록했다. 거기에는 내 이름도 있었다. 대만에서는 신랑 측, 신부 측 각각 다른 날을 잡아 피로연을 연다. 신부 측의 피로연을 민난어로는 "도우고아게返外家" 중국어로는 "후이니엔자回娘家"라고 부른다. 나는 이 행사에도 초대를 받아 참석했다. 마찬가지로 축의금을 지참하고 갔다. 그러나 나중에 이때에는 "홍포"가 필요 없다며 당사자로부터 주의를 받았다. 얼마 지나지 않아 이 부부 사이에서 남자아이가 태어났고, 생후 30일째가 되는 날에 한인 사회의 관습에 따라 "주만월做滿月(민난어로 쯔우모아고에, 중국어로 쭈오만위에)"이라는 축하의례가 열렸다. 이날 결혼식에 참석했었다는 이유로, 붉은색을 칠한 삶은 달걀이 들어간 볶음밥과 닭고기 수프를 나에게 가지고 왔다. 최근에는 결혼식이나 결혼식 피로연, 그리고 주만월과 같은 축하 행사를 할 때 레스토랑이나 호텔에 손님을 초대해 개최한다. 하지만 사람들 사이에 "홍포"를 준비하고 관습에 따라 답례품을 건네는 일은 변함없이 이루어지고 있다.

초대받은 내가 얼마를 건네야 할지 고민하고 초대받지 않은 손님이 참석하는 일에 약간 놀랐던 이유는, 일본에서도 상대방과의 사회적 거리에 맞춰 축의금 등을 준비하고, 초대하고 초대받는 교환이 관습적이며 의례적으로 이루어지기 때문이다. 사회관계를 전제로 한 교환이 이루어질 때, 개인을 기점으로 한 상대방과의 관계를 고려해 그때 그 장소에서 주고받는 것이 아니라, 시간을 두고 물건이나 금전을 주고받기도 한다. 화폐를 포함한 물건의 교환을 통해 상대방과 관계를 맺고 그 관계를 유지하려는 것이 목적이다. 이것은 시장경제에서 이루어지는 화폐 교환과는 크게 다르다. 시장에서는 화폐를 매개로 즉각적이고 사회관계를 전제로 하지 않는 교환이 이루어진다. 인류학에서는 시장이나 화폐를 경제의 절대 요건이라고 생각하지 않고, 앞서 폴라니가 지적한 바와 같이 인간이 살아가는 전체 속에서 경제적 행위를 생각하려고 한다. 다만, 토지와 노동이 상품화된 자본주의 경제가 깊숙이 침투한 현재에는 시장이 크게 확대되어 수요와 공급의 자기 조정이 작동하는 시장경제가 세계에 널리 퍼져 있다. 이 때문에 사회에 묻혀 있는 비非시장경제는 매우 찾기 힘들다. 오히려 시장경제가 사회를 뒤덮고 있는 것 같은 상황이다. 그러나 이 두 가지 경제가 완전히 분리되어 존재하는 것은 아니며, 중첩되는 부분도 있다. 또한 시장경제가 비시장경제를 완전히 도태시켜버린 것도 아니다. 서로 알고 지내는 사람 사이에서 일어나는 물건의 교환에 초점을 맞춘다면, 이처럼 눈에 띄지 않는 경제의 일면을 깨달을 수 있다.

지금까지 서술한 바와 같이 경제가 사회에 묻혀 있다고 간주하고 사회관계가 드러나는 교환에 주목하는 것은 선물을 주는 쪽과 선물을 받는 쪽 사이의 관계성을 고려하는 것이기도 하다. 그런 관계는 부모 자식, 부부, 연인, 친구, 선생과 학생 등 셀 수 없이 많다. 또한 권력관계는 사회질서로도 볼 수 있다. 그리고 그런 관계는 항상 유동적이다. 권력이 드러나는 방식, 관계의 질서, 불균형을 조정하는 방식, 관계성의 변화를 생각하는 것이 인류학적 연구에서는 매우 중요하다. 물건의 주고받음에 주목함으로써, 관계성에 대해 더욱 깊이 생각해볼 수 있다. 이 책에 나오는 동아시아를 둘러싼 인류학 연구에서는 이런 관계성을 중요한 주제로 다루고 있다.

(3) 한인 사회에서의 "꽌시關係"

중국의 인류학자 페이 샤오통費孝通(1910~2005)은 과거 중국의 촌락 사회를 "향토 사회鄕土社會"라고 부르고, 그 특징을 "돌을 수면에 던졌을 때 퍼지는 파문"처럼 자기를 중심으로 한 관계가 동심원상으로 펼쳐져 있는 것이라고 말했다(費孝通 2011: 27). 그리고 동시에 "차슈규쥬우(차서격국差序格局)"이라는 단어를 사용해, 서열과 격차에 근거해 관계의 바퀴輪가 형성된다고 주장했다. 또한 생활의 기본단위가 되는 가족관계와 관련해서, 상호 간의 관계가 가깝다는 사실을 드러내는 "즈자렌(자가인自家人)"이라는 표현을 제시했다. 이것은 가족의 범위를 넘어서 세상의 모든 것을 포함하는 의미이다. 이처럼 자기를 중심으로 내집단身內이라고 간주할 수 있는 범위가 자유자재로 늘어났다 줄어들었다 한다는 것이다(費孝通 2011: 26~29).

또한 한인의 사회관계를 인류학적으로 연구한 왕송싱王崧興은 개인과 개인을 연계하는 "꽌시"의 네트워크에 주목했다(王崧興 1987). 왕송싱은 한인 사회의 사회관계는 어디까지나 개인을 중심으로 한 네트워크이며, 같은 "류類"를 통해 만들어지고 확대된다고 지적한다. 그리고 "류"는 "혈연 이외에도 이웃, 사제師弟, 동창, 동료, 동향同鄕 등을 들 수 있다"고 설명한다(王崧興 1987: 38). 즉 무언가 같은 범주에 속하는 것을 기반으로 사회관계가 활발하게 만들어지고 확장되는 것이다. 한인 사회에서는 "류"를 많이 갖는 것이 다양한 사회관계를 창출하는 기반이 되고, 어떤 일을 하려고 할 때 "류"를 동원해 목적을 달성하기도 한다. 또한 개인을 중심으로 한 사회관계를 통해 복수複數의 집단에 동시에 소속되기도 한다. 왕송싱에 따르면, 한인은 특정 사회관계를 중시하거나 특정 집단에 강하게 소속되기보다는 개인이 복수의 사회관계와 집단에서 처신함으로써 사회생활을 영위한다. 그리고 이것을 "조직이 아닌 꽌시"라는 말로 표현했다(王崧興 1987: 37).

중국에서는 개혁개방정책이 추진된 1980년대 후반부터 한인 사회에 관한 인류학적 연구에서 "꽌시"가 주목을 받았다. 현장연구에 근거한 한인 사회 연구는 "꽌시"의 그물망이 촌락 차원의 일상생활 범위를 넘어 퍼져 있으며, 경제성장을 배경으로 중국 사람들의 생활권역이 확장되어가는 것에 발맞춰 꽌시도 확대되어가는 모습을 기록했다. 예를 들어, 상대방에게 선물을 하고 그 답례로 필요한 물건이나 정보를 얻거나, 물건이나 정보를 줄 수 있는 사람과의 연계를 만들기 위해 아는 사람 소개로 그를 초대하는 자리를 마련하는 등 호혜적인 교환이 이루어졌다(예를 들어 Yang 1994).

인간은 여러 가지 형태로 사람이나 사람 이외의 물건과 관계를 맺으며 살아가고 있다. 21세기를 살아가는 우리에게는 대면적인 연계로부터 파생되는 사회를 넘어, 본 적도 없고 알지도 못하는 사람들 간의 관계 맺음이 자명해지고 있다. 예를 들어, 독자는 국가를 통한 연계, 즉 "국민"을 의식하는 일이 없는가? 국경은 눈에 보이지 않지만, 국경에 의해 설정된 토지(영토) 안에서 함께 생활하는 모르는 사람들(국민) 사이에는 연계가 있다. 서로 모르는 사람들로 구성된 국민은 어떤 식으로 주고받는 관계를 맺으면서 연계를 만들어내는 것일까?

3. 국민이라는 연계

국가란 어떤 존재일까? 한 국가 안에 있는 사람은 모두 국민이고, 한 국가 안에는 국민으로 가득하다는 이미지를 가진 사람이 많을

것이다. 이런 국가관을 "국민국가$^{nation\ state}$"라고 부른다. 국민에 대해 미국의 정치학자인 베네딕트 앤더슨$^{Benedict\ Anderson}$(1936~2015)은 "국민이란 이미지로서 마음에 새겨진 상상의 정치공동체"라고 정의한다(アンダーソン 1997: 24). 또한 "국민은 제한된 것으로 상상된다."라고 말한다(アンダーソン 1997: 25). 국가와 국가 간의 경계가 명확하게 정해짐으로써 토지가 구별되면, 그곳에서 전개되는 역사가 정리되며, 그 토지에서 생활하는 사람들 사이에 의사소통을 위한 공용어가 만들어지고, 이것을 보급하기 위해 주민에게 교육이 시행된다. 이렇게 함으로써 서로 본 적도 없는 모르는 사람들 사이에 국민이라는 일체감이 창조되며, 일체감을 공유하는 것을 전제로 서로가 같은 국민이라는 연계를 창조·상상해낸다. 또한 우리는 국가로부터 국민으로서의 권리를 부여받고, 국민으로서의 의무를 다할 것을 요구받는다. 이것은 일본헌법 제3장 "국민의 권리 및 의무"에 규정되어 있다. 우리는 국가와 호혜적인 관계를 맺음으로써, 본래는 서로 모르는 사람들이지만 국가를 통해 연계를 의식하게 된다.

이렇듯 국민을 의식함으로써 사람들이 연결되어 국가가 이루어지고, 이러한 국가는 동아시아 근현대사에서 그 범위가 넓어지기도 하고 좁아지기도 했다. 일본은 1868년 메이지유신을 거치면서 근대적인 국민국가로 변모하기 시작했다. 단계적으로 국민국가로 정비되어가는 중에, 일본 국가의 범위는 홋카이도와 오키나와까지 차차 넓어졌고, 1895년에는 대만을 식민지로 삼았다. 이때까지 대만은 청나라의 지배 아래 있었지만, 청나라의 통치는 이른바 근대 국민국가로서의 통치는 아니었다. 일본은 여러 가지 방법으로 대만 사람들을 일본 국민으로 동일화하려고 했으며, 그들을 국민으로서 포섭하려 했다. 예를 들어, 민난어나 하카어 그리고 선주민족의 여러 언어를 모어^{母語}로 삼아온 대만 주민들에게 학교 교육으로 "국어"인 일본어를 가르쳤다.

내가 조사연구를 진행한 대만 동해안에는 식민지 정부가 주도한 산업개발의 일환으로 항구도시가 만들어졌고, 일본인 어민이 생활할 수 있도록 이민촌이 조성됐다. 항구와 이민촌을 중심으로 일본인이 협력해서 어업을 산업으로 전개했으며, 식민통치 말기에는 주위에 살던 한인이나 선주민족인 아미^{阿美} 사람들 중에 젊은 남성이 일본인 어민과 어로를 함께했다. 당시 그들은 어로 활동을 함께한 얼굴을 알고 지내는 작업 동료인 동시에, 학교 교육을 통해 국어(일본어)를 습득하고 서로 관계를 맺고 지낸 대만의 "일본인(국민)"이기도 했다. 사실 앞선 결혼식에 동석한 한인 남성은 어부로 일하던 사람이었는데, 그도 과거에는 이런 "일본인" 중 한 명이었다. 1945년, 일본의 패전으로 대만은 새롭게 중화민국^{中華民國}이라는 국민국가가 됐다. 그 후 대만의 한인과 선주민족인 아미 사람들은 중국어를 국어로 사용하는 중화민국의 국민이 됐다.

대만 동해안에서는 1970년대까지 근해 어업이 활발하게 이루어졌다. 그러나 고도 경제성장에 따른 산업구조의 변화로 인해, 어업 종사자가 감소하고 있으며 고령화도 심각해지고 있다. 대만에서는 1990년대에 들어 동남아시아의 여러 나라에서 노동자가 들어와 일하는 것이 합법화됐다. 내 조사지에서도 필리핀, 인도네시아, 그리고 중국에서 국경을 넘어 일꾼들이 들어왔다. 대만 주민은 새로 등장한 이 사람들과 노동을 통해 새로운 사회관계를 만들며 생활을 꾸려나가고 있다. 국가와 사람들의 연계는 개개인에게 있어서 너무나 당연해서 의식되는 경우가 드물다. 그러나 국가와 사람들 사이의 경계인 국경에 주목함으로써, 연계가 가시화되곤 한다.

4. 글로벌 환경과 사회관계

대만의 국가로서의 정식 명칭은 "중화민국"이다. 하지만 중국(중화인민공화국)은 중화민국의 존재를 인정하지 않고, 대만을 중국 영토의 일부라고 주장하고 있다. 그리고 일본과 미국, 유럽 각국도 중화민국으로서의 대만과 정식 국교를 맺고 있지 않다. 최근 대만과 중국 간의 인적 왕래가 매우 활발하게 이루어지고 있다. 서로를 국가로서 인정하지 않기 때문에, 그곳에서 살아가는 사람들 사이의 연계는 매우 특별한 것이 된다.

(1) 확대되는 노동 연계

대만 동해안에 어업 종사자로 일하러 온 중국인의 대다수는 대만 한인들의 고향인 푸젠성과 민난 지방 출신이다. 대만 한인과는 서로 민난어로 대화하며, 연중행사나 앞서 소개한 혼약식이나 결혼식을 비롯한 관혼상제 등에 있어서 민난적인 민속문화를 대체로 공유하고 있으며, 민난계 한인과 서로 가까운 연계가 있음을 인식하고 있다. 그러나 국가와의 연계, 정치적인 관계성을 앞에 두고서는 양자 사이의 사회관계의 거리가 멀어진다. 중국인 어업 이주노동자는 중화인민공화국이라는 국민국가를 구성하는 "국민"이다. 그러나 중화민국(대만)은 중화인민공화국의 국민인 그들의 신체를 안쪽 (영토)에 두는 것을 기본적으로 거부하고 있다. 내 조사지에서 일하는 이주노동자 중 중국인에게만 강요되는 생활상의 제한이 있다. 그것은 육상에서의 행동에 자유가 없다는 점이다. 같은 일을 하는 인도네시아나 필리핀에서 온 이주노동자는 날씨가 좋지 않아 조업할 수 없을 때는 동네 편의점이나 상점에서 쇼핑을 하거나 식사를 하며, 도시 중심까지 나가기도 한다. 그러나 중국인 이주노동자들은 당연한 듯 보이는 이런 행동의 자유가 없다.

이것은 동아시아에서 나타나는 국제적인 노동력 이동의 한 단면이며, 동아시아라는 지역의 틀을 뛰어넘은 사람들의 이동이기도 하다. 사람·화폐·정보가 빠르게 넓은 지역으로 이동하고, 국가 그리고 국경이 갖는 구속력이 약화되는 것이 세계화의 일면이기는 하지만, 그 과정에도 국가라는 제도, 그리고 그로부터 생겨나는 권력이 작용하며 사람들은 국가와의 관계 맺음에서 완전히 자유롭지 않다는 점도 알 수 있다. 한편 2013년경부터 중국에서 온 이주노동자가 급격히 줄어들고 있다. 그 이유는 대만의 선주船主 측과 중국인 이주노동자 측 사이에 임금을 둘러싸고 타협이 이루어지지 않아서

이다. 내 조사지에서는 어업 노동을 통해 형성된 대만 어민과 중국인 이주노동자 간의 사회관계가 단절되고 말았다. 중국 남부 해안지역은 경제성장이 눈부시게 일어나는 대도시를 포함하고 있어서, 이들을 송출하는 지역의 경제 상황도 그 영향 아래 있다. 중국인이 대만에 이주노동을 하러 오는 것은 경제적인 요인이 주된 이유이기 때문에, 경제 환경이 변화하면 해외로의 이주노동이 둔화되고 이주노동을 하는 사람도 줄어들다가 점점 사라져버린다. 이것은 여러 사회 영역에까지 경제 원리가 침투해 강한 영향을 미치는 신자유주의적 사회의 일면을 보여주는 것이기도 하다.

(2) 확대되는 신앙의 연계

중국과 대만 간의 관계는 1980년대부터 이루어진 중국의 경제적 개혁개방정책을 계기로 크게 바뀌고 있다. 이러한 큰 사회변혁을 계기로 화교나 홍콩, 대만에서 중국으로의 경제투자가 늘어났으며, 인적 왕래가 점점 활발해지고 있다. 이에 따라 민속문화, 특히 "민간신앙"이라고 불리는 종교를 매개로 한 인적 왕래도 중국과 대만 사이에 성행하게 됐다. 대표적인 것으로 마조媽祖 신앙을 통한 교류를 들 수 있다.

대만에 가장 많은 종교시설은 마조를 모시는 사당이라고 한다. 그리고 중국 푸젠성에서도 마조 신앙이 대단히 성행하고 있다. 양쪽에 공통으로 나타나는 이 여신 신앙은 푸젠성 푸톈현莆田縣 메이저우섬湄洲嶼에 있는 마조 사당을 본가로 각지에 확산된 것이다. 중국에서는 개혁개방 이후 종교정책에도 변화가 일어나서, 문화대혁명 때 부정되었던 민간신앙이 새롭게 사람들의 관심을 끌고 있다.

이것을 보여주는 예로, 신자들이 행하는 "진샹進香"이라고 불리는 참배 행사가 있다. 진샹은 정치적으로 대립하고 있는 중국과 대만 사이의 민간 교류로도 주목을 받고 있다. 대만에 있는 사당의 신자들에게는 본가에 해당하는 푸젠성의 조상묘를 참배하고 그 유래를 찾아 올라감으로써 모시는 신의 권위를 더 높이 세울 수 있다. 그러나 한편으로는 이런 왕래로 인해 거꾸로 양자 간의 차이를 사람들이 의식하게 되고, 대만의 독자성을 인식하게 되기도 한다(三尾 2001). 정치적 경계를 뛰어넘는 참배는 마조 신앙에 한정되지 않고, 그 외에도 역병을 막거나 토지를 지켜주는 역할을 한다는 완예王爺

그림 5-2 대만에서 중국 취안저우 푸메이궁으로 보내온 진샹(2016년, 필자 촬영)

에 대한 신앙에서도 마찬가지여서, 대만에 사는 사람들과 중국 푸젠성에 사는 사람들을 이어준다. 푸젠성 취안저우시泉州市에 있는 푸메이궁富美宮에는 진샹을 하러 방문하는 사람들이 금품 등을 헌납한다. 신을 매개로 한 이런 연계는 여러 가지 방법으로 명시되어 있는데, 대만에서 진샹을 하러 온 무리가 헌납한 것도 인정된다([그림 5-2]). 여기서는 국가라는 제도를 뛰어넘어 민간신앙을 통한 유대를 확인할 수 있는 한편, 그것이 역으로 국가와 국가 간의 경계를 강화하는 의식으로 이어지기도 하는 이중적인 상황을 초래하고 있다.

중국과 대만(중화민국)이라는 국가에 속하고 각 국가의 국민이면서도, 같은 신을 신앙의 대상으로 함으로써 연계를 확장하며 만들어가고 있다는 점을 생각하면, 이런 상황은 앞서 소개했던 왕송싱이 주목하는 한인 사회(그의 표현으로는 중국 사회)의 "꽌시" 네트워크의 한 예라고 이해할 수 있을 것이다. 사람들은 각 국가의 국민이면서 동시에 서로 같은 신을 바라보며 관계를 거듭해나가는 동료 신자이기도 한 것이다. 설령 국가의 이념상으로는 양립할 수 없을지라도, 또 다른 "류"를 통한 사회관계를 맺는 데에는 아무런 문제가 없으며 아무런 모순도 없다.

(3) 중첩되는 연계

한편 2013년 도쿄 오쿠보에 도쿄 마조 사당이 만들어졌다. 사당의 홈페이지를 보면, 이 마조 사당은 중국 푸젠성 취안저우시에 있는 톈허우궁天后宮 마조 사당에서 갈라져 나온 것이다. 2016년 3월 취안저우 톈허우궁을 방문했을 때, 대만에서만 진상을 오는 것이 아니라 도쿄 마조 사당에서도 오고 있다는 설명을 들을 수 있었다. 게다가 취안저우 톈허우궁에 있는 지붕 기와의 기증자를 보니, 중국 각지를 시작으로 대만 그리고 말레이시아 등 동남아시아의 사람들이 사당을 방문해 기와를 헌납했다는 것을 알 수 있었다. 국경을 뛰어넘은 인적 왕래가 활발해지는 가운데, 민간신앙을 매개로 한 사회관계의 확장은 국가라는 제도를 넘어 크게 전개되고 있다는 것을 알 수 있다. 사회관계의 네트워크는 사회가 복잡해지면 복잡해질수록 많은 공통점을 만들어내고, 그것을 매개로 다양성을 확대하며 크게 전개되어간다.

복잡해진 현대 세계는 포스트모던이나 하이퍼모던이라고 불리고 있다. 이런 세계에서는 지역사회를 구성하는 사람들의 연계가 희박해지고 개인화가 진전된다는 지적이 있다. 이런 와중에 한 사람 한 사람의 인간은 다양하고 복잡한 사회문제에 대응해야 할 필요성을 절실히 느끼고 있다. 이에 대응하는 방법으로 새로운 사회관계를 만들어내는 것이 요구되고 있다. 최근 주목을 받는 것이 사회관계자본이라고 번역되는 소셜 캐피털social capital이라는 개념이다. 이 사회관계자본을 일찍부터 제기했던 미국의 사회학자 로버트 퍼트넘Robert D. Putnam에 따르면, 사회관계의 네트워크를 통해 상호 간의 교환이 호혜적으로 되풀이되어 일어나면서 신뢰관계가 생기며, 그것이 새로운 사회관계를 구축하고 유지하는 데 이어져, 부딪힌 문제나 과제를 해결하는 데 효과를 발휘한다(パットナム 2006). 이

런 사회관계자본을 만들어내는 밑바탕에는 지금까지 살펴본 다양한 규모의 사회관계가 자리하고 있다. 예를 들어, 도쿄의 마조 사당홈페이지에는 이 사당은 "모든 대만 출신 사람들이 신앙과 마음을 나눌 수 있는 곳이 되는 것을 목적"으로 하고 있으며, "일본에 사는 대만 화교 모두에게 한 채의 '집'과 같은 곳이며, 여러 분야의 인적 네트워크를 만들 기회를 제공한다. 그 외에도 일본에 산 지 얼마 안 되어 일본 생활에 익숙하지 않은 사람, 일상생활에서 어떤 일이든지 도움이 필요한 사람에게 상호부조의 장이 되는 것도 목적으로 한다."라고 소개하고 있다.

5. 사회관계 속에서 살아가는 우리

아마도 독자 대부분은 스마트폰이나 PC를 사용해 통화하고 메일을 보내며 SNS를 이용하고 있을 것이다. 인터넷 기술의 비약적인 진보와 인터넷을 이용하기 위한 도구인 PC나 스마트폰의 보급 덕분에 현재 우리는 세계 속의 사람들과 연계를 맺을 수 있다. 인터넷 공간에서의 네트워크는 대단히 폭넓고 접근의 장벽이 없다는 의미에서 평평해서, 정치·경제적 제약은 물론 사회적 제약으로부터 자유롭다고 여겨진다. 인터넷 공간에서는 멀리 떨어져 있는 사람과도 서로 정보를 교환함으로써 순식간에 연결된다. 여러 가지 공통점을 늘어놓고 찾기도 하고, 또 다른 연계를 동시에 만들면서 새로운 사

회관계가 생겨난다. 지금도 이런 인터넷 기술을 이용해 사회관계를 가시화하는 모습을 많이 볼 수 있다. 예를 들어, 블로그나 SNS에는 관혼상제의 모습이 올라온다. 대만 어민과 함께 일하는 인도네시아 이주노동자는 모국의 가족이나 친구와 SNS로 연결되어 있다. 또한 도교 사당은 홈페이지를 운영하며, 각지의 신자에게 정보를 발신하고, 그 신자가 이용하는 동영상 사이트에는 행사에 참여한 사람들의 모습이 업로드된다. 이로써 한 사람 한 사람이 미디어를 통해 연결되며, 쌍방향적인 관계 맺기가 이루어진다. 모스는 앞서 다룬 『증여론』에서 관계 맺기가 가족·친족·경제·정치·법률·종교 등의 영역을 모두 포괄하고 있다는 점을 지적하며 증여를 "총체적 사회적 사실total social fact"이라는 개념으로 설명했다(モース 2014). 지금까지의 내용을 바탕으로 생각해보면, 모스가 언급한 "미개未開"라는 개념은 문명의 전前 단계라는 의미가 아니라, 호혜성에 입각한 사회관계 속에서 살아가는 우리 사회 속의 단면이라는 점을 이해하지 않으면 안 된다.

참고 문헌

アンダーソン, B 1997 『増補 想像の共同体: ナショナリズムの起源と流行』 白石さや·白石隆訳, NTT 出版. (베네딕트 앤더슨, 서지원 옮김, 2018, 『상상된 공동체: 민족주의의 기원과 보급에 대한 고찰』, 길.)

王松興 1987 「漢人の家族と社会」 伊藤亜人·関本照夫·船曳建夫編 『現代の社会人類学1 親族と社会の構造』 東京大学出版会, 25-42頁.

サーリンズ, M 1972『部族民(現代文化人類学5)』青木保訳, 鹿島研究出版会.

東京媽祖廟「東京媽祖廟設立趣旨と目的」http://www.maso.jp/?page_id=57 (最終
閲覧2016年8月16日).

パットナム, R・D 2006『孤独なボウリング: 米国コミュニティの崩壊と再生』柴内康文
訳, 柏書房. (로버트 D. 퍼트넘, 정승현 옮김, 2016,『나 홀로 볼링: 사회적 커뮤니티
의 붕괴와 소생』, 페이퍼로드.)

ポランニー, K 1980『人間の経済 I・II』栗本慎一郎・玉野井芳郎訳, 岩波書店. (칼 폴라
니, 이병천・나익주 옮김, 2017,『인간의 살림살이』, 후마니타스.)

三尾裕子 2001「台湾ナショナリズムについての一考察」吉原和男, K・ペドロ編『アジア
移民のエスニシティと宗教』風響社, 213-238頁.

モース, M 2014『贈与論(他2篇)』森山工訳, 岩波書店. (마르셀 모스, 이상률 옮김,
2002,『증여론』, 한길사.)

Yang, May-fair Meihui 1994. *Gifts, Favors, and Banquets: The Art of Social
Relationships in China.* Ithaca: Cornell University Press.

費孝通 2011『郷土中国 生育制度 郷土重建』北京: 商務印書館.

읽을거리

- 『贈与論 (他二篇)』マルセル・モース, 森山工 訳, 岩波書店, 2014年. (마르셀 모스
  지음, 이상률 옮김, 2002,『증여론』, 한길사.)

    트로브리안드 사회의 쿨라 교환이나 틀링깃Tlingit 사람들의 포틀래치 등, 각지의
    고대 사회에서 전개된 증여를 광범위하게 다루고, 그 원리인 호혜성에 대해 설파한
    고전적 명저. 우리가 일상적으로 행하고 있는 물건의 교환을 다시금 깊이 있게 바라
    보는 계기를 제공한다.

- 『西太平洋の遠洋航海者:メラネシアのニュー・ギニア諸島における'住民たちの事業
  と冒険の報告』マリノウスキー・マリノフスキ, 増田義郎 訳, 講談社, 2010年. (브로
  니슬라브 말리노브스키, 최협 옮김, 2013,『서태평양의 항해자들』, 전남대학교출판
  부.)

    인류학적인 장기 현장연구에 근거한 민족지의 고전적 명저로 알려져 있다. 뉴기

니 동부의 트로브리안드 제도에서 행해지는 조개 팔찌와 목걸이의 순환적 교환을 주축으로 삼아, 재화와 주술, 그리고 무용 등 다양한 일이 벌어지는 모습을 생생하게 묘사하고 있다.

• 『菊と刀』, ルース・ベネディクト, 角田安正 訳, 光文社, 2008. (루스 베네딕트, 김윤식·오인석 옮김, 2019, 『국화와 칼: 일본 문화의 틀』, 을유문화사.)

　　여러 비판을 받기도 하지만, 제2차 세계대전을 전후로 당시 미국 사회가 생각하고 있던 일본인 혹은 일본 사회의 고전적인 모습이 드러나 있어 흥미롭다. "의리," "인정"이라는 주제어로 정리되는 "일본"의 사회관계는 현재 국내외에서 일본을 바라보는 관점과도 연결된다.

동아시아의 화이질서와 조공·책봉관계 다마키 다케시

동아시아의 역사에 있어서 조공관계는 전근대의 중국과 주변국(일본, 류큐, 조선 등) 사이의 의례적인 관계를 의미한다. 그 기본적인 특질은 "중화中華"와 "이적夷狄"이라 고 하는 상하관계(화이질서)를 축으로 하고 있었다. 문화적 중심인 중국(중화)의 황제 에 대해 문화적으로 "낮은" 주변 여러 나라(이적)의 왕이 정기적으로 사절을 파견하 여 공물을 보내고(진공進貢), 중국 황제가 그 왕의 정통성을 인정해 공물의 몇 배나 되 는 은사恩賜를 내리는 것으로 조공관계는 성립했다. 조공관계에 따라 무역이 이루어 지는 것이 일반적이었고(조공무역), 경제적인 의의도 컸다. 중국 측에서 본 조공관계 는 문화적 우월관계와 상하관계의 시점에 근거하는 것이었지만, 진공하는 쪽에서 보 면 반드시 중국의 권위에 따르는 것은 아니었다. 양자가 군신관계를 인정하는 경우, 그것은 책봉관계冊封關係가 됐다. 현재 오키나와에 해당하는 류큐왕국은 대표적인 책 봉국 중 하나였다. 14세기 중엽에서 15세기 초까지의 동아시아 여러 나라의 정치적 변동기에(중국에서는 명나라가, 한반도에서는 조선왕조가 수립됐고, 일본은 남북조 분쟁의 시기였다.) 류큐왕국은 명나라와의 책봉·조공무역을 활발히 했을 뿐만 아니라, 조선 이나 동남아시아의 책봉국과도 활발하게 무역했다. 역사학자인 다카라 구라요시高良 倉吉의 추계推計에 의하면, 명나라 시기(1368~1644) 류큐인 중 중국으로 건너간 사람 渡航者은 약 10만 명에 달했고, 15세기, 16세기 동남아시아에서 건너간 사람은 3만 명 이었다고 한다. 17세기에는 길게 이어져온 중국과 일본 간의 조공관계가 크게 변화했 다. 1630년대, 도쿠가와막부는 명나라에 의한 것이 아닌 일본 독자적으로 무역을 전 개하는 정책을 취해, 구체적으로는 외교무역 관리와 기독교인 배제를 축으로 하는 이 른바 "쇄국鎖國" 체제를 확립했다. 이과 동시에 일본은 중국과의 조공·책봉관계를 유 지하고 있는 류큐왕국을 실질적으로 지배하고, 류큐왕국을 매개로 중국과의 교역을 유지했다. 역사학자인 아라노 야스노리荒野泰典는 이와 같은 일련의 움직임을 "일본형 화이질서"의 형성이라고 보고 있다.

제6장

식민지주의

팔라우의
일본통치 경험으로부터

이이타카 신고

팔라우의 민예품 스토리보드. 일본어에서 온 차용어로 "이타보리イタボリ"라고도 불린다. 신화나 전설을 주제로 한 조각이 많지만, 이 작품은 일본통치와 일본군에 관한 기억을 새긴 것이다(2012년, 필자 촬영).

1. 긴자대로의 충격

(1) 타문화에의 동경?

나는 대학원생이었던 시절, 오세아니아 미크로네시아 지역, 서캐롤라인제도에 위치한 팔라우공화국에서 현장연구를 시작했다. 팔라우는 세계적으로 다이버가 몰리는 관광지로 유명하다. 일본에서 비교적 가까워서, 아침에 나리타공항을 출발해 괌을 경유하면 그 다음 날 밤에는 팔라우에 도착하기 때문에, 아프리카에서 조사를 하던 동료들로부터는 종종 "네 현장은 가까워서 좋겠다."라는 소리를 들었다. 일본인을 포함한 외국인 관광객이 많은 도심부를 벗어나, 팔라우 사람들이 사는 바벨다오브섬의 오기와루 마을에 처음 소개를 받아 방문했을 때 가슴이 두근거리던 일을 나는 지금도 기억하고 있다. 일본에서 가까운 현장이더라도 거기에는 현재 내가 사는 사회와는 떨어진 곳에 존재하는 타문화와의 만남이 분명히 기다리고 있다고 생각했다.

그러나 이런 나의 예견은 마을에 도착해서 금세 무너지고 말았다. 내가 만나고 있는 대상은 내가 살던 사회와는 떨어져 있지만, 동시에 매우 밀접하고 복잡한 관계를 맺고 있다는 사실을 강하게 실감하게 됐다. 오기와루 마을의 중심부에는 모래사장이 있는 해안을 따라 만들어진 500미터 정도의 길이 나 있었다. 그 길은 일본어의 차용어로 "긴자대로銀座通り"라고 불렸으며, 마을 사람 중 다수가 그 주변에 살고 있었다([그림 6-1]). 이름의 유래는 메이지 헌법을

그림 6-1 오기와루 마을의 긴자대로(2009년, 필자 촬영)

근간으로 삼아 천황을 원수元首로 하는 일본제국이 외지에 식민지나 지배지역을 보유했던 시대로 거슬러 올라간다. 현대 일본에서는 잊기 십상이지만, 일본이 팔라우를 통치했던 기간은 30년 정도 됐다. 일본통치가 시작됐을 무렵, 당시 마을의 전통적인 수장首長은 통치정책의 하나로 조직된 "내지관광內地観光", 즉 일본 본토로의 관광여행에 참가했다. 그리고 도쿄 긴자의 정돈된 거리를 안내받고서 감명을 받아 마을에 돌아온 후에 해안선을 따라 큰길을 내고, 그때까지 구릉지대에 살고 있던 사람들을 이 큰길 주위로 이주하도록 했다고 한다.

(2) 식민지주의에 관한 연구로

괌섬을 제외하면 적도 이북의 미크로네시아 지역은 1914년부터는 일본제국 해군의 군정軍政에 의해, 1922년부터는 국제연맹 아래의 위임 통치령으로서 일본이 통치하고 있었다. 미크로네시아의 섬들은 사회문화적으로나 언어적으로도 다양하지만, 일괄적으로 "남양군도南洋群島"라고 불리며 일본의 식민통치 아래 있었다. 현재 섬들의 모습에서는 상상도 할 수 없지만, 당시는 사이판이나 팔라우를 중심으로 많은 일본인이 이주해 1935년 시점에는 현지인을 상회하는 5만 1,000명 이상의 일본인이 살고 있었다. 각지에 설립된 공립학교에서는 현지인 아이들을 대상으로 문화적인 동화정책도 시행됐다. 현재에도 이곳의 노인이 일본어를 유창하게 구사하고, 현지어 안에 일본어 차용어가 많은 것은 바로 이 때문이다.

남양청이 설치되었던 팔라우는 식민통치의 중심지였다. 2015년 4월 당시 재위 중이었던 아키히토 천황(2019년 4월 30일에 퇴위)의 팔라우 방문은 사이판 등의 미크로네시아 지역의 섬들과 함께 팔라우가 태평양전쟁의 격전지 중 하나였다는 점을 다시금 일본 사회에 환기했다. 전후 미크로네시아에는 국제연합 아래의 신탁통치령으로서 미국에 의한 지배가 시행되어, 일본통치기와는 전혀 다른 시대가 도래했다. 그리고 1980년대 이후 몇 개의 지역으로 나눠 독립국가가 형성됐다.

이 장의 제목이기도 한 식민지주의colonialism란 국가가 국경을 넘어 정치경제적 활동을 추진하고, 해외에도 그 세력을 확장해나가려는 사고방식을 지칭한다. 그 과정에서 확장의 주체가 되어 외지外地를 통치하는 통치자와 이들에게 통치를 받는 피통치자가 형성되

어 지배-피지배 관계가 생겨난다. 피통치 지역에서는 정치적 주권이 제한되며, 경제적 착취가 이루어지고, 기존의 문화가 존중받기 어려워진다. 피통치 지역이 처한 이러한 곤경을 "식민지 상황colonial situation"이라고 부르며(バランディエ 1983: 58), 식민지 상황에서 사람들이 겪는 경험을 "식민지 경험"이라고 한다(栗本·井野瀬編 1999). 20세기 내내 미크로네시아의 섬들은 위임통치나 신탁통치라는 이름으로 사실상 식민지 상황에 놓여 있었으며, 게다가 이 시기 동안 열강에 의한 대규모 전쟁, 그리고 전후 통치국가의 변경에 따른 보다 복잡한 변화가 발생했다.

　나는 사전 문헌 조사로 이런 식민지 상황에서의 변화가 갖는 중요성을 충분히 알고 있었고, 무엇보다도 일본통치기의 역사자료를 수집해 함께 읽었다. 그러나 이런 자료에서 드러나는 것은 역사자료를 남긴 통치자 측 사람들의 관점일 뿐, 식민지 상황에 놓인 사람들의 현실이 아니었다. 이 때문에 현지에 갈 때까지 정치·경제·문화 모두 제한당했던 식민지 상황에서 사람들이 어떻게 눈앞에 놓인 현실을 살아나갔는지 전혀 상상할 수조차 없었다. 그러나 긴자대로와의 만남을 통해서, 팔라우 사람들이 식민지 상황을 어떻게 헤쳐나갔는지를 살짝 엿본 것 같은 기분이 들었다. 긴자대로는 분명히 식민지주의의 산물이지만, 사람들의 생활세계 속에 깊이 뿌리내리고 있는 것 같다는 생각도 들었다. 이런 의문을 실증적으로 해명하려는 마음에, 나는 "팔라우 사람들의 일본통치 경험"을 연구 주제로 정했다.

2. 식민지 상황에 대한 문화인류학적 접근

(1) 문화인류학과 식민지주의

대항해시대 이후의 서양 세계의 확장과 신세계의 "발견"을 기점으로, 문화인류학적인 접근을 포함해 타문화에 관한 관심이 급격히 발달했다(吉田 1999). 서양 세계를 중심으로 하는 열강이 아시아나 아프리카의 여러 지역을 식민지배 아래에 두었을 무렵에는 "과학적" 근거(신체측정을 근거로 사람들의 특성을 분류하는 등 현재에는 자의적이라고 평가받는다.)로 타문화를 이해하거나 오해하고, 효과적인 통치 기법을 고안하려는 움직임이 나타났다. 영국의 식민지에서 널리 행해진 관습법 조사에 근거한 간접통치 등이 여기에 해당한다. "다스리는 것"과 "아는 것"은 표리일체였다(ルクレール 1976).

문화인류학적인 지식이 실제로 식민지 통치에 어떤 식으로 활용되었는지, 혹은 활용되지 않았는지는 개별적인 검증이 필요하다. 전문적인 지식은 식민지 행정관에게는 지나치게 난해한 경우도 있었고, 통치 단계에서 왜곡되어 충분히 활용되지 않은 경우도 있었다(山路編 2011). 그러나 문화인류학이 식민지주의라는 커다란 배경 아래 발달했다는 점은 분명하다. 문화인류학자가 연구 대상으로 하는 사회는 식민지 통치하에 있었으며, 연구자는 식민지 지배국가에서 온 경우가 일반적이었다.

문화인류학은 이런 관계성을 도외시하고, 자기 문화로부터 떨어진 타문화가 존재하는 것처럼 현실을 다뤘다. 미국 인류학을 중심으로 발달한 문화상대주의 입장에서도 내부 식민지 상황, 말하자면 보호구역으로 쫓겨난 "인디언(선주민)"이 직면한 현실에는 눈을 감은 채, 사라져가는 것을 구제救濟한다는 전제를 유지하고 있었다(淸水 1992).

(2) 식민지 상황에 대한 접근

제2차 세계대전 이후의 세계에서 탈식민지화가 진행되는 중에, 그때까지 당연하게 여기던 서양에 의한 지배라는 현실이 새롭게 검토되었다. 종래의 문화접변acculturation 이론은 식민지화를 마치 근대화의 자연스러운 과정인 것처럼 간주했는데, 예를 들어 화폐경제의 침투나 자본주의 발달 등의 경제적 현상만을 분리하는 등의 조작을 통해 식민지화를 형식주의적으로 검토했다. 이에 비해, 1950년대 중반에 조르주 발랑디에Georges Balandier(1920~2016)는 지배의 이념에서부터 정치경제적 과정까지 전부 포함한 복합으로서의 "식민지 상황"을 검토할 필요성을 제창했다(バランディエ 1983: 58). 1980년대 이후, 식민지 통치로 이루어진 현지 사회의 근대화(식민지 근대화colonial modernization)의 성과를 긍정적으로 평가하는 입장과 근대의 폭력에 압도당해 통제·관리되는 식민지의 사회 및 문화의 양태(식민지 근대성colonial modernity)를 비판적으로 검토하려는 입장 사이에서 이루어진 논쟁에서도 유사한 논점이 검토됐다(板垣 2008).

1980년대 이후에는 오리엔탈리즘Orientalism에 대한 비판에서 비롯된 "재현의 위기"라고 불리는 시대의 조류 속에서, 구舊 식민지 지배

국가 출신인 문화인류학자의 입장을 성찰하고, 연구 대상이 된 사회를 둘러싼 커다란 상황을 기술하는 민족지적 방법을 검토하게 되었다(マーカス/フィッシャー 1989; 이 책의 제1장도 참조). 이로 인해 "중립적인 현장연구"라는 신화가 붕괴하고 종래의 타문화 이해가 불충분했다는 점도 드러나면서, 구 식민지 지배국가 출신의 문화인류학자가 현지 사회에서 연구를 할 때는 자신의 위치성도 고려하면서 연구 대상과 대면해야만 하게 되었다.

일본은 과거에 동아시아 및 오세아니아의 여러 지역을 여러 가지 방식으로 광범위하게 통치했다. 현재의 시점에서 보면, 현장연구를 포함해 여러 가지 목적으로 이런 지역에 갈 때, 당연히 일본에서 찾아온 우리의 위치성이 문제시될 것이다. 나카오 가츠미中生勝美에 의한 식민지 인류학사에 대한 검토(中生 2016)나, 사카노 도오루坂野徹 등의 연구자들에 의한 식민지 현장연구에 관한 과학사적 접근(坂野 2016)은 이러한 문제의식을 출발점으로 삼고, 제국 일본의 문화인류학적 연구를 비판적으로 검토하고 있다.

이러한 연구는 성찰적인 지식의 산물일 뿐만 아니라, 현장으로부터의 문제 제기에서 비롯된 것이다. 나 자신도 지금에 와서 생각해보면, 현장에서 만난 팔라우 사람들이 구 식민지 지배국가에서 온 나에게 언제나 질문을 던졌고, 나를 이 연구주제로 이끌어주었다는 느낌이 든다. 나이 든 사람들이 유창한 일본어로 말을 걸어왔을 때, 토지소송을 유리하게 이끌기 위해 일본 식민지 통치 시기의 조사기록이 필요하다고 상담을 요청받았을 때, 박물관에서 일본 식민지 통치 시기 역사자료가 어디에 보관되어 있는지를 알아봐달라고 했을 때, 그리고 일본에서 왔다면 꼭 긴자대로를 보라고 안내받았을 때 등등, 일본에서 온 나 자신의 위치성이 다양한 장면에서 문제시됐다. 이러한 문제 제기를 받았을 때, "당신은 (우리 사회에 커다란 영향을 끼친) 일본에서 왔으면서 이것을 보지 않고 돌아가려고 하는가?"라는 질문을 받는 느낌이 들었다.

3. 식민지주의와 문화의 구축

(1) 부족이라는 환상

인류학자가 어떠한 의심도 하지 않고 대면해온 대상이 사실은 식민지주의와 밀접한 관계 속에서 구축된 것일지도 모른다는 의심은 식민지 상황에 놓여 있던 사회가 식민지 지배국가로부터 독립하면서 탈식민지화가 진행되는 가운데 더욱 심화됐다. 1970년대 이후, 부족tribe이나 종족집단ethnic group, nation 등 문화인류학자가 집단을 대상화할 때 설정해온 기본적인 집단분류의 신뢰성도 재검토됐다. 아프리카의 부족 사회는 기능분화가 진전된 근대 사회와는 달리, 정치나 경제 등의 여러 영역이 친족조직 안에 묻혀 있는 사회로서 주목을 받아왔다. 그러나 현존하는 부족은 외부의 지배로부터 도피했거나 인구감소의 결과로 존재하는 것이므로, 부족 그 자체가 인류학자가 품은 환상의 산물이라는 말까지 나왔다(Southhall 1970: 45).

에드워드 에번스프리처드가 고전적인 연구에서 다룬 누에르족의 질서정연한 종족체계lineage system도 사람들을 보다 효과적으로 관리하려는 통치자에 의해 예전에는 모호했던 집단의 경계가 고정된 결과가 아니냐는 의문도 제기됐다(Gough 1971). 케냐의 이수하Isuha 사회에서는 식민지 통치 시기 사람들을 장악하기 위해 설치된 행정수장제行政首長制가 친족집단보다 상위의 차원에서 사람들의 정치적 충성심을 불러일으켰고, 현재 존재하는 것과 같은 민족의식을 만들어냈다고 한다(中森 1991). 전통적 수장제가 광범위하게 관찰되는 미크로네시아에서도 일부 수장을 매개로 한 통치가 행해졌다. 팔라우의 전통적 수장은 친족집단의 대표자로, 식민지 통치 이전에는 많은 수장이 서로 합의하여 마을의 정치를 운영했다. 그러나 일본 식민지 통치 시기에는 상위의 수장이 마을 대표가 되고 그의 아들들이 순경으로 임명되어, 기존의 모계적인 사회구조와는 다른 시스템이 도입됐다(飯高 2006).

테렌스 레인저Terence Ranger(1929~2015)는 『만들어진 전통』에 기고한 논문에서, 유연한 집단으로 이루어져 있던 식민지 이전 시기의 아프리카 사회가 식민지 통치 과정을 거치면서 "주민의 고정화, 종족성ethnicity의 재강화, 사회의 정의定義가 한층 더 엄격"해지는 상황을 경험했으며, 실재적으로 부족이 만들어졌다고 지적했다. 동시에, 근대 유럽의 학교, 군대, 관료제, 교회는 통치자에 의한 지배의 장치일 뿐만 아니라, 사람들이 서양 세계에 저항하는 중요한 매개물이 되기도 했다고 지적했다(レンジャー 1992: 348). 사람들은 일단 지배의

장치를 받아들일 수밖에 없었지만, 그것을 기점으로 민족의식이 형성되거나 집단의 조직화가 이루어졌다고 할 수 있다.

(2) 다양한 전유專有, appropriation

이후, 식민지주의와 밀접히 관련을 맺으며 전통이 만들어지게 됐다는 논의가 인류학에서 많이 이루어졌다. 이러한 "만들어진 전통"에 대한 논의 이후 인류학적 식민지주의 연구에서는 식민지주의가 일방적으로 전통을 만들어낸 것이 아니라, 식민지 지배를 받은 사람들도 새롭게 도입된 제도나 부족 및 민족 등의 집단 구별을 전유하면서 식민지 상황에 대처했다는 것이 밝혀졌다.

이러한 관점에서 보면, 종래의 문화접변 이론에서 근대화에 적응하지 못한 채 소멸해가는 사람들의 비합리적인 반응이라고 간주하던 현상에서도 또 다른 합리성을 찾아볼 수 있다. 예를 들어, 식민지 상황 아래의 멜라네시아 각지에서 발생했던 하물숭배荷物崇拜, cargo cult에 참여했던 선주민들은 조상들이 유럽의 공업제품을 대량으로 가지고 저세상으로부터 돌아올 것이라고 믿었다. 그리고 조상을 맞이하기 위해 비계飛階, 비행기, 저장고 등을 연이어 건설했다. 이것은 선주민의 궁핍한 물질문화와 압도적으로 풍요로운 백인의 물질문화의 격차에 직면한 사람들이 벌인 광신적인 행동이라고 해석되어, 서양에서는 "숭배cult"라고 불렸다.

그러나 최근의 연구를 통해서 식민지주의적인 담론이나 제도의 전유에 근거한, 지역 고유의 사회정치적인 움직임이었다는 것이 알려졌다(棚橋 1996). 1912년경 피지에서 시작된 "비치 컴퍼니(피지 회사)" 운동은 피지 사람들이 백인의 회사조직을 충실하게 재현함으로써, 부를 독점하는 백인 세계를 자신의 것으로 만들려는 기획이었다(春日 2007: 67~70). "워킹(일⺣)"이라는 운동을 조직한 파푸아뉴기니 뉴브리튼섬의 칼리아이Kaliai 사람들은 사후에는 신체가 하얗게 된다고 생각하며 자기 조상들의 신체를 지배자인 백인의 신체와 의례적으로 동일시했으며, 그럼으로써 백인처럼 부를 획득하고자 했다고 한다(Lattas 1998: xxiv).

내가 팔라우의 오기와루 마을에서 봤던 광경도 일본통치 아래에서 만들어진 것이었다. 일본 해군의 군정기록을 보면, 1915년의 일본 현지 관광 참가자 명부에서 당시 마을 수장의 이름을 분명히 확인할 수 있었다. 일본통치 시기에 일본인이 쓴 기행문에도 팔라우의 시골 마을에 "긴자"가 있다는 것을 재미있게 소개하는 글이 있었다. 동시에, 당시의 통치정책을 잘 살펴보면, 사람들을 보다 효과적으로 장악하기 위해 구릉지대에서 옮겨 와 평지에 모여 살도록 하는 움직임이 있었고, 전통적인 마을 간의 전쟁이 이미 금지됐기 때문에 사람들의 생활 편의를 위해서도 평지에서 모여 사는 것에 이점이 있었다는 점 등을 알 수 있다(飯高 2009a).

그러나 긴자대로는 식민지주의에 의해 일방적으로 만들어진 것이 아니라, 마을 사람들이 희구했던 것이기도 했다는 점을 말해두고 싶다. 마을 사람들은 자신의 주체성이 크게 제한된 식민지 상황에서 변화되어가는 마을의 모습과 일본 현지 관광에 참여해 일본을 보고 돌아온 수장의 모습을 겹쳐 보았다. 그리고 통치자의 논리를 전유하면서 자신들이 자랑할 수 있는 마을의 모습을 그려보며 만들어갔다고 해석할 수 있다.

(3) 역사적 뒤얽힘

팔라우에서는 첫째 아이의 출생이나 장례식 등 여러 가지 일을 계기로 인척姻戚 사이에 돈이나 서비스의 교환이 이루어진다. 그리고 이러한 관습을 총칭해서 "슈칸siukang"("관습"을 뜻하는 일본어의 슈칸習慣을 차용한 말이다.)이라고 부른다. 원래 개별적인 관습을 지칭하는 명칭이 있었지만 그것을 총칭하는 명칭이 없었기 때문에, 일본어에서 온 차용어로 그것을 지칭하게 됐다는 것이다. 시가에서는 처가에 자라등껍질그릇龜甲皿과 구슬 모양 혹은 프리즘 모양의 전통화폐

그림 6-2 팔라우의 자라등껍질그릇과 미 달러화(2009년, 필자 촬영)

제6장 식민지주의

(우도우드ᵘᵈᵒᵘᵈ)나 현금(전후 식민지 통치 국가 미국의 화폐인 달러를 사용한다.)을 지급한다([그림 6-2]). 사람들에게 큰 부담이 되기 때문에, 한숨 섞인 목소리로 "또 슈칸이 있다."라거나 "슈칸 때문에 힘들다."라고 말하는 것을 종종 들을 수 있었다.

멜라네시아에서는 전통적인 물건이나 일을 통칭하는 말로, 혼성어인 피지 영어 카스톰ᵏᵃˢᵗᵒᵐ이라는 용어가 사용되고 있다. 사람들은 서양의 관습과는 다른 자신들의 관습을 한 마디 말로 지칭하기 위해 이 카스톰이라는 용어를 사용했다. 또한 새로운 국가의 지도자들은 카스톰을 내세우며 사람들을 결집함으로써 국가의 통합을 모색하기도 했다(Keesing and Tonkinson eds. 1982). 전통적인 물건이나 일을 언급할 때, 식민지 지배국가의 언어나 피지 영어를 사용하는 것이 역설적으로 보일 수 있지만, 서양과의 접촉 이후 타자의 관습과 비교하면서 자신들의 관습을 성찰하는 계기를 얻은 사람들에게는 합리적인 용어 선택이었다고 할 수 있다.

이로부터 근대사 속에서 서양과 비서양 간의 "역사적 뒤얽힘"을 통해 전통이라는 개념이 만들어지는 양상을 볼 수 있다. 니콜러스 토머스ᴺⁱᶜʰᵒˡᵃˢ ᵀʰᵒᵐᵃˢ는 물건에 주목해 이런 사실을 규명했다(Thomas 1991, 1999). 예를 들어, 피지의 선물교환은 전통으로 인식되고 있지만, 선물로 사용되는 고래의 치아는 자작나무白檀나 해삼과의 교환 대상으로 서양 사람들이 많이 가져온 것이었다. 또한 자본주의경제가 침투하면서 서양인들은 선물교환 그 자체를 악습으로 간주했고, 그에 대한 반동反動으로 피지인은 선물교환을 전통적인 것으로 간주했다.

(4) 식민지 경험에 대한 현장연구

"문화의 전유"나 "역사적 뒤얽힘"에 주목한 연구는 "전통"을 식민지 상황 속에서 다시 살펴본다는 점에서 의의가 크지만, 문제점도 내포하고 있다. 예를 들어, 식민지주의의 압도적인 힘을 강조하다 보니 지배를 받는 사람들이 뭔가를 한다고 해도 이들의 주체성을 과소평가하는 것은 아닌가, 또는 식민지 상황에서 행정관이나 현지인 지도자가 동원하는 담론에 주목하다 보니 사람들의 일상에 대한 관점을 등한시하지 않는가와 같은 비판이 제기됐다(吉岡 2005).

팔라우 사람들의 일본 식민통치 경험을 연구 대상으로 삼아온 나도 이 점을 마음에 새겨두려고 한다. 일본 식민통치는 사람들의 생활에 분명히 큰 영향을 미쳤지만, 사람들의 역사가 그때부터 시작된 것처럼 서술하는 것은 문화인류학이 소중하게 여겨온 현지인의 시점을 오히려 알기 힘들게 한다. 또한 팔라우에 주목하는데도, 모르는 사이에 제국 일본의 환영幻影만을 다루게 된다.

내가 조사지에서 알게 된 긴자대로에 관해 말하자면, 과거의 역사자료에는 일본의 식민통치가 효과적으로 침투한 결과인 것처럼 기록되어 있다. 문서만 연구하면 이런 관점을 재생산할 위험성이 있다. 그러나 현장에 있으면 거기서 사람들의 상상력이나 주체성을 도출하는 것이 가능하다. 식민지주의 연구는 과거를 대상으로 하면서도, 현재의 시점에서 실시하는 현장연구가 필수 불가결한 것은 이 때문이다. 여기에는 사람들의 삶의 모습으로부터 배우려는 문화인류학적 연구의 묘미가 틀림없이 존재한다.

4. 제국 연구의 시점

사람들의 식민지 경험을 연구 대상으로 삼으면, 현지 사회의 모습에서 서양이나 구 식민지 지배국가의 모습이 떠오른다. 그렇지만 인류학적인 연구의 상당수는 현지 사회 쪽에 분석의 초점을 맞춰왔다. 즉, 연구 대상을 식민지 지배를 당하는 쪽, 통치받는 쪽에 무의식적으로 한정해온 것이다. 그러나 식민지 상황이 복합적인 상황이라는 점을 고려하면, 통치받는 쪽에 있는 현지 사회만이 아니라, 통치하는 쪽에 있는 식민지 지배국가나 그곳의 사람들까지 검토할 필요가 있다.

이미 서술한 바와 같이, 토머스의 연구는 통치자가 현지 사회의 문화를 어떻게 인식하고 식민지의 현실을 만들어갔는지에 분석의 초점을 맞췄다. 앤 로라 스톨러Ann Laura Stoler는 네덜란드령 인도차이나의 플랜테이션 사회를 사례로, "가난한 백인"이나 "혼혈" 등 식민지 지배를 하는 쪽의 다양성에 주목했다. 식민자와 비非식민자라는 이분법은 통치를 위한 범주일 뿐 현실을 반영하고 있지 않다. 여러 가지 모순을 포함하는 제국empire(황제가 원수元首인 정치체로, 영토 확장으로 본국本國에 더해 해외에도 영토를 보유하고 있다.)이라는 틀에서 본국과 식민지를 총체적으로 다룰 필요가 있다는 것이다(스토―러― 2010: 50).

일본 식민지 통치 아래 있던 미크로네시아에서도 행정문서 속의 주민은 "본국인"과 "섬주민", 즉 일본인 이주자와 미크로네시아의 현지인으로 구분했지만, 일본인 이주자도 동질적인 존재는 아니었다. 일본인 이주자 사이에서는 본국인을 "1등 국민", 오키나와 사람이나 조선인을 "2등 국민", 현지인인 "섬주민"을 "3등 국민"으로 구분했다(富山 2006: 96). 오키나와 출신 이주자는 일본의 도시 지역에서와 마찬가지로 취직이나 취업 조건에서 차별을 받았으며, 현지인과 함께 광산 등의 가혹한 현장에 배치됐고 저임금으로 고용됐다.

팔라우의 바벨다오브섬에 있는 가라스마오 마을에서는 일본 식민통치 말기에 행해진 보크사이트 채굴사업 과정에서, 오키나와 민요 아사도야윤타ｱｻﾄﾞﾔﾕﾝﾀ의 멜로디를 차용하고 팔라우어와 일본어를 뒤섞어 부른 노동요가 탄생했다. 이 노래는 현재에도 마을을 대표하는 노래로 연장자들뿐만 아니라 젊은 세대에서도 계속 불리고 있다(飯高 2009b). 주변적인 일본인과 현지인이 만난 접촉지대에서 생겨난 이종혼합異種混合의 문화는 식민지에서 이루어지는 만남이 복잡하게 얽혀 있음을 드러낸다.

또한 팔라우와 같이 혼자서 바다를 건너간 일본인 이주자가 많았던 지역에서는 일본인 이주자 남성과 현지인 여성 사이에서 일정 수의 혼혈아가 태어났다. 이들 중 상당수는 전후 팔라우 사람으로서 생활했지만, 일본인 출계와 팔라우인 출계 사이에 있으면서 팔라우 사쿠라 모임이라는 협회를 결성하는 등 주류 사회와는 다소 다른 관점에서 자기 정체성을 형성하고 있다(飯高 2009c). 스톨러가 말한 것처럼, 이러한 혼혈의 존재도 제국 연구의 시점에서 본국과 식민지 양쪽을 대상 범위에 넣고 검토할 필요가 있다.

5. 일본의 식민지주의와 대면하기

지금까지 살펴본 바와 같이, 문화인류학적인 식민지주의 연구는 오랫동안 유럽의 식민지 통치 아래 있었던 아시아, 아프리카 그리고 오세아니아의 여러 지역을 중심으로 이뤄져왔다. 그러나 일본에서 문화인류학을 공부할 때, 이와 같은 조류를 수입해서 배우는 것만으로는 충분하지 않다. 일본에 살면서 문화인류학을 공부하는 사람들이 제국 일본의 지배 아래 있었던 동아시아나 오세아니아의 여러 지역에서 어떤 주제로든 현장연구를 할 때에는 식민지주의라는 문제를 지나칠 수 없다.

일본에서도 문화연구 등의 분야를 중심으로 광범위하게 영향을 미친 탈식민주의 연구는 식민지의 탈식민지화나 식민지 상황에 놓였던 사람들의 주체성 회복과 궤를 같이하며 발전해왔다. 그러나 일본에서 활동하는 인류학자는 이런 입장에 영합하기보다는 오히려 구 식민지 지배국가 출신자로서의 자기 위치성과 대면하고, "제국 이후"의 연구, 말하자면 "탈식민주의" 연구를 구상해야 한다는 지적도 있다(沼崎 2016).

현재 시점에서 본 제국 일본의 유제遺制는 일률적이지 않기 때문에, 시대나 지역의 문맥을 충분히 분석할 필요가 있다. 또한 개별적인 분석에 더해, 제국 일본이 지배한 지역 사이의 비교도 필요할 것이다. 대만이나 미크로네시아처럼 제국 일본의 붕괴 후에 새로운 외래 정권이 출현해 일본 식민지 통치에서 벗어나는 일을 대행했던 지역에서는, 일제시대를 그리워하거나 미화하는 사람도 있고 심지어 일본의 과거나 현재에 높은 관심을 보이기도 한다(植野·三尾編 2011; 三尾·遠藤·植野編 2016). 일본에서 "친일親日"이라고 오해받기 쉬운 이러한 감정은 다른 체제 아래 놓였던 전후 세계에서 이루어진, 과거에 대한 재해석이라고 볼 수 있다.

이미 지적한 바와 같이, 나 자신도 팔라우에서의 현장연구 기간 중 과거나 현재의 일본에 대해 질문을 받거나, 구 식민지 지배국가에서 온 나 자신의 위치성을 문제 삼는 일도 종종 겪었다. 연구자가 학술적인 관심에서 설정한 연구주제를 올바르게 추구해야 하는 것은 분명하지만, 현장에서 이와 같은 문제 제기를 받았을 때는 또 다른 올바름이 요구되며, 진지하게 대면해야만 할 것이다. 팔라우에서의 내 연구도 늘 현지로부터의 문제 제기에 따라 궤도 수정을 하면서 현재에 이르고 있다.

현재를 살아가는 우리는 "제국 일본"이라는 말을 들어도 실감이 나지 않을지 모르지만, 일본 식민주의의 역사를 이제 잊어버려도 좋은지는 우리가 주체적으로 정할 수 있는 문제가 아니다. 앞으로 현장연구에서만이 아니라, 여행으로나 일 때문에 동아시아나 오세아니아 지역을 방문할 때 과거 일본 식민주의에 대해 문제 제기를 받는 순간이 여러분에게도 있을지 모른다. 그럴 때는 현장에서의 문제 제기에 대면해 설명할 책임이 생긴다. 어떻게 대응할 수 있을지 문화인류학에서 배운 것을 활용해 생각해보면 좋겠다.

참고 문헌

飯高伸五 2006 「日本統治下南洋群島における『島民』村吏と巡警: パラオ支庁マルキョク村の事例分析を通じて」『日本植民地研究』18:1-17頁.

飯高伸五 2009a 「日本統治下パラオ, オギワル村落におけるギンザドーリ建設をめぐる植民地言説およびオーラルヒストリーに関する省察」『アジア・アフリカ言語文化研究』77:5-34頁.

飯高伸五 2009b 「経済開発をめぐる『島民』と『日本人』の関係: 日本統治下パラオにおける鉱山採掘の現場から」吉岡政德監修, 遠藤央・印東道子・梅崎昌裕・中澤港・窪田幸子・風間計博編『オセアニア学』京都大学学術出版会, 345-359頁.

飯高伸五 2009c 「旧南洋群島における混血児のアソシエ: ションパラオ・サクラ会」『移民研究』5:1-26頁.

板垣竜太 2008 『朝鮮近代の歴史民族誌: 慶北尚州の植民地経験』明石書店.

植野弘子・三尾裕子編 2011 『台湾における「植民地」経験: 日本認識の生成・変容・断絶』風響社.

春日直樹 2007 『「遅れ」の思考: ポスト近代を生きる』東京大学出版会.

栗本英世・井野瀬久美惠編 1999 『植民地経験』人文書院.

坂野徹編 2016 『帝国を調べる: 植民地フィールドワークの科学史』勁草書房.

清水昭俊 1992 「永遠の未開文化と周辺民族: 近代西欧人類史点描」『国立民族学博物館研究報告』17(3): 417-488頁.

ストーラー, A・L 2010 『肉体の知識と帝国の権力: 人種と植民地支配における親密なる

もの』永渕康之・水谷智・吉田信訳, 以文社.

棚橋訓 1996「カーゴカルトの語り口: ある植民地的/人類学的言説の顛末」青木保・内堀基光・梶原景昭・小松和彦・清水昭俊・中林伸浩・福井勝義・船曳建夫・山下晋司編『岩波講座文化人類学 第12巻 思想化される周辺世界』岩波書店, 131-154頁.

富山一郎 2006『増補 戦場の記憶』日本経済評論.

中生勝美 2016『近代日本の人類学史: 帝国と植民地の記憶』風響社.

中林伸治 1991『国家を生きる社会: 西ケニア・イスハの氏族』世織書房.

沼崎一郎 2016「台湾における日本語の日本文化/日本人論:『ポストインペリアル』な読解の試み」桑山敬己編『日本はどのように語られたか: 海外の文化人類学的・民俗学的日本研究』昭和堂, 371-405頁.

バランディエ, G 1983『黒アフリカ社会の研究: 植民地状況とメシアニズム』井上兼行訳, 紀伊國屋書店.

マーカス, G・E/M・M・J・フィッシャー 1989『文化批判としての人類学: 人間科学における実験的試み』永渕康之訳, 紀伊國屋書店. (조지 마커스・마이클 피셔, 유철인 옮김, 2005,『인류학과 문화비평』, 아카넷.)

三尾裕子・遠藤央・植野弘子編 2016『帝国日本の記憶: 台湾・旧南洋群島における外来政権の重層化と脱植民地化』慶應義塾大学出版会.

山路勝彦編 2011『日本の人類学: 植民地主義, 異文化研究, 学術調査の歴史』関西学院大学出版会.

吉岡政德 2005『反・ポストコロニアル人類学: ポストコロニアルを生きるメラネシア』風響社.

吉田憲司 1999『文化の「発見」: 驚異の部屋からヴァーチャル・ミュージアムまで』岩波書店.

ルクレール, G 1976『人類学と植民地主義』宮治一雄・宮治美江子訳, 平凡社.

レンジャー, T 1992「植民地下のアフリカにおける創り出された伝統」E・ホブズボウム/T・レンジャー編『創られた伝統』前川啓治・梶原景昭ほか訳, 紀伊國屋書店, 323-406頁. (에릭 홉스봄・테렌스 레인저 편, 박지향・장문석 옮김, 2004,『만들어진 전통』, 휴머니스트.)

Gough, K. 1971. Nuer Kinship: A Re-examination. In T. Beidelman (ed.), *The Translation of Culture: Essays to E. E. Evans-Pritchard.* London: Tavistock

Publication, pp. 79-121.

Keesing, R. and R. Tonkinson (eds.) 1982. Reinventing Traditional Culture: The Politics of KASTOM in Island Melanesia. *Special Issue of Mankind* 13 (4): 297-399.

Lattas, A. 1998. *Cultures of Secrecy: Reinventing Race in Bush Kaliai Cargo Cults.* Wisconsin: University of Wisconsin Press.

Southall, A. 1970. The Illusion of Tribe. *Journal of Asian and African Studies* 5(1/2): 28-50.

Thomas, N. 1991. *Entangled Objects: Exchange, Material Culture, and Colonialism in the Pacific.* Cambridge: Harvard University Press.

Thomas, N. 1999. *Possessions: Indigenous Art/ Colonial Culture.* London: Thames and Hudson.

읽을거리

- 『帝国日本の記憶: 台湾·旧南洋群島における外来政権の重層化と脱植民地化(일본 제국의 기억: 대만·구 남양군도에서의 외래 정권의 중층화와 탈식민주의화)』, 三尾裕子·遠藤央·植野弘子編, 慶應義塾大学出版会, 2016年.

  제국 일본의 해체 후, 새롭게 들어선 외래 정권에 의해 일본의 식민지 통치에서 벗어나게 된 대만과 미크로네시아를 대상으로, 사람들의 식민지 경험이나 전후 일본에 대한 인식을 비교하고 있다. 제국 일본에 관한 기억을 현장에 대한 민족지적인 사실로 조명하고 있다.

- 『帝国を調べる: 植民地フィールドワークの科学史(제국을 조사하다: 식민지 현장연구의 과학사)』, 坂野徹編, 勁草書房, 2016年.

  제국 일본의 통치 및 지배 시대 그리고 제국 일본의 붕괴 이후에, 동아시아 및 오세아니아에서 진행된 여러 현장연구와 학술조사를 검토한 학제적 연구. 문화인류학을 시작으로 하는 일본의 현장 과학이 식민지 상황에서 어떤 식으로 전개되었는지를 잘 알 수 있다.

- 『帝国日本の生活空間(일본제국의 생활공간)』, ジョルダン·サンド, 天内大樹訳, 岩波書店, 2015年.

제국시대의 일본 본국과 식민지 및 그 이외의 지배 지역, 양쪽 모두에서의 일상생활이나 문화의 양태를 "물건, 도시공간, 행동거지"에 주목해서 검토한 역사연구. 세계 속에서 일본 제국의 위치와 아메리카 제국의 확장도 고려하면서, 세계사적 시각에서 이와 같은 문제를 검토하고 있다.

센카쿠열도와 독도

가미즈루 히사히코

센카쿠열도尖閣列島(중국에서는 통칭 댜오위다오釣魚島, 대만에서는 댜오위타이釣魚台)나 독도 (일본에서는 다케시마竹島)를 둘러싸고 "역사적으로나 국제법상으로도 우리 영토가 틀림없다."라는 발언을 각국 정부로부터 몇 번이고 들어봤을 것이다. 영토 문제는 어느 나라가 최초로 발견했는지, 역사적으로 먼저 영유했는지, 국제법상 정당한지 아닌지가 초점이 된다. 일본은 1895년에 센카쿠의 영유를 선언했지만, 그때 청나라는 아무 언급도 하지 않았다. 그래서 일본은 일본의 조치를 청나라가 인정했다고 간주한다. 독도는 1905년에 일본이 영유를 선언했지만, 대한제국도 아무 말도 하지 않았다.[1] 그렇게 생각한다면 이는 외교상 중요한 "약속"이라고도 할 수 있으니, 다른 정부의 발언에 감정적일 필요는 없다. 국제 사회에서는 "반박하지 않는 것은 상대방의 주장을 인정했다"는 뜻이기 때문이다.

각국에서 이상의 섬들이 갖는 의미는 다르다. 대만은 1971년경부터 영유권을 주장하기 시작했는데, 오키나와 본토 복귀 전까지 센카쿠열도 부근에서 대만 어선이 조업해온 사실을 중시하며, 영유권보다 조업권을 쟁점으로 삼아왔다. 2013년에 일본-대만 어업협정이 체결되어 대만 시민의 관심은 낮아졌다. 중국은 센카쿠열도 해저에 자원이 있다는 것을 알고 영유권 주장을 강화한 것 같지만, 지금처럼 격렬한 활동을 하는 것은 2012년 일본이 센카쿠열도의 일부를 국유화한 이후이다. 독도는 한국에서 식민지 지배라는 폭력에 의해 강탈당한 것의 상징이다. 독도 영유 선언을 한 1905년 당시, 대한제국의 외교 고문顧問에는 일본 정부의 추천자가 임명되어 있었다. 2005년 시마네현의 다케시마의 날(2월 22일) 제정을 보도할 때, 한국의 뉴스캐스터는 분노한 나머지 울면서 원고를 읽었다.

---

1 한국민족문화대백과사전의 "독도영유권분쟁" 항목은 "일본 정부가 1905년 2월에 시마네현 고시 제 40호를 통하여 독도를 다케시마로 명명하고 정식으로 영토편입 조처를 취함으로써 확정적 권원으로 대체했다고 주장하고 있다. 따라서 독도의 영토편입은 1905년에 완성된 것이며, 1910년에 합방된 한반도와는 무관한 별개의 대상이라고 주장하고 있다."고 설명한다. 그러나 "독도" 항목은 이보다 5년 앞선 1900년에 대한제국이 칙령 41호를 통해 강원도 울도군을 설치하면서 부속도서로 울릉도, 죽도, 석도(독도)를 지정했음을 밝히고 있다.

큰 문제는 군사적 충돌이다. 현재 센카쿠열도에서 일본 측은 해상보안청이, 중국은 해경국海警局이, 대만은 해안순방서海岸巡防署가 대응하고 있다. 이러한 조직은 해상경찰에 해당하며, 조직 간에 응수가 있더라도 전쟁으로 간주하지 않는다. 하지만 해상 자위대 등 군 조직이 발포라도 하게 되면, 그 나라에 대한 공격으로 간주하여 전쟁으로 발전할 수 있다. 그렇게 되지 않도록 각국은 신경을 쓰고 있다.

종족성

대만의 선주민으로부터

미야오카 마오코

도시에서 생활하는 대만의 선주민인 쯔오우 청년들에게 고향 축제에 참가하는 것은 조상의 기억과 문화를 접하고 "자신은 누구인가"를 느끼고 생각하는 기회이기도 하다. 사진은 대만 자이현嘉義縣 아리산향阿里山鄉(2011년, 필자 촬영).

1. 나와 타자를 구분하기

여러분은 일상에서 어떤 사람들과 어떠한 집단 속에서 생활하고 있는가? 가족이나 친척, 전공 모임이나 동아리 친구, 아르바이트 근무지의 사람들……. 이렇게 열거해보면 자기 자신이 다양한 사람들과 관계를 맺고 있으며, 서로 동료라고 생각하고 있다는 것을 깨닫게 된다. 그리고 "우리"라고 말할 수 있는 동료를 다른 사람들과 구별해 어떤 이름을 붙여서 부르며, 어떤 특징이 있는 집단이라고 생각하기도 한다. 예를 들어 "우리 미술부에는 이상한 녀석이 많죠."라는 식으로 말하곤 한다. 이처럼 자기 집단의 이름과 이미지는 다른 집단의 존재 및 다른 집단과의 비교를 전제로 하고 있다. 가령 "재즈연구회 애들은 성실해 빠져서 재미없어. 우리 음악부는 밝고 재미있는데 말이야!"라는 식이다. 따라서 "우리"가 의식되는 것은 "그들"이라는 타자의 존재가 있기 때문이라고 할 수 있다.

문화인류학은 이처럼 사회에서 자신과 타자를 구분하는 현상과 거기서 발생하는 집단의식에 큰 관심을 가져왔다. 이 장에서는 "종족성"을 주요 개념으로 삼아 이 문제에 대해 생각해볼 것이다. 다음 절에서는 종족성 및 이와 연관된 개념을 설명한다. 이어서 동아시아에서 종족성이 존재하는 방식을 대만의 선주민, 중국의 소수민족, 일본의 선주민인 아이누 등의 사례를 개관하며 종족성을 다각적으로 검토해보고자 한다. 이 장에서 말하는 선주민 혹은 선주민족이란 indigenous peoples의 번역어로, 즉 국가 성립 이전부터 그 토지에 거주하고 다수파 민족과는 다른 문화·역사를 갖고 있으며, 지금까지 피지배적 상황에 놓여 있는 집단을 뜻한다. 또한 선주권 先主權이란 국가 성립 이전에 거주하고 있었다는 선주성先主性을 근거로, 선주민이 국가에 대해 갖는 특별한 권리를 지칭하는 말로 사용되고 있다.

2. 종족성, 민족, "인종"

(1) 종족성

종족성ethnicity이라는 말에 친숙하지 않은 사람도 에스닉ethnic이라는 말은 들어본 적이 있을 것이다. "에스닉 요리"와 "에스닉 잡화" 등과 같이, 일본어에서 이 단어는 일본에 사는 다수에게 있어서 다른 민족의 것이어서 새롭고 낯설다고 생각되는 것을 지칭할 때 사용된다.

종족성은 형용사인 에스닉의 명사형이다. 1960년대 이후 문화인류학과 사회학에서 종족집단ethnic group(일본어로는 에스닉집단 혹은 민족집단이라고도 번역된다.)이라는 말과 함께 빈번하게 사용됐다. 처음에는 미국과 같은 이민국가에서 이주자의 독자적인 문화적 특성을 의미하는 개념으로 사용됐고, 나아가 국민국가 안에서 국민문화에 완전히 동화되지 않은 채 살아가는 다양한 문화집단에도 적용됐다 (関根 2005: 216~217).

종족집단이 문화적 집단을 지시하는 것에 비해, 종족성은 "어떤

사람들의 공동체를 다른 공동체와 구별하는 문화적 관습이나 관점"을 뜻한다(ギデンス 2009: 497). 사회(많은 경우에 국민국가)에서는 집단 간의 상호작용 속에서 우리와 타자의 구별이 이뤄지며, 종족 간 경계(민족 경계)가 의식된다(バルト 1996). 종족성은 이럴 때 사람들이 마음속에 품는 "우리 의식" 즉 공통의 문화적 특징 등을 근거로 한 "우리다움"을 의미한다. "민족의식"이나 "민족성"과도 바꿔 말할 수 있으며, 때로는 "민족집단" 그 자체를 지칭하기도 한다.

(2) 민족과 종족성

"일본인 유학생"과 "일본인 특유의 미의식" 이 두 경우에서 "일본인"의 의미는 같을까? 전자는 "일본 국민"이라는 뜻이지만, 후자는 "일본 문화를 공유하는 집단" 즉 "일본 인구의 다수를 구성하는 민족"을 지칭한다고 할 수 있다. 이처럼 "일본인"에는 두 가지 의미가 내포되어 있다. 이것은 영어의 nation이라는 단어의 의미가 확장된 것과 같다. 무엇보다도 대다수의 일본 국민은 이런 두 가지 의미의 차이를 별로 의식하지 않을지도 모른다.

그러나 어떤 국민국가의 일원이더라도 그 나라의 다수를 구성하는 민족과는 다른 역사적·문화적 배경, 나아가 다른 정체성identity을 가진 사람들도 있다. 블루스 가수인 아라이 에이치新井英一(한국식 이름은 박영일이다.)의 아버지는 한반도 출신이며, 어머니는 한국인과 일본인 사이에서 태어났으며, 본인은 1950년 3월 후쿠오카현에서 태어나고 자랐다. 일본인 여성과 결혼해서 아이들을 낳았고, 36살

때는 아버지의 고향인 한국의 청하淸河군(현재의 경상북도 포항시 북구 일부를 관할하던 옛 행정구역)을 방문해 자신의 뿌리를 확인했다. 그후, 일본에서 가족과 생활하기 위해 일본 국적을 취득했으며 자신을 "코리안 재패니즈"라고 부르고 있다(野村 1997: 342~367). 현재는 아라이 에이치처럼 일본 국적을 가지면서도 독자적인 혹은 중층적인 정체성을 가진 사람이 적지 않다.

이처럼 국민과 국가에서 다수를 구성하는 민족에 반드시 일원적으로 포섭되지 않는, 문화적 집단에 대한 귀속의식(정체성)이나 이런 집단 사람들이 의지할 만한 문화적 특징 및 민족성을 종족성이라고 부른다.

(3) "인종"과 종족성

인간을 분류하는 개념으로서 "인종"이라는 말을 들어본 적이 있을 것이다. "인종"이란 과거 근대 서양 사회가 인류를 신체적 특징에 따라 하위분류하기 위해 사용했던 학술용어이지만, 애초부터 우열이나 가치판단과 자의적으로 결합되어 있어서 인간을 사회적으로 분류·서열화하며, 타자에 대한 지배를 정당화하는 도구로써 사용됐다. 그 결과로 인종차별과 인종주의에 근거한 수많은 비극이 초래된 것은 굳이 말할 필요도 없다(吉田 1967).

원래 인류의 신체적 특징은 집단 내부적으로도 균질적이지 않으며, "인종" 분류 방법에 정설도 없다. 오늘날 이 개념의 과학적 유효성은 부정되고 있다(ブレイス·瀨口 2005). 그리고 부정적인 영향이 막대하다는 점을 고려해, 이 개념의 사용을 당장 그만두어야 한다는 주장도 제기되고 있다(スチュアート 2002). 한편 종족성에는 "인종"처럼 생물학적인 함의가 없다. 종족성은 어디까지나 사회적 현상이라는 점을 재확인해두고 싶다.

그러면 동아시아에서는 종족성이 어떤 식으로 존재하는지 아래에서 구체적으로 살펴보자.

3. 종족성의 동태動態와 중층성: 대만 선주민의 경우[1]

(1) 식민지화 이전의 상황

과거 대만에서는 독자적인 언어와 문화를 가진 다수의 집단이 각각 자율적으로 생활하고 있었다. 이들은 현재 대만에서 선주민이라고 간주되며, "원주민原住民族"이라고 불린다. 오세아니아나 동남아시아의 여러 섬에서 사용되는 것과 같은 계통의 언어를 사용하며, 이 지역과 함께 공통된 남방계南島系 문화를 형성해왔다. 1620년대부터 외부세력에 의한 대만의 식민지화가 시작되어, 1683년에는 청나라 왕조 통치 아래에 놓이게 됐다. 이 시대부터 19세기 후반까지 중국 대륙에서 한민족漢民族[2] 이민자가 점차 증가해 개척이 이뤄

---

1   3절과 4절에서 저자는 대만의 선주민족과 중국의 소수민족을 통칭할 때 민족이라는 단어를 쓰고 있으나, nation의 번역어인 민족 또는 국민과의 혼돈을 피하기 위해 한국어로는 민족집단으로 번역했다. 민족집단은 앞 절의 개념 설명에 나온 종족집단에 해당한다.

졌고 선주민은 소수자가 됐다. 그사이 서쪽 평야지대에는 한민족에 동화되어 독자적인 언어나 문화를 상실한 집단도 있었지만, 산간부나 동부에 거주하는 선주민은 그 후에도 자율적인 생활을 유지했다. 그중에서 내가 조사를 실시한 대만 중부 아리산 기슭에서 거주하는 쯔오우 사람들은 인구가 약 6,600명(2016년 6월 말 기준) 정도이고, 자신들을 쯔오우어로 "쯔오우 아토아나"("우리 쯔오우"라는 뜻이다.)라고 부른다.

"쯔오우"는 원래 쯔오우어로 "사람"을 의미한다. 쯔오우 촌락은 과거에 별개의 명칭을 가진 네 개의 하위집단으로 나뉘어 있었다. 각 하위집단의 중심에는 수장과 남성 집회소가 있었고, 전투나 축제는 하위집단 단위로 이뤄졌다. 이 네 집단을 한꺼번에 지칭하는 이름은 없었으며, 각각의 하위집단의 이름으로 서로를 구별했다. 또한 쯔오우 사람들이 빈번하게 접촉해온 이웃의 여러 민족집단諸民族에 대해서도 각각을 부르는 이름이 있었다. 즉, 쯔오우는 자신들의 생활권에서 실제로 접촉하는 타자에 대해, 자신들의 하위집단과는 구별되는 호칭을 사용해 부르며 자신과 타자를 구분했다.

(2) 국가에 의한 포섭과 명명命名

쯔오우 사람들이 쯔오우라고 불리게 된 것은 1895년에 일본이 대만

---

2 이 장에서 나오는 한민족은 한민족韓民族이 아니라 모두 한민족漢民族이며 한인漢人과 동의어로 사용된다. 또한 이 책의 다른 장에서는 한족漢族이라는 표현도 사용하고 있다.

을 식민지화하고 나서도 한참 뒤의 일이다. 쯔오우를 포함해, 19세기 말까지 자율성을 유지해온 선주민은 일본에 의해 처음으로 국가에 편입되어 토지의 수탈과 동화정책을 경험한다.

일본에 의한 대만통치를 맡은 대만총독부는 선주민을 "야만인生蕃, 蕃人, 蕃族"("번蕃"은 오랑캐라는 멸시적인 의미를 내포하고 있다.)이라고 불렀다. 이노우 카노리伊能嘉矩 등의 인류학자와 대만총독부의 조사기관이 현지를 방문해 각지의 언어나 문화를 조사하고, 대만에 거주하는 여러 민족을 망라해 분류하고 이름을 붙였다. 그 과정에서, 인류학자가 분류한 틀에서는 지금까지 고유의 명칭을 가지고 있지 않았던 많은 민족집단에 "사람"을 의미하는 단어를 종족명으로 붙였다. 쯔오우도 그중 하나이다. 19세기 말에서 20세 초, 대만제국대학의 토속인종학土俗人種學 연구실에서 행한 분류가 집대성되어, 선주민은 아홉 개의 민족집단으로 구성된다는 견해가 제시됐다. 이 시대에 선주민은 "고사족高砂族"이라고 불렸다.

제2차 세계대전 후 대만을 통치한 국민당은 선주민을 "산지동포山地同胞"(줄여서 산포山胞라고도 했으며, "동포"에는 동화에 대한 기대가 내포되어 있다.)라고 불렀다. 또한 앞서 제시된 대만제국대학의 분류를 답습해, 선주민은 아홉 개의 민족집단으로 나뉜다고 보았다. 그리고 이 선주민에 대한 국민통합이 시도되어 중국 문화로의 동화가 촉진됐다.

(3) 선주민에 의한 "이름 짓기"

1980년대 후반, 대만의 민주화 운동에 힘입어, 선주민 대학생이 중심이 된 차별철폐, 인권과 선주권의 보장을 주장하는 선주민 운동이 시작됐다. 이 과정에서 종래의 호칭인 "산지동포"를 부정하고, "대만에 원래부터 살던 민족"이라는 뜻의 "원주민족"을 사용해야 한다는 주장이 제기됐다. 이것은 당사자가 국가에 의해 "부여된 이름"을 거부하고 새로운 "이름 짓기"를 실천하는 현상으로 이해할 수 있다(內堀 1989). 그 결과, 1990년대의 헌법 개정에서 "원주민/원주민족"이 공식적인 호칭으로 정해졌다.

이 무렵, "원주민족"을 포함하는 아홉 개의 민족집단 내부에서도 "이름 짓기"를 요구하는 목소리가 나왔다. 그 효시가 쯔오우였다. 쯔오우는 1910년대, 1920년대 대만총독부의 조사기관이 작성한 보고서에서 "조족曹族"이라는 한자로 표기되어, 전후에도 이 표기를 사용하고 있었다. 그러나 중국 표준어에서 "조曹"라는 글자의 발음은 "쯔아오"이므로 본래의 발음과 다르다. 이에 위화감과 의문을 품은 쯔오우 사람들이 1987년경부터 동인지同人誌 등에서 원래 발음에 가까운 추鄒라는 문자 표기를 사용하기 시작했다. 정부에도 변경을 요구해, 1998년에는 공식적인 문자 표기가 "추족鄒族"으로 바뀌었다.

이후 선주민은 "이름 짓기"에 대해 정부에 더 큰 변경을 요구하기 시작했다. 학계나 행정에 의해 앞서 제시된 아홉 개 민족집단 중 하나에 포함된다고 간주됐던 일곱 개의 집단이 점차 고유한 이름을 가진 독자적인 민족집단이라는 점을 주장하며 정부에 승인을 요구한 것이다. 이것을 대만에서는 "정명正名"이라고 부른다. 2001년부터 2004년까지 이런 요구를 국가가 받아들여, 공인된 "원주민족"은 열여섯 개 민족집단으로 늘어났다(2016년 6월 말 기준).

이와 같은 선주민의 "이름 짓기"에 있어서 종족성의 근거는 언어나 문화의 독자성, 역사 경험의 특수성 등으로 다양했다. 그리고 2014년에 쯔오우에서 독립해서 독자적인 민족집단으로 인정된 사아로아와 카나카나브의 경우는 앞서 설명했던 것처럼 쯔오우가 "조족"에서 "추족"으로 "이름 짓기"를 한 것이 계기가 됐다.

원래 사아로아와 카나카나브는 양쪽 모두 인구 300명 정도의 소집단이다. 쯔오우와 물질문화 등에서 유사한 점이 많고, 과거에는 동맹관계도 맺은 적이 있어서, 일본 식민통치 시기 이래로 거의 일관되게 쯔오우의 일부로 분류됐다. 그러나 실제로 이 두 집단은 쯔오우와는 다른 자기 명칭과 언어를 갖고 있어서, 세 집단 사이에는 말이 통하지 않는다. 1990년대 이후, 세 집단 간의 교류 기회가 늘어나면서 서로의 문화나 언어의 차이를 실감하게 됐다. 그리고 쯔오우에 의해 쯔오우어의 발음을 기준으로 이뤄진 표기상의 "이름 짓기"에 대해 사아로아와 카나카나브는 위화감을 느꼈다. 이것을 계기로, 사라질 위기에 있는 독자적인 언어와 문화를 보호하기 위해 독자적인 민족집단으로서의 승인을 국가에 요구했던 것이다(宮岡 2015).

이처럼, 대만에서 선주민에 의한 "이름 짓기"는 여러 차원에서 이뤄지고 있으며, 역동적인 양상을 보이고 있다. 그리고 이때 종족성의 근거가 되는 요소도 다양하다.

(4) 종족성의 중층성

현재 쯔오우는 국가에 "원주민족"으로 인정받은 열여섯 개 민족집
단 중 하나다. 개인이 "원주민족"의 일원이라는 것은 법률에 따라
"원주민"이라는 개인의 법적 신분으로 인정되고 있다. 그리고 "원주
민" 신분을 가진 개인의 호적에는 "원주민"이라고 기재된다. 호적관
리를 맡은 관청에 자신이 어느 민족집단에 속하는지를 신청할 경
우에는 호적에 "○○족"(쯔오우의 경우에는 "추족")이라고도 기재된다.
    따라서 대만의 선주민은 공통의 언어나 문화 및 역사 인식을 근
거로 종족성을 구성하는 동시에, 대만이라는 정치적·사회적 환경

그림 7-1 대만 가오슝시高雄市 나마샤구那瑪夏區 관청에서 종족명의 등기를 카나카나브로 변
경하고 있는 노인(2014년, 필자 촬영)

제7장 종족성

안에서 보다 커다란 "원주민족"이라는 틀의 종족성도 갖고 있다고 말할 수 있다. 내가 알고 지내는 한 쯔오우 청년은 "원주민족"으로 조직된 가무歌舞 동아리에서 지도적 위치에 있고, 다른 민족집단의 노래나 춤의 지도에도 참여해 각지에서 공연 활동을 벌이며, 해외 공연에 참가하기도 한다. 출입국 시에는 당연히 대만의 국호인 "중화민국"이 적힌 여권을 휴대한다. 따라서 그는 쯔오우 사람이면서 "원주민족"이고, 국적상으로는, 즉 국민으로서는 "중화민국" 혹은 "대만" 사회의 일원이라고 생각할 것이다.

이처럼 국민성nationality과 종족성은 서로 배타적인 것이 아니다. 그리고 개개인 속에서 종족성은 중층적인 모습을 띠기도 한다.

4. 민족 경계의 고정화와 동요: 중국의 소수민족

(1) 중화세계에서 다민족국가로

중국에서는 예로부터 광대한 토지에 다양한 집단이 살았고, 역대 왕조는 화이질서에 근거한 중화세계中華世界를 구축해왔다(칼럼 5 참고). 중화세계란 중심에 최고의 덕인 "문文"을 보유한 황제가 있고, 황제의 덕의 작용인 "문화文化"가 미치는 영역을 "중화中華" 혹은 "화華"의 안쪽으로, 그 바깥쪽을 "화외化外"로 부르며 "오랑캐夷狄/夷"("이夷"와 "적狄"에는 차별적인 의미가 내포되어 있다.)의 영역으로 보는 것이다. "화외"의 "오랑캐"는 "문화"가 침투함에 따라 "중화"의 안쪽에 순차적으로 편입되며, 이로써 국가가 확대된다. "문" 및 "문화"란 예禮와 한자漢字·한문漢文을 뜻하며, 이것이 보급된 범위인 "화"의 사람들이 한인漢人이다(橫山 1997: 177).

또한 중화세계에서는 여러 집단 사이에 "화"(한인)/"이"(비한인非漢人)라는 계층적 구별이 있었지만, 이것은 한문화漢文化의 침투·수용의 정도에 따른 구분을 의미했다. 과거에는 "이"라고 간주된 집단이 나중에는 "화"가 되는 등 유동적이었다. 원나라와 청나라가 각각 몽골족과 만주족에 의한 제국이었던 것을 생각해보면 좋겠다.

20세기 초에는 청나라의 영역을 계승한 중화민국이 성립된다. 이 나라를 이끌었던 손문孫文은 당초 중국의 주요 민족인 한민족, 만주족, 몽골족, 회족回族(신강 지역의 이슬람계 여러 민족), 티베트족이라는 다섯 개 민족으로 새로운 국가를 건설한다는 의미에서 "오족공화五族共和"의 이념을 제창했다. 이후 한민족 이외의 여러 민족집단을 "소수민족"이라고 부르고, 각 민족집단의 일률적인 평등과 자결권을 주장했다. 다만 이것을 전후로 한 시기에 여러 민족집단을 한족에 동화시켜 "중화민족"을 형성한다는 생각도 제시했다(毛利 1998: 16~17; 橫山 1997: 183~184).

중국을 한민족과 소수민족으로 이루어진 다민족국가로 보는 국가관은 1949년 건국된 중화인민공화국에도 계승됐다. 공산당 정부는 국가의 통일을 유지하면서 소수민족에게도 평등한 권리를 보장하기 위해, 분리권·자결권을 인정하는 연방제가 아니라 소수민족이 집중적으로 거주하는 구역에 일정한 문화적 자치권을 인정하는 구역 자치제도를 실시했다(毛利 1998: 33~34). 이처럼 중국은 중화세계에서 다민족국가로 변모해나갔다.

(2) 민족 경계의 고정화와 동요

민족의 자치구역을 구체화하려면 누가 소수민족인지를 확정해야한다. 이를 위해, 1950년대 초부터 정부에 의한 "민족식별공작民族識別工作"이 시작되어, 1978년까지 55개의 소수민족을 인정했다(毛利 1998: 61~62). 이러한 일련의 작업으로 중국은 한민족과 55개의 소수민족, 합계 56개의 민족으로 구성된 다민족국가임이 확정됐다. 이에 따라 개개인의 민족집단 귀속이 호적에 기재됐다. 예전부터 중화세계에서 한인/비한인의 구별은 유동적이며 애매모호한 것이었으나, 민족식별공작 이후에는 "민족적 정체성의 애매모호함, 중층성, 유동성을 허용하지 않게 된" 것이다(橫山 2004: 97~98).

그러나 이후에도 민족집단 귀속을 변경하는 사람이 속출해, 소수민족 인구는 증가한다. 예를 들어, 후베이성, 후난성, 구이저우성, 쓰촨성에 사는 토우챠족土家族은 18세기 이래로 한인의 문화를 폭넓게 수용해 일상적으로는 중국어 방언을 사용했지만, 독자적인 의례나 생활습관을 유지해왔다. 1956년에 소수민족으로 인정받은 후, 1964년에는 52만 명이었던 인구가 1982년에는 283만 명, 1990년에는 572만 명으로 급증했다. 토우챠족으로 민족집단 귀속을 변경하는 동기는 자신의 계보나 역사를 조사해보고 민족집단 의식을 자각하게 된 예, 식료품·의복의 배급이나 산아제한상의 우대조치 등 소수민족을 대상으로 하는 우대정책을 의식한 예 등으로 다양했다. 소수민족에 대한 편견이 약해졌다는 환경적 변화도 컸다. 1980년대에는 한민족으로 등록된 사람이 소수민족의 호적을 회복하거나 소수민족으로 변경할 수 있었기 때문에, 소수민족 인구의 커다란 증가로 이어졌다고 생각된다. 그 결과, 형제나 자녀 중에도 토우챠족/한족으로 민족집단 귀속이 다른 사례도 생겨났다(山路 2005). 다만 1990년 이후에는 민족집단 호적의 변경을 인정하지 않게 됐다(橫山 2004: 99).

이러한 사실로부터 명백하게 드러나는 것은 예를 들어 민족집단의 경계가 국가에 의해 고정화됐다고 하더라도, 사람들은 일상의 편의 등을 위해 정해진 민족집단의 경계를 쉽게 넘나들 수 있다는 점이다. 이런 일의 배경에는 역사적으로 한인/비한인의 경계가 유동적이었다는 점과 더불어, 소수민족의 종족성에는 애매모호함과 중층성이 다분히 내포되어 있다는 점을 들 수 있을 것이다.

(3) 중화민족이라는 개념

민족식별공작에 깊이 관여한 인류학자 페이 샤오통은 1988년에 "중화민족 다원일체구조中華民族多元一體構造"라는 개념을 발표했다. 그가 말하는 중화민족이란 현재의 중국에서 "민족"으로서의 정체성을 가진 11억의 인민 전체를 말한다. 이것은 56개 민족집단을 포함하고 각 민족집단은 다원적이지만 중화민족으로서는 하나라는 것이다. 수천 년의 형성 과정에서 한민족이 핵심이 되고 주변의 소수민족과 연합하면서, 이윽고 분할 불가능한 통일체의 기초가 마련됐다고 본다(費 2008: 13~14). 즉, 페이 샤오퉁은 중화민족을 중국 영역 내의 다원적인 56개 민족집단을 포괄하는 한 차원 높은 "민족"이라고 보고, 그 핵심에는 한민족이 있으며, 이 전체를 하나의 "민족"으로 명명한 것이다. 중화민족이라는 단어 자체는 앞서 설명한 것처럼 손문 등도 사용했지만, 페이 샤오퉁의 독자성은 소수민족의 다원성을 인정한 뒤 그것을 아우르는 고차원의 "민족"을 상정하는 식으로 계층적인 관점을 제시했다는 데 있다고 할 수 있다.

이런 견해가 발표됐던 것은 중국에서 개혁개방이 시작되어 인민을 아우르는 사회주의 이념이 흔들리기 시작했을 무렵으로, 이 개념은 "국가적 통합 문제에 새로운 국면을 개척했다"고 여겨진다(橫山 2004: 100). 그리고 "다원일체의 강조점은 어디까지나 일체라는 점"에 있으며, "오늘날에 이르기까지 국가의 통일과 안정을 배양하기 위한 이념으로써 중요성을 유지하고 있다"고 지적된다(長谷 2007: 28). 중국에서뿐만 아니라, "민족"을 둘러싼 개념은 종종 국민통합을 위해 이용된다는 것을 마음에 새겨두면 좋겠다.

5. 종족성의 비동질성과 일상성: 아이누족의 경우

(1) 아이누모시리에서 홋카이도로

아이누족은 아이누어로 "사람이 사는 대지大地"를 뜻하는 아이누모

시리^{アイヌモシリ}, 즉 현재의 홋카이도와 그 주변 지역에 오래전부터 거주해온 일본의 선주민으로, "아이누"란 아이누어로 "사람"을 의미한다. 수렵채집·어로·잡곡재배에 의존하면서도, 중세·근세에는 대륙 북방의 여러 민족이나 일본열도에서 가장 큰 섬인 혼슈^{本州} 이남의 일본인과도 교역을 활발하게 펼치면서 독자적인 문화를 형성해 왔다(瀨川 2007).

1869년, 메이지 정부는 아이누모시리를 "홋카이도^{北海道}"라고 명명하고 일본의 영토에 포함시켰다. 이로 인해 아이누족은 토지를 빼앗겼고, 일본열도로부터 이주자가 늘어나자 소수자가 되어 차별을 당했다. 독자적인 관습이나 어로 및 수렵이 금지되거나 제한됐으며, 일본식 이름과 일본어를 사용할 것을 요구받는 등 일본으로의 동화가 촉진됐다. 1889년, 가난한 아이누를 "구제"한다는 이유를 내세우며 "홋카이도 구토인 보호법^{北海道旧土人保護法}"(이하 "보호법")이 공포되어, 아이누족의 농민화와 이들에 대한 교육 보급이 제도화됐다. 1910년대, 1920년대가 되자, 익숙하지 않은 농업에 적응하지 못해 "보호법"에 따라 받은 토지를 방치하는 예도 생겼다(榎森 2007: 381~402, 423~451, 465~481).

한편 홋카이도가 관광지로 인기를 끌고 아이누족이 중요한 관광 자원으로 간주되면서 새로운 아이누 문화도 생겨났다. 예를 들어, 홋카이도 남쪽의 시라오이^{白老}군에서는 1881년 천황이 시찰했을 때 곰을 보내는 의식인 "이요만테^{イヨマンテ}"라는 춤을 짧게 구성해서 상연했는데, 이를 계기로 시라오이군은 아이누 관광마을로 유명해졌

다. 이 춤은 현재 국가지정 중요무형문화재 "아이누 고전무용"의 일
부로 포함되어 있다(野本 2014: 2~4). 또한 아사히카와旭川시에서는
아이누의 목공기술을 살려 1910~20년대부터 목각 곰을 제작·판
매하기 시작했는데, 얼마 지나지 않아 시라오이군을 포함해 각지로
퍼져 홋카이도의 기념품으로 정착됐다(大塚 2003: 130~132). 이 무렵
『아이누 신요집アイヌ神謡集』(1923)의 저자인 지리 유키에知里幸惠와 그녀
의 남동생이자 아이누어 연구자인 지리 마시호知里真志保처럼 아이누
의 언어와 문화의 가치를 기록·연구하고 널리 알리려고 하는 사람
들도 등장했다. 또한 1920~30년대에는 아이누족 스스로 생활을 개
선하거나 민족집단으로서의 자각을 위해 떨쳐 일어날 것을 촉구하
는 언론활동, 토지반환요구운동, "보호법" 개정·폐지운동도 활발하
게 일어났다(榎森 2007: 459~481).

　이처럼 메이지 이후의 아이누족은 독자적인 언어나 문화를 부정
당하고 사회적·경제적으로 크게 곤란한 상황에 놓였지만, 새로운
사회 환경 속에서 자신들이 누구인가, 어떻게 살아가야 하는가를
모색하고 있었다.

(2) "홋카이도 구토인 보호법"의 폐지와 그 후

1970년대 이후, 아이누족의 종족성은 크게 고양된다. 그 계기는
1968년에 홋카이도 각지에서 실시된 "개척 100주년" 기념사업으
로, 아이누족 자신과 연구자들은 아이누의 존재를 무시한 역사 인
식에 비판을 제기했다. 1980~90년대에는 "보호법"의 폐지와 민족

집단으로서의 존엄을 지키고 선주권을 보장하기 위해 새로운 법의 제정을 요구하는 아이누에 의한 운동이 일어났다. 아이누 운동가들은 국제연합 본부 등 외국에도 나가 다른 나라의 선주민과의 교류·연대를 추진했다. 이런 운동을 촉진했던 것은 1985년 나카소네 야스히로[中曾根康弘] 당시 수상이 "일본은 단일민족국가"라는 취지의 발언을 한 것에 대해 이의를 제기하고 항의 활동을 전개했던 것이었다(榎森 2007: 556~583).

  이처럼 아이누족에 의한 일련의 운동의 중간 성과로, 1997년에는 "보호법"이 폐지되고 "아이누 문화의 진흥 및 아이누의 전통 등에 관한 지식의 보급과 계발에 관한 법률"(약칭은 아이누문화진흥법)이 시행됐다. 다만 이 법은 아이누 측이 요구해온 선주권의 보장이 아니라, 문화진흥을 목적으로 하는 것이었다(榎森 2007: 506~591). 2007년에 국제연합 총회가 "선주민족의 권리에 관한 국제연합선언"을 채택하자, 이듬해에 일본 정부는 아이누를 일본의 선주민으로 인정하게 됐다. 최근에는 문화진흥을 중심으로 하는 국가 시책이 진전되고 있다. 그 과정에서 앞으로 아이누의 주체성을 어떻게 확보해야 하는가라는 과제도 아이누 측으로부터 제기되고 있다(野本 2014: 12~15).

(3) 아이누다움의 다양성

현재 아이누 사람들은 일상에서 일본어로 대화한다. 150년 전과는 생활 모습도 크게 달라졌다. 그렇다고 해서 아이누 사람들이 사라

진 것은 아니다. 어머니나 아는 사람에게서 들은 이야기를 기록해 『민족의상을 입지 않는 아이누: 홋카이도 여성들로부터 전해진 이야기民族衣裝を着なかったアイヌ-北の女たちから伝えられたこと』를 집필한 다키구치 유미瀧口夕美는 "생활 모습이 일본화되어 민족의상을 입지 않게 되었어도 [...] 개개인들이 중요하게 여기고 있는 것 중에는 아이누다움이 계속 남아 있다. 그것은 현대의 아이누인인 내 안에서도 이어지고 있다고 생각한다."라고 썼다(瀧口 2013).

중요한 것은 여러 가지일 수 있다. 예를 들어, 가족을 통해 전해지는 자수刺繡나 목조木彫에 넣은 아이누족만의 아름다운 문양은 악귀를 막는다는 의미를 가지고 있으며 만든 사람의 마음도 들어 있는데, 현대 아이누 공예가나 미술가는 이것을 계승해 표현하고 있다(チカップ 2001: 2~3). 아이누의 현악기인 돈코리トンコリ 등을 연주하는 사람도 있다. 아이누어, 아이누 무용, 아이누 자수나 조각을 서로에게 가르쳐주는 모임은 홋카이도만이 아니라 도쿄에도 있다. 도쿄에서 아이누 음식점을 운영하는 사람도 있다. 이런 곳에 모이는 사람들이 "보호법"의 폐지와 신법 제정 운동의 일익을 담당하기도 했다.

도쿄의 아이누 음식점에 모이는 사람들의 인생 이야기를 들은 세키구치關口는 "눈앞에 있는 아이누 사람들은 매일매일의 생활에서 나와 닮은 점이 많은 존재이며 일상적인 감각에 관해서도 공통점을 많이 가진 똑같은 인간임을 깨닫는 동시에, 말로 표현할 수 없고 헤아릴 수 없는 경험을 가진 다른 사람들로도 보이게 됐다."라고 적고 있다(関口 2007: 5). 그리고 이들의 정체성은 "아이누/일본인"이라는 이분법으로 나눌 수 있는 동질적이고 고정적인 "아이누"가 아니라, 일상의 가족이나 주변 사람들과의 관계 속에서 느낄 수 있는 보다 유연하고 애매모호한 것이라고 한다(関口 2007: 235~238).

우리는 타자에 대해 걸핏하면 고정관념에 박힌 인상을 갖는 경향이 있다. 그러나 모두 각자의 일상을 살아가는 가운데 나는 어떤 존재인지를 의식한다. 이렇게 생각해보면, 타자도 나와 같은 지평에 서 있는 사람으로 이해할 수 있지 않을까?

6. 타자이해의 출발점으로서

문화인류학과 사회학에서 종족성은 지금까지 문화적 소수자 집단을 주된 대상으로 삼아 논의됐다. 왜냐하면 사회 안에서 편견이나 차별을 경험하고 불리한 상황에 놓인 사람들에게는 다수자에 대항해서 "우리"라는 의식이나 연대가 생겨나기 쉽기 때문이다. 이에 비해, 문화적 다수자 집단은 다른 문화적 집단을 꼭 배려하지 않아도 문제가 없는 특권적인 위치에 놓여 있으므로, 종족성을 자각할 일도 없다.

그러나 이 다수자/소수자의 위치는 상대적일 수밖에 없다. 자기 나라에서는 다수자인 사람들도 해외에 유학을 가거나 이주를 하면, 연대해서 "우리"라는 의식을 갖고 종족성을 자각하게 될지도 모른다.

이렇게 생각해보면, 문화적 소수자에 한정하지 않고 사회의 여러 소수자에 대해서도 상상력을 발휘해볼 수 있을 것이다. 예를 들어, 현재 일본 사회에서 성적 소수자는 여전히 주변의 이해를 얻기 어려우며 크고 많은 어려움을 겪고 있다. 입장에 따라서 직면하고 있는 곤란이나 문제에는 차이가 있겠지만, 최근에는 레즈비언, 게이, 바이섹슈얼, 트랜스젠더의 첫 글자를 따서 만든 말인 "LGBT"라는 이름으로, 사회의 다수자에 대항해 연대하고 자신들에 대한 이해나 공감을 얻으려고 활동하고 있다(제4장 참조).

종족성에 대해서 배우고 이러한 상상력을 발휘함으로써, 타자이해의 출발점에 설 수 있지 않을까?

참고 문헌

内堀基光 1989 「民族論メモランダム」田辺案治編 『人類学的認識の冒険』同文館. 27-43頁.

榎森進 2007 『アイヌ民族の歴史』草風館.

大塚和義 2003 「アイヌ工芸,その歴史的道程」財団法人アイヌ文化振興・研究推進機構編 『アイヌからのメッセージ: ものづくりと心』国立民族学博物館, 128-135頁.

ギデンズ, A 2009 『社会学 第5版』松尾精文・西岡八郎・藤井達也・小幡正敏・立松隆介・内田健訳, 而立出版.

スチュアート, H 2002 『民族幻想論: あいまいな民族 つくられた人種』解放出版社.

瀬川拓郎 2007 『アイヌの歴史: 海と宝のノマド』講談社.

関口由彦 2007 『首都圏に生きるアイヌ民族:「対話」の地平から』草風館.

関根政美 2005「エスニシティ」梅棹忠夫監修, 松原正毅・NIRA 編『新訂増補 世界民族問題事典』平凡社, 216-217頁.

瀧口夕美 2013「先祖とたどるアイヌ史」日本経済新聞(2013年7月13日).

チカップ美恵子 2001「アイヌモシリの風」NHK出版.

寺田和夫 1967『人種とは何か』岩波書店.

野村進 1997『コリアン世界の旅』講談社.

野本正博 2014「アイヌ民族による文化資源の活用:「象徴的空間」と国立博物館の行方」『地域共生研究』3:1-15.

長谷千代子 2007『文化の政治と生活の詩学: 中国雲南省徳宏タイ族の日常的実践』風響社.

費孝通 2008「中華民族の多元一体構造」西澤治彦訳, 費孝通編『中華民族の多元一体構造』西澤治彦・塚田誠之・曽士才・菊池秀明・吉開将人共訳, 風響社, 13-64頁.

ブレイス,C・L/瀬口典子 2005「『人種』は生物学的に有効な概念ではない」瀬口典子訳, 竹沢泰子編『人種概念の普遍性を問う: 西洋的パラダイムを超えて』人文書院, 437-467頁.

バルト, F 1996「エスニック集団の境界: 論文集「エスニック集団と境界」のための序文」青柳真智子編『「エスニック」とは何か: 基本論文選集』内藤暁子・行木敬訳, 新泉社, 23-71頁.

宮岡真央子 2015「命名・分類, 社会環境, 民族意識: サアロアとカナカナブの正名にみる相互作用」『台湾原住民研究』19:22-46頁.

毛利和子 1998『周縁からの中国: 民族問題と国家』東京大学出版会.

山路勝彦 2005「トゥチャ」綾部恒雄監修, 末成道男・曽士才編『講座世界の先住民族: ファースト・ピープルズの現在01 東アジア』明石書店, 300-316頁.

横山廣子 1997「少数民族の政治とディスコース」内堀基光ほか編『民族の生成と論理』岩波書店, 165-198頁.

横山廣子 2004「中国において『民族』概念が創りだしたもの」端信行編『20世紀における諸民族文化の伝統と変容9 民族の20世紀』ドメス出版, 85-102頁.

읽을거리

• 『台湾原住民文学選 第2巻 故郷に生きる(대만 원주민 문학선 제2권 고향에서 살다)』, リカラッ・アウー/シャマン・ラポガン, 魚住悦子編訳・解説, 草風館, 2003年.

　　고유의 문자가 없는 대만 선주민은 1980년대부터 한자를 사용해 문예활동을 개시했다. 이 책은 대만 원주민 문학 번역 선집 전9권 중 제2권으로, 단편소설 24편과 장편소설 1편이 수록되어 있다. 일본과도 역사적으로 깊은 관계가 있는 대만 선주민의 사상과 문화의 한 단면을 꼭 접해보길 바란다.

• 『チベット 聖地の路地裏: 八年のラサ滞在記(티베트 성지의 뒷골목: 8년간의 라사 체재기)』, 村上大輔, 法藏館, 2016年.

　　티베트 불교의 성지인 라사에서 오랫동안 생활한 인류학자의 체류기. 티베트에 사는 보통 사람들의 생활 모습이나 사고방식, 최근의 경제발전, 중국 정부와의 관계 등 다양한 화제를 구체적이면서도 쉬운 언어로 서술하고 있다. 종족성의 근저에는 사람들의 일상생활이 가로놓여 있다.

• 『民族衣装を着なかったアイヌ: 北の女たちから伝えられたこと(민족의상을 입지 않는 아이누: 홋카이도 여성들로부터 전해진 이야기)』, 瀧口夕美, 編集グループSURE, 2013年.

　　관광지인 아칸호阿寒湖에서 태어나고 자란 저자가 나는 누구인가라는 질문을 품고서, 어머니나 친척, 어머니가 아는 사람들을 일일이 만나며 이야기를 듣고 기록한 책. 차별, 억압, 저항 등의 말로는 담을 수 없는 아이누인 개개인의 생활자로서의 역사를 차분히 추적하며, 다양한 경험과 생각을 전한다. 이 책을 구입할 경우에는 SURE에 직접 주문하길 권장한다.

한국의 일본어 학습 상황

나카무라야에

국제교류기금에 의하면 세계 일본어 학습자 중 20퍼센트인 84만 명은 한국인이며, 그중 80퍼센트가 중고등학생이다. 한국에서는 중고등학교에서 제2외국어 선택과목으로 일본어를 배우고 있다. 대학에서 교양과목으로 일본어를 배울 수 있는 것은 물론이고, 2013년 현재 101개의 일본어 관련 학과가 존재한다. 초등학교에서도 방과후 과외활동으로 일본어를 배울 수 있고, 사회인이라도 업무상의 필요와 취미로 일본어 어학원을 다니는 사람도 많아, 일본어 학습자의 연령대는 폭넓은 편이다.

그런데 최근 일본어의 인기가 점점 떨어지고 있다. 몇 년 사이에 중국 경제의 발전으로 중고등학교에서 제2외국어로 중국어를 선택하는 학생이 많아지고 있다. 학부모는 아이들에게 장래 취직에 도움이 되라고 중국어를 선택하도록 추천한다. 결정적이었던 것은 동일본대지진이다. 사고, 재해, 경제 정체의 이미지가 고착화됐다. 아베 정권에 대한 비판도 영향이 없다고는 할 수 없다. 대학입시에서 일본어를 포함한 제2외국어 과목의 응시 상황도 변했다. 일본의 센터시험에 해당하는 대학수학능력시험에서 2001년부터 일본어를 포함한 제2외국어는 필수 선택과목이었지만, 2012년에는 모든 제2외국어 과목이 필수 선택과목에서 제외됐다. 이것도 일본어 학습자의 감소에 박차를 가했다. 교원 채용에도 영향이 있다. 이미 10년 정도 전부터 공립학교의 일본어 교원 채용이 거의 사라졌고, 2015년부터는 일본어 교원 감축이 시작되고 있다.

실제로 일본어를 전공하고 있는 대학생들은 어떻게 생각하고 있을까? 일본어를 선택한 계기로 일본의 애니메이션과 드라마 등을 좋아하기 때문이라고 대답하는 학생이 매우 많다. 자칭, 타칭으로 "오타쿠"인 학생도 적지 않다. 이들은 정치·경제적 관계와는 관련이 없이, 어렸을 때부터 텔레비전과 인터넷을 통해 일본의 대중문화를 친숙하게 접해왔다. 대중문화만 좋아하는 것이 아니라, 일본과 일본 문화에 대해서도 긍정적으로 평가하고 있다. 전공 학생이라면 거의 경험하는 단기·장기 유학을 통해서도 이런 경향은 강화되고 있다. 이들이 앞으로 한일관계에서 어떤 역할을 담당할 것인지 기대해본다.

제8장

이민

홍콩 사람들의 이동으로부터

세리자와 사토히로

홍콩중문대학. 1949년 공산주의 혁명 이후 중국 본토에서 홍콩으로 옮겨 온 여러 학교가 연합해 1963년에 개교했다. 1990년대에는 교환학생을 중심으로 많은 일본인이 재적했다(2016년, 필자 촬영).

1. 이민은 특별한 것이 아니다

나는 박사과정 재학 중이던 1993년 9월부터 2년간 홍콩으로 유학을 했다. 외국에 사는 것은 처음이었지만, 인류학자가 되기 위해서는 2년간 외국에서 유학 생활을 하며 현장연구를 해야 한다고 생각했다.

당시 문화인류학을 배우는 대학원생으로서, 나는 홍콩에 "계속 머무는" 것이 중요하다고 생각했다. 박사논문의 주제도 "홍콩"이라는 장소를 하나의 정치적인 단위로 간주하고, 홍콩 안에서의 연구로 완결되는 주제에 초점을 맞췄다. 유학 중에 중국 본토나 베트남으로 조사하러 가기도 했지만, 일본에는 한 번도 돌아오지 않았다. 귀국 후, 지도교수 중 한 분으로부터 "일본에 되돌아온 적이 있었습니까?"라고 질문을 받았다. 나는 그때 이 질문을 문화인류학적 현장연구가 성공했는지 그렇지 않았는지를 묻는 말이라고 이해했으므로, 그 당시에도 내가 "계속 머무는" 것을 중시하고 있었던 것은 틀림없다.

그 후, 나는 1998년 3월 처음으로 태평양을 횡단해 캐나다와 미국을 방문했다. 그곳에서 홍콩에서 새롭게 이주해 온 사람들을 만나면서, 내 연구 대상인 홍콩에 사는 사람들로부터 홍콩에 "계속 머무는" 것이 반드시 중요하지는 않다는 것을 깨닫게 됐다.

홍콩 유학 기간, 나에게 집을 빌려준 사람은 60살이 넘은 노년의 여성이었다. 그녀에게는 여섯 명의 자녀가 있는데, 그중 네 명은 홍콩 이외의 장소에서 살고 있다. 딸 한 명은 태국에 살고 있으며, 또 다른 딸 두 명과 아들 한 명은 캐나다 밴쿠버에 살고 있다. 그녀가 해외여행을 다니게 된 것은 나이를 먹고 나서부터이지만, 최근에는 해마다 외국에 사는 자녀들을 방문하고 있다. 내가 홍콩에 머물고 있었던 1995년 여름, 그녀는 태국 여행과 캐나다 여행을 계획했다. 결국, 태국에서 홍콩으로 돌아온 다음, 캐나다로는 떠나지 못했다. 그녀가 태국에 가 있는 사이, 그녀와 같이 살고 있던 아흔 살도 넘은 시어머니와 내가 둘이서 그녀의 집을 봤다.

　시어머니는 지금은 돌아가셨고, 내가 월세를 살던 공공주택도 철거되고 말았다. 시어머니와 둘이 집을 보고 있는데 태풍이 불어서, 비바람을 맞으며 베란다에 내놓았던 화분을 둘이서 함께 집 안으로 옮겼던 일 등등 당시의 추억은 끝이 없다. 당시는 1990년대 전반이었고, 1989년의 천안문 사건을 겪고 1997년 홍콩반환에 대해 불안한 마음을 품고 있었던 사람들이 차차 홍콩을 떠나는 이민 붐이 일었다. 집주인인 여성과 홍콩에 사는 그녀의 자식 부부는 가족 모두 캐나다에 이민 가는 계획을 자주 이야기했는데, 이 계획에는 고령의 시어머니도 관련되어 있었다. 나이 들어서 혼자 생활할 수는 없으므로, 시어머니를 돌보는 사람이 이민 가면 시어머니도 함께 따라가야 했다. 시어머니는 열 시간이나 비행기를 타고 캐나다에 이민 가는 것도, 중국 광둥성 쩡청현增城県(현재는 광저우시 쩡청구)에 있는 자신의 고향으로 되돌아가는 것 어느 쪽도 마음에 들지 않는다는 고민을 나에게 자주 털어놓았다.

이 가족의 예로부터 나이 든 사람이 오랜 세월 살았던 토지를 떠나 해외 이주에 나서는 현상을 볼 수 있다. 물론 홍콩이 중국에 반환되기 직전이었던 점이나, 중국 광둥성은 역사적으로 해외와의 교류가 활발하고 이민을 많이 내보내왔다는 공간적·시간적 조건도 있다. 그러나 지금은 외국에 나가는 것, 외국에서 사는 것, 혹은 자기 나라와 외국을 왕래하는 것이 세계 많은 사람에게 평범한 일이 되었다.

이 문장을 읽고 있는 독자 중에서는 "외국에 사는" 것이 구체적으로 그려지지 않는 사람도 있을지 모른다. 그런 사람은 자신의 가족이나 이웃의 아는 사람 중에 외국에서 온 사람이나 외국에 주재했던 적이 있는 사람, 외국에 유학을 다녀온 사람 등이 없는지 다시 한 번 알아보면 좋을 것 같다. 그러면 과거 일본인이 지금의 우리가 생각하는 것 이상으로 외국에 나갔었던 것이나, 지금 일본에도 많은 외국인이 사는 것을 새삼 깨닫고, "계속 머무는" 것보다도 "이동하는" 것이 사람들에게 있어서 일반적인 일이라는 점을 인식하게 될 것이다.

일본어에서 "이민移民"은 일반적으로 국경을 넘어 공간적인 이동을 하는 것을 뜻한다. 이에 비해, 국내에서의 공간 이동(우리가 잘 알고 있는 "이사")은 "이전移轉"이라고 부른다. 문화인류학이 연구 대상으로 삼고 있는 "민족"은 반드시 하나의 국경 안에 살고 있지는 않으며, 그 국경도 역사적으로 반드시 일정하지 않다. 따라서 국내에서의 사람의 이동과 국외로의 사람의 이동을 연속적으로 생각하는 것이 중요하다.

　내가 홍콩에서 월세를 살던 집의 가족처럼, 원래는 중국 본토 내에서 이전한 후에 홍콩에 살다가 이제는 해외로 이민 나가는 사람들이 홍콩에는 많이 있다. 그러나 이 장에서는 국내에서의 사람의 이동이 아니라, 국외로의 사람의 이동인 "이민"에 논의를 한정하고자 한다. 다만 홍콩의 경우, 영국령이었던 시절이나 현재에도 중국 본토와의 왕래가 완전히 자유롭지는 않기 때문에(지금은 홍콩도 중국의 일부지만 "출입국관리"가 행해지고 있다.) 중국 본토로부터 홍콩으로의 이동도 "이민"이라고 생각해도 좋다.

　일본어에서는 "이동"이라는 단어가 사회계층 사이의 이동인 "사회이동"이라는 의미로도 사용된다. 이민을 가면 지금까지의 생활을 버리고 새로운 환경에서 새로운 생활의 기술이 필요한 경우가 많아지므로, 공간 이동의 문제는 사회이동의 문제와 밀접하게 연관되어 있다. 이민 떠나기 전에 익혔던 기능으로 이민 간 국가에 공헌할 수 있도록 "포인트제"(자격을 점수화해서 고득점자의 이민을 허용하는 제도)를 도입하고 있는 나라도 있지만, 어느 나라에서나 고액의 보수를 받을 수 있는 고도의 전문직(의사나 변호사 등)이 아닌 한, 많은 경우에는 이민 가기 전의 일을 제대로 인정받지 못하기 때문에 이민 간 후에는 사회적 지위가 하락하고 만다. 일본인 연구자가 외국의 대학원에서 박사학위를 받더라도 일본에 귀국해서는 높이 평가받지 못하는 일이 예전에는 흔히 있었는데, 이것도 이민 전에 획득한 기능은 제대로 인정받기 어렵다는 일반적인 현상으로 설명할 수 있을

지도 모르겠다.

현대 문화인류학에서 "이민"이 중요한 주제가 된 이유는 이민 현상이 문화인류학의 연구 방법을 재고하는 중요한 계기가 되었기 때문이다. 내가 홍콩에 있었을 때 "계속 머무는" 것에 집착했던 것처럼, 문화인류학의 기본적인 방법은 한 장소에 머무는 사람들과 일정 기간 함께 생활함으로써 그들의 문화를 이해하고 기술^{記述}하는 것이다. 그러나 현실에서는 많은 사람이 세계 각지를 이동하며 여러 장소를 무대로 삼아 생활하고 있다. 이민 가는 사람들을 쫓아가다 보면 여러 장소에서 현장연구를 실시하게 되는데, 이 연구 결과를 책이나 논문으로 정리한 것을 "이동의 민족지^{multi-sited ethnography}"라고 한다.

그러나 이민 현상은 반드시 문화인류학의 특징적인 연구 대상이 아니며, 지금까지 이민 연구에서 사용되어온 이론이나 연구 틀의 상당수는 문화인류학 이외의 사회과학 분야에서 제안된 것이다. 따라서 이민이라는 주제를 연구하기 위해서는 이민 현상을 둘러싼 사회의 많은 측면에 주의를 기울이는 것이 중요하며, 이러한 종합적 시점이야말로 "문화인류학적"인 것이라고 할 수 있다.

2. 인구통계에 접근하기

우리가 연구 대상으로 하는 사람들이 어떤 사람들이고 어디에 얼마나 살고 있는가에 관한 정보는 연구를 실시할 때 기본이 되는 정보이며, 무엇보다도 이민 연구에서는 중요한 사실이다. 따라서 홍콩의 인구에 관한 기본적인 수치를 먼저 말해두고 싶다.

홍콩 정부가 행정에 관한 통계를 적극적으로 수집·연구하게 된 것은 1967년에 이를 위한 부서를 설치한 이후부터다. 1961년에 처음으로 본격적인 인구조사를 실시했고, 그 후 5년마다 중간조사 by-census, 10년마다 본격적인 인구조사census를 실시하고 있다. 이 장에서 제시하는 최신의 수치는 홍콩반환 이후 21세기에 들어 처음으로 실시된 2001년 조사에 근거한다. 그 이후의 변화에 흥미가 있는 독자는 홍콩특별행정구정부의 "정부통계처Census and Statistics Department" 홈페이지의 현시점에서의 최신 수치를 참고하길 바란다. 현재 홍콩의 공용어는 영어와 중국어 두 가지이므로, 어느 쪽이든 잘 이해할 수 있는 언어로 이러한 정보에 접근할 수 있다.

3. 홍콩인은 누구인가?

전후 1960년대부터 1970년대까지는 현재 홍콩의 인구구성이 만들어진 시기이다. 이 변화를 이해하기 위해 먼저 주목해야 할 점은 남녀의 구성비이다. 1931년의 인구조사에서는 84만 473명의 총인구 중, 남성은 48만 2,580명, 여성은 35만 7,893명이었다. 제2차 세계대전 이전의 홍콩은 명백하게 남성이 수적 우위를 점하는 사회였다.

결혼해서 정착하기보다는 중국 본토로부터 홍콩으로 혼자 오는 남성 이주노동자가 많았기 때문이다. 그러나 1966년의 중간조사 결과를 보면, 남녀의 수가 거의 일치한다. 당시의 총인구는 370만 8,920명이었고, 이 중 남성은 188만 870명, 여성은 182만 8,050명이었다. 2001년 현재의 총인구는 670만 8,389명이다. 20세기 후반에 홍콩의 인구가 많이 늘어난 것을 알 수 있다.

한편, 또 한 가지 주목할 점으로 주민의 출생지를 살펴보자. 1961년 인구조사에서는 홍콩에서 태어난 사람이 차지하는 비율이 47.7퍼센트로, 홍콩 이외의 장소에서 태어나 홍콩으로 이동해 온 사람이 더 많았다. 그러나 1966년의 중간조사에서는 역전되어, 홍콩에서 태어난 사람이 53.8퍼센트를 점하게 된다. 이민 현상을 고려할 때 일반적으로 사용되는 "1세(이민 온 세대)"와 "2세(1세가 이민 온 후 현지에서 태어난 세대)"라는 표현을 사용하면, 이 시기 홍콩은 중국 본토에서 태어난 1세가 정주定住하며 홍콩에서 태어난 2세를 키우기 시작한 시대에 해당한다고 생각할 수 있다.

이처럼 홍콩 출생인 중국계 사람이 이른바 "홍콩인"으로 현재 홍콩의 다수파를 구성하는 사람들이다. 그러면 이 사람들은 어떤 사람들일까? 인구조사의 수치상에서 흥미로운 점은 사용 언어의 비율이다. 1961년의 인구조사에서는 홍콩 전체 인구 중 영어를 일상어로 사용하는 사람의 비율이 1.21퍼센트, 광둥어를 일상적으로 사용하는 사람의 비율이 78.98퍼센트, 그 외의 중국어(방언과 "국어"인 소위 표준 중국어)를 일상적으로 사용하는 사람의 비율이 19.13퍼센트였다. 즉, 홍콩 사람들의 다수는 중국어 중에서도 방언인 광둥어를 사용하는 사람들이었다. 1970년대 이후에는 광둥어를 사용하는 사람의 비율이 늘어났다. 2001년에는 홍콩 출생자 중 98.3퍼센트가 광둥어를 일상적으로 사용하는 언어라고 답했다. 중국 본토 출생자인 1세는 자기 출신 지역의 방언을 사용했지만, 2세는 부모 세대가 중국의 어디에서 왔는지는 관계없이, 홍콩에서 태어나고 자라면서 홍콩의 공통어인 광둥어를 사용하게 된 것이다.

4. 외국에서 들어오는 이민자가 홍콩을 지탱하고 있다

그러나 주의할 점은 홍콩에서 태어난 사람들이 전체 인구에서 점하는 비율은 1971년부터 2001년까지 대략 50퍼센트에서 60퍼센트 사이에 머물고 있다는 것이다. 이로부터 홍콩 출생자인 홍콩인이 현재 다수를 점하고 있다고는 하지만, 홍콩은 변함없이 다른 곳에서 온 이민자에 의해 성립된 사회라는 점을 알 수 있다. 특히, 최근에 일어나고 있는 흥미로운 현상은 중국 본토 이외의 지역에서 온 사람들의 비중이 늘어나고 있다는 점이다.

  1991년의 인구조사에서는 홍콩 출생자의 비율이 59.8퍼센트, 중국 본토, 마카오, 그리고 대만 출생자의 비율이 35.6퍼센트였다. 2001년의 인구조사에서는 홍콩 출생자의 비율이 59.7퍼센트, 중국 본토 출생자의 비율이 33.7퍼센트가 되었다. 중국 본토 이외의 지역에서 온 사람의 비율은 4.6퍼센트에서 6.6퍼센트로 늘어났다.

이처럼 중국 본토 이외의 지역에서 온 사람의 수치는 "외국인" 인구를 가리킨다고 생각해도 좋을 것이다. 다음에는 비율이 아니라, 2001년의 인구조사에서 국적을 조사한 실제 수치로부터 외국인 인구를 국적별로 살펴보자. 많은 순부터 열거해보면, 필리핀인이 14만 3,662명, 인도네시아인이 5만 4,629명, 영국인이 2만 5,418명, 인도인이 1만 6,481명, 태국인이 1만 4,791명, 일본인이 1만 4,715명, 미국인이 1만 4,379명, 네팔인이 1만 2,379명, 파키스탄인·방글라데시인·스리랑카인이 합쳐서 1만 2,161명, 캐나다인이 1만 1,862명이다. 그리고 중국 국적자와 이상의 외국인을 제외하면, 기타에 속하는 외국인이 4만 9,150명이 있다.

필리핀인이나 인도네시아인이 많은 것은 1980년대 이후 동남아시아에서 많은 여성이 가사노동자로 일하러 왔기 때문이다. 홍콩에서 태어난 "홍콩인"이 자녀를 키우는 시대에, 많은 필리핀인과 인도네시아인이 홍콩인 가정을 위해 일한다는 점은 매우 흥미롭다. 아쉽게도 이 장에서는 지면상의 제약으로 인해 여성 가사노동자의 문제를 다룰 수 없지만, 미국인 인류학자 니콜 컨스터블Nicole Constable이 실시한 필리핀 여성 가사노동자 연구 등 문화인류학적 현장연구에 입각한 중요한 연구를 참고하면 좋겠다(Constable 2007).

5. 수치를 보고 가설을 세우다

앞선 절에서 2001년 현재 홍콩의 외국인 인구구성을 소개하고, "출생지place of birth"의 수치에 관한 이야기에서 "국적nationality"에 관한 수치 이야기까지 했다. 사실 여기에는 약간 복잡하게 얽힌 문제가 있다. "국적"에 근거한 인구수 자료가 확실한 것처럼 보이지만, 그것은 객관적으로 정할 수 있는 것이 아니다. 이 수치의 불명확함은 "민족"이라는 개념(제7장 참조)이나 민족에 관한 통계가 갖는 난점을 반영하고 있다. 우리가 의거하고 있는 2001년 홍콩의 인구조사에서는 국적에 관한 범주 이외에 "종족"이라는 범주, 즉 일본어로 "민족"이나 "에스니시티"에 해당하는 범주가 설정되어 있으며, 이것을 묻는 질문 항목도 있다. 홍콩의 인구통계에서 사용되는 단어의 정의를 소개함으로써, 민족을 둘러싼 문제를 지적해두고자 한다.

홍콩의 인구조사에서 말하는 "종족"은 사회적·문화적인 요소에 의해 정해지며, 응답자 자신의 자기규정에 따른다. 또한 "국적"도 응답자가 자신의 거주지·종족성·출생지에 근거해 대답하므로, 그 사람이 가진 여권상의 국적과 스스로 생각하는 국적이 일치하지 않을 수도 있다. 국적 취득의 여부나 여권을 조사해보면 가장 확실하겠지만, 일본의 국세조사國勢調査와 마찬가지로 개인이 자유롭게 응답한 내용이 인구조사 자료가 된다. 결국에는 "종족"도 "국적"도 응답자의 자진신고에 의한 것이다.

다만 자유응답이라고는 하더라도 완전히 자유롭게 대답을 할 수 있는 것은 아니다. 왜냐하면 통계적인 처리를 하는 이상 여러 가지 응답을 한 가지 형식으로 정리하지 않으면 안 되기 때문이다. 예를 들어, "국적"에 대해서 방문조사를 시행할 때, "나는 여러 나라의 국적을 동시에 똑같이 갖고 있다."라고 대답하는 사람이 있더라도 조사표에는 하나의 국적만 기재할 수 있다. 이렇게 하지 않으면 문자 그대로 "100퍼센트"의 조사가 될 수 없다. 응답자 각각 하나의 "국적"을 갖고 있다는 것을 전제로 조사를 설계하기 때문에, 여기서 벗어나는 대답을 입력하면 수치가 엉망이 되어버린다.

그러나 여기에서는 숫자에 서툰 인류학자가 편견을 갖고 통계상의 한계를 이야기하는 것에 그치지 말고, 오히려 수치로부터 자유롭게 상상력을 발휘해보자. 예를 들어, 2001년의 인구조사에서 "국적"의 수치와 "종족"의 수치를 비교해보면 재미있는 사실을 알 수 있다. "국적"의 상위에 올라 있는 나라에 대응하는 민족을 생각해보자.

중국 국적자는 전부 633만 8,762명이며, 여기에 대응하는 종족 범주인 "화인華人, Chinese"은 636만 4,439명이다. 즉, 민족적으로 "중국계"라고 생각하고 있는 사람의 수는 자신이 "중국 국민"이라고 생각하고 있는 사람의 수보다도 많다. 또한 민족적으로 "필리핀인", "인도네시아인", "영국인"이라고 생각하고 있는 사람의 수는 각각 14만 2,556명, 5만 494명, 1만 8,909명으로, "국적"상의 수치보다도 약간 적다. 이것은 아마도 "중국계 필리핀인", "중국계 인도네시아인", "중국계 영국인"이라고 불리는, 즉 스스로 그렇게 생각하고 있는 사람들이 홍콩에 있다는 것을 시사하는 것이 아닐까?

6. 홍콩의 신계 지구

나는 1991년 7월 홍콩을 처음 찾았고, 그 이후로 장기 유학 준비를 시작했다. 홍콩중문대학에 유학 가기로 한 결심은 호수를 보고 한눈에 반하며 한층 강해졌다. 대학생들이 없는 여름방학의 캠퍼스. 눈앞에는 물이 가득한 호수가 파랗게 빛나고 있었다. 아득히 멀리 떨어진 호수 반대편으로는 짙은 녹음을 뿜내는 산들이 바라다보였다. 나는 이런 경치가 마음에 쏙 들었다.

홍콩섬香港島(영국은 홍콩섬을 아편전쟁 중인 1841년에 점령하고, 1842년에 중국으로부터 할양받았다.)이나 주룽반도九龍半島(제2차 아편전쟁 후인 1860년에 영국이 할양받았다.)의 도심부 호텔에만 며칠 숙박하는 식의 홍콩 여행으로는 홍콩의 자연을 만끽할 시간이 없다. 그러나 홍콩의 산과 바다는 정말 아름답다. 홍콩중문대학은 도심부의 배후지에 해당하는 "신계新界"(1898년에 영국이 99년간 조차租借했다가, 1997년에 홍콩섬·주룽반도와 함께 중국에 반환했다.)라는 지역에 있다.

신계는 원래 농촌지역이었다. 현재는 논을 찾아볼 수 없지만, 산을 배경으로 군데군데 바나나 나무가 있는 밭이나 물냉이가 자라는 습지를 볼 수 있다. 멀리서 보는 것만이 아니라, 산이나 섬(신계에는 공항이 있는 란타우섬大嶼山[1]을 비롯해 200곳 이상의 섬들이 있다.)의 하이킹 코스를 걷다 보면 홍콩의 새로운 모습을 발견할 수 있다. 때때로 평야에 전통 건축양식으로 지어진 민가가 홀로 남겨져 있는 것을 보기도 한다. 이것은 마을 전체가 영국으로 이민을 가서, 문자 그대로 폐허가 되어버린 마을 터이다.

7. 신계에서 영국으로

신계에서 영국으로 떠난 이민에 대해서는 미국의 인류학자인 제임스 왓슨James L. Watson이 규모가 큰 일족一族(이 집안이 살던 마을은 폐허가 되지 않고 지금도 유지되고 있다.)에 초점을 맞춰 실시한 연구가 특히 유명하다(ワトソン 1996). 전후 신계에서는 중국에서 새롭게 유입된 이민자들이 원래 마을 사람들로부터 토지를 빌려 채소를 재배하기 시작했다. 도심부에서 근교에서 재배하는 채소에 대한 수요가 높아지고 동시에 수입미의 가격이 내리자, 예전부터 있었던 논이 밭으로 바뀌어갔다. 그러자 논농사를 그만둔 원주민들은 일자리를 찾아 영국으로 건너갔다.

이민의 동향을 설명할 때는 "방출요인push factor"과 "견인요인pulling factor"을 나눠 생각하면 편리하다. 쌀에서 채소로 상품작물이 변화했을 때, 원주민들은 채소 재배로 전환하지 못했다. 이것이 이들을

---

1   홍콩국제공항은 정확하게는 란타우섬과 도로 및 철도로 연결된 첵랍콕섬赤鱲角에 있다.

홍콩 외부로 밀어내는(방출하는) 요인이 됐다. 그리고 뒤에서 서술할 것처럼, 영국 내부에는 이들을 끌어당기는(견인하는) 요인이 있었다.

그러나 "일자리"의 경제적 측면을 설명하는 것만으로는 불충분하다. 법적·제도적 측면도 중요하다. 식민지의 통치기술과 인구조사, 민족 분류는 밀접하게 관련되어 있다. 영국은 신계를 조차한 이후, 인구조사를 실시해 조차 당시에 존재했던 마을을 특정하고 이 마을 사람들을 신계의 원주민(혹은 원거민元居民)으로 삼아, 그 이후에 신계로 들어온 사람들과 구별했다. 이로써 이들 신계 원주민은 영국 정부로부터 특권적인 지위를 부여받았고, 이들은 영국으로 이주할 때 식민지 정부의 행정관이 편의를 봐줄 여지가 있었다.

게다가 이 시절의 이민 흐름은 1948년 영국국적법의 개정 등 영연방Commonwealth이라는 커다란 정치적 단위에 의해서도 좌우되고 있었다. 1950년대에는 홍콩에서 영국령인 북보르네오, 브루나이, 사라왁 등 기타 영국령 지역으로의 이민도 활발하게 이루어졌다. 신계 사람들은 홍콩의 원주민으로서 신분을 증명하기 쉬워 영국 여권을 신청할 수 있었는데, 마찬가지로 영국 본토로의 이민도 쉬웠다(スケルドン 1997).

8. 영국의 중화요리점 비즈니스

그러면 영국으로 건너간 사람들은 어떻게 영국에 정착했을까? 신계와 런던을 잇는 네트워크에 착목한 제임스 왓슨의 연구에 드러나는 것처럼, 동향同鄉이나 친족의 연계를 따라 이민을 나가 같은 홍콩에서 온 이민자가 경영하는 중화요리점에서 일하며 생활에 필요한 소득을 얻었다. 경제적인 관점에서 보면, 당시 영국에서 일어나고 있던 중화요리의 인기, 그리고 이로 인한 노동력 수요가 신계 원주민 사람들을 영국으로 끌어당긴 요인이 됐다.

먼저 이민을 온 사람들에게 의지해 이들과 친족관계로 이어진 사람들이 이민을 오는 것은 세계 각지에서 나타나는 현상이다. 구슬을 꿰듯 이민이 일어나는 것에 빗대어, "연쇄이민chain migration"이라고 불린다. 앞서 이민 온 사람은 뒤에 도착한 동료에게 살 곳을 제공하고 일자리도 소개한다. 중국적인 표현방식으로는 "동향"이나 "동종同宗"("종宗"은 부계 쪽을 따라 올라가는 것을 지칭하며, 성姓이 같은 일족을 뜻한다.)의 관계가 "동업同業"의 관계도 된다. 타향에서 살아가는 것은 고향에서 살아가는 것보다 힘들기 때문에, 동료로서의 연대가 강하게 작동한다. 특히 에스닉 레스토랑은 노동집약형 비즈니스이므로 "연고주의nepotism"는 경영자에게도 도움이 된다. 급여나 잔업수당을 신경 쓰지 않고 장시간 일을 시킬 수 있기 때문이다.

같은 마을에서 온 사람들이 모여서 도시 속에 마을과 같은 공간을 형성해 생활하는 것도 세계 각지에서 찾아볼 수 있다. 중국인은 세계 각지에 "차이나타운"을 만들었다. 런던에도 시 중심부에 차이나타운이 있으며, 관광지로도 알려져 있다. 또한 영국의 중국인 사회에 특징적인 것은 중국인 이민자가 영국 각지에 흩어져 있으며,

생업이 중화요리 테이크아웃이나 케이터링 사업에 특화되어 있다는 점이다.

스코틀랜드의 외딴곳에도 적지 않은 수의 홍콩 이민자가 사는 것은 중화요리 비즈니스와 관계가 있다. 영국에 사는 중국인의 상당수가 경영하는 것은 자그마한 중화요리 테이크아웃 점포여서, 같은 장소에서 많은 고객을 기대할 수 없다. 게다가 이들 대부분은 전문적인 요리사가 아니라, 신계를 떠나 영국에 와서부터 이 일을 시작한 평범한 요리사이다. 이 때문에 이런 가게는 중국인이 많이 사는 거주 지역에서 떨어진 곳에서 일반 영국인을 고객으로 영업하기 위해 멀리까지 흩어지는 경향을 보이게 됐다고 한다(ベイカー 1997).

9. 개인에 주목하는 것도 필요하다

이상의 설명으로부터 "이민"이라는 흐름이 정치적·경제적·사회적·지리적 조건 속에서 매우 합리적으로 일어나고 있는 것처럼 생각될지도 모르겠다. 그러나 이 장의 첫 부분에서 소개했던 90살이 넘은 여성처럼, 매번 한 명 한 명은 이민을 갈까 말까라는 선택에 직면하고 있다. 개개인이 의식적으로든 무의식적으로든 자기 스스로 길을 선택하고 있다는 점을 잊어서는 안 된다.

세계 각지로 이민을 내보내고 있는 마을에 공통적으로 보이는 현상이지만, 이민이나 이주노동이 몇 세대에나 걸쳐 대규모로 이루어지고 있는 곳에서는 이민이 사람들의 생활양식으로 정착되어 있다. 젊은 남성이나 여성은 이민을 가지 않으면 한 사람의 몫을 하는 어른이 되지 못한다는 "통과의례"로서의 의미를 부여하는 경우도 있다.

나와 잘 알고 지내는 신계 원주민 남성은 젊은 시절 주위의 동년배 남성들이 영국으로 가기 때문에 자신도 당연히 가야 한다고 생각했지만, 부인과 자녀가 홍콩에 있기에 단념했다고 한다. 그의 부인은 같은 동네에서 자란 친구이기 때문에, 당연히 주변 남성들이 영국으로 이민 가는 것을 이해했지만, 자기 남편은 홍콩에 남길 바랐다는 것이다. 나는 그녀로부터 아이가 생기고 나서 부부의 관계가 더욱더 깊어졌다는 이야기를 몇 번이나 들었다.

10. 홍콩인 디아스포라?

최근 몇 년 사이, 세계 각지로 이민 간 상당수의 홍콩인은 홍콩인으로서의 독자적인 생활양식과 정체성을 유지하고 있다. 홍콩이 중국 본토로부터 분리되어 독자적으로 경제발전을 했던 시대에 자란 사람들은 "홍콩인"으로서의 자부심이 있다.

미국이나 캐나다 등 이민의 역사가 긴 나라에서는 새로운 중국계 이민자도 현지 사회에 섞여서 살거나 오래전부터 살아온 광둥성 사람들을 중심으로 한 이주민 사회에 합류할 것으로 생각할 수

그림 8-1 홍콩에서 온 이민자가 많이 사는 캐나다 브리티시컬럼비아주 리치먼드시의 쇼핑몰. 홍콩인에게 익숙한 "야오한ᄉᄇᄇ**2**은 도산한 지 20년 가까이 흐른 지금도 그 명칭이 사용되고 있다.

있다. 그러나 실제로는 새로운 이민자의 상당수는 홍콩인이어서, 이들은 홍콩과 똑같은 쇼핑몰이 들어온 교외와 같은, 자신들이 독자적인 생활을 영위할 수 있는 환경이 충분히 갖춰진 곳으로 이민간다. 이 때문에 주류 문화에 동화되기가 쉽다.

또한 일본처럼 홍콩에서 온 이민자가 적은 곳에서는 오히려 "홍콩인"이라는 의식이 강해진다. 1997년에 홍콩이 중국에 반환되자, 일본인은 홍콩인도 중국인이라고 생각하게 됐다. 이로 인해 일본에 사는 홍콩인 이민자도 최근 일본으로 많이 이주하고 있는 중국인

---

2 1929년 시즈오카현에서 채소가게로 출발해, 전후 사업을 확장하며 전성기에는 세계 15개국에서 백화점과 슈퍼마켓을 운영한 소매·유통업체. 무리한 사업 확장으로 1997년 도산했으나, 1984년에 진출했던 홍콩에서는 유통업체로서의 명성이 높았기 때문에, 중국계 유통업체는 슈퍼마켓의 대명사처럼 여전히 "야오한"이라는 명칭을 사용하기도 한다(일본 위키피디아 참고).

으로 인식되는 일이 흔하다. 결과적으로 일본에 사는 홍콩인은 도리어 홍콩인으로서의 의식이 강해졌다.

이민 간 홍콩인은 "홍콩계 캐나다인"이나 "홍콩계 일본인"이 되기보다는 현시점에서는 "홍콩인"으로서 해외에 머무는 것처럼 보인다. 내가 알고 있는 한, 해외에서 유학한 홍콩인은 가능한 한 홍콩으로 돌아와 일하고 싶다고 생각하고, 해외의 거주지에서 계속 살려고 하지는 않는 것 같다. 물론, 이주한 시기나 출신 계층, 가족의 이민 역사 등에 따라 홍콩이나 이민 간 곳에 대한 애착이 달라지며, 이들이 상상하는 "홍콩"의 모습도 다양할 것이다. 근래 들어 중앙정부의 영향력이 커지고 있어서, 중국과의 일체화에 대해 불안감을 느끼는 홍콩인 중에는 대만(중화민국)으로 이민 가는 사람도 적잖게 존재한다.

"회류回流"라고 불리는 이민의 흐름이 있다. 이것은 1990년대에 나타났던 현상으로 해외에 이민을 나간 홍콩인이 홍콩으로 귀환하는 현상을 지칭하는 말이다. 천안문 사건 이후, 반환에 대한 불안감 때문에 이민 갔던 사람들이 이민 간 곳에서 몇 년 정도 살다가 그곳의 시민권을 얻은 후에 경기가 좋은 홍콩으로 되돌아왔다. 그중에는 이민 간 곳에 가족을 남겨두고 혼자서 홍콩으로 되돌아와, 홍콩과 이민 나간 곳을 비행기로 분주하게 오가는 "타이콩렌太空人(우주비행사)"[3]이라는 이동 패턴도 있었다.

---

3   사전적인 의미는 우주비행사이지만, 홍콩에서는 특히 미국 시민권을 가지고 비행기로 홍콩이나 대만을 오가는 사람을 뜻한다.

시민권을 얻기 위해 캐나다에 3년간 머무는 것을 홍콩인은 "쵸우사우무린가무座三年監(3년간 감옥 생활을 한다.)"라고 부른다. 캐나다에 이민 가서 큰 집이나 대형 요트를 사고 홍콩에서는 불가능한 스키를 즐긴다고 하더라도, 오랫동안 홍콩에서 살았던 사람들에게는 캐나다에서의 생활이 어딘지 부족하게 느껴진다.

"여기는 우리의 장소가 아니다."라는 식의 불만은 영국에서 꽤 오랫동안 산 홍콩인들로부터도 들은 적이 있다. 겨울은 춥고 영국 음식은 맛이 없으므로 스스로 만들어 먹지 않으면 안 된다. 백인과의 생활습관의 차이나, 아시아인에 대한 차별도 분명히 존재한다. 한편으로, 싱가포르의 중화요리점에서 일하는 홍콩인 이민자로부터는 "여기는 매일 여름이라서 홍콩의 추운 겨울이 그립다. 홍콩에 돌아가고 싶다."라는 목소리도 들었다.

홍콩에서 태어나고 자란 세대는 홍콩에 돌아가면 자신이 잘 알던 세계에서 살면 된다. 그러나 이민 간 곳에서 나고 자란 이 사람들의 자식들은 홍콩 자체가 외국이다. "ABC(미국 혹은 오스트레일리아에서 태어난 중국인America/Australia Born Chinese)"나 "BBC(영국에서 태어난 중국인British Born Chinese)"라고 불리는 홍콩 이민자 2세, 3세가 홍콩을 어떤 식으로 체험하고 자리매김하고 있는지는 앞으로 매우 흥미로운 연구과제가 될 것이다.

영국의 사회학자 데이비드 파커David Parker에 따르면, 1989년부터 1990년에 걸쳐 20대 BBC가 수백 명이나 영국을 떠나 홍콩으로 돌아갔다고 한다. 이들은 영국의 노동시장에 매력을 느끼지 못하고,

광둥어 회화 능력, 친족 연줄, 영국식 교육을 받았다는 점을 이점으로 삼아 홍콩에서의 생활을 꾀했다. 또한 1997년까지는 영국 여권을 사용해 비자 없이도 12개월간 홍콩에 머무는 것이 가능했다. 이들 중 상당수는 신계에서 이민 온 사람들의 자손이므로, 주로 신계에 살면서 밤에는 홍콩섬의 환락가인 란콰이퐁이나 완차이에 모여 함께 유흥을 즐기며 "영국계 중국인"이라는 집단을 형성했다(Parker 1998).

마침 1990년대부터 이민 현상에 대해 자주 사용된 용어로 "디아스포라diaspora"가 있다. 이 단어는 원래 조국에서 쫓겨나 뿔뿔이 흩어진 유대인의 상황을 지칭하는 단어였지만, 유대인 이민자에 한정하지 않고 아르메니아인이나 쿠바인 등 조국을 떠난 이민자가 해외에 만든 커뮤니티를 가리키는 단어로 쓰이게 되었다. 중국인에게도 적용해 "화인 디아스포라Chinese diaspora"라는 말이 일본이나 해외에서도 사용되고 있다.

미국의 인류학자 제임스 클리퍼드는 일시적인 "여행"이나 개인적인 "망명"과는 달리, 고향을 떠난 사람들이 모여 살며 공동체를 만드는 것을 지칭하는 "디아스포라"라는 개념의 이론적인 가능성을 인정하고 있다. 그러나 다른 한편으로는 흑인 디아스포라에 대한 저작이나 유대인에 의한 반시오니즘anti-zionism 저작을 인용하며, 모국으로의 귀환을 운명적으로 생각하는 전제前提를 당연시해서는 안 된다는 점도 지적하고 있다(Clifford 1994).

2016년 현재, 홍콩에 사는 홍콩인 중 일부가 일종의 홍콩독립론을 활발하게 주장하고 있지만, 홍콩에 계속 거주하는 홍콩인과 홍콩을 떠난 홍콩인이 갖는 "홍콩인"이라는 인식이 반드시 홍콩인이라는 민족이 홍콩이라는 독립국가를 갖는다는 이상으로 귀결되지는 않는다. 클리퍼드는 앞서 인용한 글의 결론에서 "포스트식민지의 문화나 포스트식민지의 장소라는 것은 존재하지 않으며, 단지 존재하는 것은 이국적인 순간의 연속, 사람들의 다양한 생각, 여러 가지 학술적인 담론 등에 지나지 않는다."라고 주장했다(Clifford 1994: 328). 이 장에서 내가 서술한 이민에 관한 이야기도 그러한 "홍콩인 디아스포라"의 이야기 중 하나에 지나지 않을 것이다.

참고 문헌

スケルドン, R 1997「国際移動システムのなかの香港」R・スケルドン編『香港を離れて: 香港中国人移民の世界』可児弘明ほか監訳, 行路社, 31-74頁.

ベイカー, H・D・R 1997「全土にひろがる枝葉: 英国の香港中国人」R・スケルドン編『香港を離れて: 香港中国人移民の世界』可児弘明ほか監訳, 行路社, 445-470頁.

ワトソン, J 1996『移民と宗族: 香港とロンドンの文氏一族』瀬川昌久沢, 阿吽社.

Clifford, J. 1994. Diasporas. *Cultural Anthropology* 9: 302-338.

Constable, N. 2007. *Maid to Order in Hong Kong: Stories of Migrant Workers*. Second Edition. Ithaca: Cornell University Press.

Parker, D. 1998. Rethinking British Chinese Identities. In T. Skelton and G. Valentine (eds.), *Cool Places: Geographies of Youth Cultures*. London and New York: Routledge, pp. 66-82.

읽을거리

• 『移民の日本回帰運動(이민의 일본회귀운동)』, 前山隆, 日本放送出版協会, 1982年.

저자는 대학을 졸업한 후 브라질과 미국으로 유학을 떠난 이민 인류학자이자 이민 연구 인류학자 중 1세대이다. 이 책에서는 제2차 세계대전 이전에 브라질에 정착한 일본계 이민자의 역사적 경험을 "회생운동revitalizaton movement"이라는 틀을 사용해 분석하고 있다.

• 『文化境界とアイデンティティ: ロンドンの中国系第二世代(문화 경계와 정체성: 런던의 중국계 2세대)』, 山本須美子, 九州大学出版会, 2002年.

저자는 "문화 경계에서의 인간 형성"이라는 교육인류학의 문제의식으로부터, 런던의 20대 젊은이를 대상으로 1989년부터 1990년대에 걸쳐 인터뷰 조사를 실시했다. 이 책에서는 홍콩 신계 지역에서의 이민자를 포함해 영국의 중국계 이민자 2세의 정체성을 다루고 있다.

• 『"その日暮らし"の人類学: もう一つの資本主義経済』小川/さやか‖著 光文社 2016年. (오가와 사야카, 이지수 옮김, 2017, 『하루 벌어 살아도 괜찮아: 아프리카 도시민 사회에서 발견한 또 하나의 자본주의』, 더난출판사.)

2000년대에 탄자니아의 행상인에 대해 조사를 한 저자는 중국인 행상인이 늘어난 2010년대, 아프리카 상인이 홍콩을 거쳐 상품을 구매하러 가는 중국 광저우로 현장연구를 하러 갔다. 이 책은 분량은 얼마 안 되지만 현대의 이민 현상과 이민 연구의 최첨단을 보여주고 있다.

동아시아의 학생운동

오타 심페이

홍콩에서는 2014년 9월부터 12월에 걸쳐 선거제도의 민주화를 요구하는 데모가 널리 퍼졌다. 홍콩중문대학에서 시작된 수업 거부와 대학생과 고등학생의 정치행동은 사무실이 늘어선 간선도로를 오랜 기간 점거하는 큰 데모로 발전했다. 최루가스로부터 자신을 지키기 위해 사용하기 시작한 우산이 이윽고 데모의 상징이 되고부터, 현재는 이 시위를 우산혁명이라고 부르고 있다.

그 후, 우산혁명은 진정되는 것처럼 보였다. 그러나 참가자들이 해산했다고는 말할 수 없다. 진압되었다고도 말할 수 없는 것이 방법을 바꾸어 자신들의 주장을 전달하고 있기 때문이다. 이 젊은이들 사이에서는 1987년에 한국에서 실현된 민주화학생운동이 종종 거론된다. 한국의 대학생들은 군사독재정권으로부터 무력적인 탄압은 물론 사상적인 탄압을 받으면서도 운동을 이어갔고, 결국에는 결실을 거두었다. 젊은이들은 이런 한국의 대학생들의 성공 사례로부터 배우자고 이야기하곤 한다.

1987년의 한국에서도 1년 전에 있었던 필리핀 민주화 혁명이 학생들의 사기를 진작시켰다. 또한 과거에는 1960년대 일본의 안보투쟁4도 한국의 대학생을 지지하는 힘이 됐다. "민주화" 이전의 한국에서는 군사정권이 마르크스주의 서적을 시작으로 사상서를 금서로 지정했기 때문에, 대학생들은 활동의 실마리를 일본 서적으로부터 얻었다. 일본어를 공부한 적 없는 사람들도 한자를 한국어식으로 읽고 조사助詞인 히라가나를 기호로 외움으로써, 일본의 사상서를 닥치는 대로 읽었다.

예를 들자면 끝이 없지만, 운동은 국가와 도시를 초월하여 이어져 있는 셈이다. 애당초, 홍콩의 우산혁명에는 같은 해 3월 타이베이에서 일어난 입법부 점거사건(해바라기혁명)의 대학생들이 뛰어들어 지원했다.

동아시아 학생운동은 현재의 일본 대학생과도 관계가 없지 않다. 2015년 여름에

---

4 기시 노부스케岸信介(1896~1987) 정권은 1952년 미국과 체결한 안전보장조약을 상호주의적 원칙(기존 조약에 따르면, 일본은 미국에 군 기지를 제공해야 하지만, 미국은 일본을 군사적으로 방어할 의무가 없었다.)에 입각해 개정하고자 했는데, 전쟁의 참상을 여전히 기억하고 있던 일본 시민들은 이 조약의 개정으로 인해 일본이 다시 전쟁에 휩쓸릴 것을 우려해 조약 개정에 반대하는 시위를 벌였다. 이것을 안보투쟁이라고 부른다. 국회의사당 앞에서 연일 이어진 대규모 시위에도 불구하고 결국 안보조약은 기시 수상의 뜻대로 개정됐지만, 기시 수상은 정국 혼란을 초래한 데에 책임을 지고 사임했다.

대학생이 주도해 일본 각지에서 일어난 정권에 반대하는 데모도 SNS와 스마트폰 애플리케이션을 매개로 확산한 점에서 우산혁명과 방법이 비슷하다. 더 나아가, 일본의 대학생들이 공유한 게시물이나 트윗에는 홍콩의 학생들에게 계속 투쟁하라는 내용을 담은 것도 적지 않았다.

초국가주의

야에야마와
대만의 국경으로부터

가미즈루 히사히코

타이베이의 홍콩식 레스토랑 간판에 "배달음식 1번지出前一丁"라고 적혀 있다. 인터넷이나 교통망의 발달로 사람과 물건들이 이전에 비해 자유롭게 국경을 넘고 있는 것처럼 보이지만, 이런 시대일수록 거꾸로 국가의 강력함이 드러난다(2016년, 필자 촬영).

1. 국경을 넘어 생활하는 사람들

"국제인"이나 "글로벌 인재"라는 말을 자주 들을 수 있다. 영어를 구사하며 세계에서 활약하는 기업인, 본사를 국외에 두고 세계를 상대로 투자를 하는 자본가, 미국의 메이저리그에서 활약하는 야구선수, 유럽과 미국을 거점으로 하면서도 일본에서 활동하는 음악가, 할리우드에서 활약하는 배우 등등. 이처럼 자신과는 다른 세계에서 살아가는, 특별한 재능을 가진 사람들을 떠올릴 것이다.

한편 여러분은 자기 자신의 인생에 대해서 어떻게 상상하고 있는가? 일본에서 태어나, 일본의 학교에서 배우고, 일본의 회사에 취직해, 어쩌면 유학이나 직장 일로 외국에서 수년간 살게 되더라도, 기본적으로는 일본에 계속 살면서 일본의 어딘가에서 인생의 최후를 맞이하리라 생각할 것이다. "모국이 어디입니까?"라는 질문을 받으면, "일본"이라고 서슴없이 대답할 것이다. 이렇게 말하고 있는 나도 채 2년이 안 되는 기간 대만에 살았던 일과 해외에서 현장연구를 한 것을 빼면 계속 일본에서 살고 있다.

그러나 주변으로 시선을 돌리면 특별한 재능과는 관계없이 국경을 넘나들며 생활하는 사람들이 무수히 많다. 내가 아는 사람 중에는 부모님은 멕시코인과 한국인이고, 한국에서 태어나 고등학교까지 한국, 일본, 말레이시아에서 생활하다가, 현재는 일본의 대학원에서 공부하고 있는 사람이 있다. 부모도 세계 각지를 전전하고 있어서 앞으로도 어디에서 살지 모르며, "모국이 어디입니까?"라고 물어도 대답하기 어렵다고 한다.

팔라우에서는 이런 경험도 했다. 상점의 계산대에 다가가자 점원이 영어로 응대했다. 그러나 내가 일본인이라는 것을 알았는지, 갑자기 일본어로 "잔돈은……."이라고 말하는 것이었다. 내가 놀라자, 그녀는 필리핀 사람으로 예전에 일본에서 일한 적이 있으며, 그 후한 차례 필리핀에 되돌아갔다가 지금은 팔라우에서 일하고 있다고했다. 팔라우의 호텔에서 만난 마사지사는 중국 출신의 남성이었는데, 부인과 싱가포르에서 3년간 일하다가 일단 중국으로 돌아갔으나 앞으로 2년간은 팔라우에서 일할 계획이라고 했다. 나가사키현대마도는 규슈와 한반도 사이에 있는데, 대마도에서 거의 매일 이곳과 부산을 관광안내자로서 왕래하고 있는 한국인 여성을 알게되었다. 대마도와 부산을 오가는 쾌속선이 매일 다니기 때문에 많은 한국인 관광객이 대마도를 방문한다. 그녀는 대마도에서 1박이나 2박을 한 후 부산으로 돌아갔다가 바로 관광객을 이끌고 대마도로 오는 생활을 하고 있었다. 또한 기능실습생을 관리하는 지인의 할머니는 제2차 세계대전이 끝날 때 일본으로 돌아오지 못하고이전의 만주국(1945년 이전, 일본은 중국 동북부에 실질적으로 만주제국을 세웠다.)에 남겨진 잔류고아다. 지인은 중학교 때까지는 중국에서자랐고, 그 이후 일본에서 살기 시작했다. 일 때문에 한 달에도 여러 번 중국과 베트남, 일본을 비행기로 오가고 있다. 대만인인 친구는 더울 때는 성인인 자녀 부부가 있는 캐나다에서, 캐나다가 추운시기에는 따뜻한 대만에서 반년씩 보내는 생활을 십수 년째 계속

제9장 초국가주의

하고 있다.

　여기서 특정 국가에 대한 애착이 없는 사람, 한 나라에 정착해 사는 것이 아니라 여러 국가에서 일하는 사람, 국경을 일상적으로 빈번하게 넘나들며 하루하루의 생활을 영위하는 사람의 모습을 볼 수 있다. 교통망이나 정보망이 발달한 현대 사회에서는 자본이나 물건, 정보에 더해, 사람도 일상적으로 국경을 넘나드는 것이 가능해졌다. 이것은 한 나라에서 다른 나라로 일방향적으로 옮겨 가는 이민과는 다르며, 이동 그 자체가 일상적으로 이루어지는 쌍방향적이며 다각적인 월경越境에 해당한다. 이런 현상을 초국가주의 transnationalism라는 개념으로 논의할 수 있다.

2. 초국가주의 시대

(1) 국가를 넘나드는 움직임

초국가주의는 1990년대 후반부터 논의되기 시작해, 근본적으로는 출신 지역과 이주 지역이라는 두 세계에서 살아가는 이민자가 존재하며, ① 여러 나라의 국경을 넘나드는 현상, ② 장기간 계속되는 현상, ③ 규칙적이거나 빈번하게 나타나는 왕복운동, ④ 다원적 귀속의식 혹은 네트워크의 형성이라는 특징을 갖는다고 정리된다(上杉 2005). 대만인인 지인이 캐나다와 대만에 생활의 장을 갖고(여러 나라의 국경을 넘나드는 현상), 수십 년간(장기간 계속되는 현상) 왕복하고 있는 것(규칙적이거나 빈번하게 나타나는 왕복운동)은 초국가주의의 전형적인 예다. 당연히 대만에도 캐나다에도 가족이나 친족, 지인이 있어서(네트워크의 형성) 그는 양쪽의 생활을 즐기고 있다.

최근 초국가주의라는 개념이 조금 더 확장되고 있다. 화교나 화인이 세계 속에서 사업을 벌이는 모습을 연구한 논의에 따르면, 가족이나 일을 근거 삼아 국경을 넘나드는 사람들도 초국가적인 현상의 한 가지다(陳 2008). 부산과 대마도를 거의 매일 왕복하는 관광안내자나, 기능실습생을 찾아 중국이나 베트남을 돌아다니는 지인도 그런 사람 중 한 명일 것이다.

그렇다면 왜 초국가주의와 같은 개념이 필요할까? 이전에 "보통"이라고 생각하는 존재 방식을 살펴보자. 자국의 경제 활성화는 중요한 정책으로 경기가 좋아지는 것에 반대하는 사람은 없다. 호경기에는 국민의 수입이나 생활이 좋아진다고 믿기 때문이다. 그리고 그 국가라는 틀은 자신이 누구인지를 생각하는 데 중요한 근거가 된다. "모국이 어디입니까?"라고 질문을 받으면, 곧바로 "일본"이라고 대답할 수 있는 여러분에게 있어서, 일본이라는 나라는 여러분의 정체성 형성에 큰 위치를 차지하고 있는 셈이다. 성별이나 수입, 직업과 관계없이, 같은 국민끼리 자국 팀이나 자국 사람의 활약이나 승리에 기뻐하는 모습은 흔히 볼 수 있다.

국민은 똑같은 법률을 적용받으며, 똑같은 화폐와 서로 통하는 언어를 사용하며, 투표할 권리나 교육을 받을 권리 등을 국민으로서 동등하게 누리며 생활한다. 그리고 이런 것을 보장하는 것이 국가이다. 이처럼 정치적으로도 경제적으로도 문화적으로도 국가라는 틀은 우리의 생활과 밀접하게 연결되어 있다. 이러한 생활이 크게 바뀌는 계기는 생활기반을 다른 나라로 옮기는 이민을 갈 때다 (제8장 참조). 그렇지만 그 후에는 이민 간 국가의 시스템에 밀접하게 연결되어 생활하게 된다.

한편, 서두에서 말했던 투자자는 어떨까? 투자처는 절대로 자기 나라에만 한정되어 있지 않다. 때때로 출신 국가의 경제 상황이 나쁘면, 그곳의 주식이나 화폐를 팔아치우는 것도 마다하지 않는다. 따라서 자기 나라의 경제 상황에 따라 자신의 생활이 좌우되지 않는다. 싱가포르나 팔라우, 그리고 일본이나 팔라우를 오가며 살아가는 필리핀인이나 중국인도 마찬가지다.

이들의 생활은 특정 국가의 시스템에 밀접하게 연결되어 있지 않다. 자신의 상황에 맞춰 여러 장소를 전전하고 있으며, 어떤 장소와 영속적으로 관계를 맺는 식으로 생활하지 않는다. 한 연구자는 초국가주의적인 생활을 하는 사람들을 두고 "국경을 넘어, 서로 다른 문화와 사회제도 사이를 자유롭게 왕래하고 있다"(Brettell 2008: 120)고 말했다. "모국이 어디입니까?"라고 질문을 받으면 당혹스러워하는 지인은 어떤 의미에서 국가라는 틀에서 벗어나 자유롭게 지내면서 자신을 인식하고 세상에 대해 생각하고 있는지도 모른다. 이런 사람들을 파악하는 개념으로서 초국가주의가 제시되었으며, 국가 제도 안에서 드러나는 사람들의 생활이나 자기 인식, 국내에서의 민족 간 관계(예를 들어, 일본에서의 아이누나 오키나와 문제) 등을 국가라는 틀에 가둔 채 연구하던 관행을 수정해나가는 계기가 됐다. 사람들의 생활을 국가라는 틀 안에서만 생각해도 괜찮은가라는 문제를 제기한 것이다. 생각해보면, 현대 사회에는 국가에 포섭되지 않는 일이 얼마든지 있다.

난민, 관광객, 외국인 노동자처럼 국경을 넘나드는 사람들을 예로 들자면 끝이 없다. 인터넷의 발전으로 정보가 순식간에 세계를 건너 전해진다. 인터넷 산업이나 자동차 산업 등의 대기업은 국경과 관계없이 기술을 제공하고 이익을 얻고 있다. 또한 고도의 기술력을 가진 인재 중에는 인도에서 미국으로 소프트웨어 개발자로서 이주해 일하는 사람도 있다. 그리고 가사도우미와 같이 가사노동이나 고령자 돌봄 노동을 하러 많은 여성이 인도네시아나 필리핀에서 홍콩이나 대만으로 일하러 오고 있다. 게다가 세계 유수의 기관투자가나 중동 등의 석유자본 소유자는 일본의 주가나 환율에도 영향을 주고 있다. 더는 자본의 흐름을 한 국가에 붙잡아둘 수 없다.

그뿐만 아니라 SNS에 올린 동영상이나 사진은 순식간에 전 세계에 공유되어 사람들을 움직인다. 많은 사람이 정보를 발신하고 우리는 그 정보에 의해 타자를 알거나 오해하기도 하면서 세계에 대한 이미지를 형성한다. 또한 이것은 단지 정보의 공유에 그치지 않는다. 예를 들어 SNS를 통해 정부의 부정不正이 세계에 알려지기도 하고 젊은이의 데모 참가가 확산되기도 한다. 여기서는 단지 정보가 공유되는 것이 아니라, 인권이나 민주주의, 자유 등과 같은 사상도 국경을 넘어 확산된다. 그러나 이 개념이 각각의 맥락에서 이해되는 것은 두말할 나위도 없다. 일본에서는 국가가 있기에 비로소 민주주의도 성립한다고 간주하지만, 이것은 개인주의가 근저에 자리 잡은 구미歐美의 민주주의와는 다를 것이다.

인권이나 민주주의는 이민에 의해서도 확장된다. 구미 등지로 이민 간 사람이 자기 나라를 오가기도 하고, 모국에 남아 있는 가족이나 친구와 연락하기도 하는 가운데, 여러 나라에 이런 개념이 전해진다.

아르준 아파두라이(アパデュウライ 2004)는 1990년대 초에 이런 현상을 에스노스케이프ethnoscape, 테크노스케이프technoscape, 파이낸스스케이프financescape, 미디어스케이프mediascape, 이데오스케이프ideoscape라는 용어로 포착했다.[1] 국경을 넘나드는 현상에 대한 연구상의 관심은 이민에 한정되지 않고 정치적 참여, 사람이나 물건과 지역 간의 연계, 자본의 유통 등과 같이 정치적·경제적·문화적·사회적 존재 방식에까지 확대됐다. 여기서는 일방향적인 이동이 아니라 여러 지역을 생활의 장으로 삼아 그 사이를 오가는 사람들이 초

---

[1] 문화인류학자인 아르준 아파두라이Arjun Appadurai는 『Modernity at Large: The Cultural Dimensions of Globalization』(1996)에서 세계화의 새로움을 설명하기 위해 위와 같은 용어를 제안했다. 이 책은 2004년에 『고삐 풀린 현대성』으로 번역됐다. 번역본의 역자들이 미주에 이 용어들에 대한 유익한 설명을 덧붙였는데, 독자들의 이해를 돕기 위해 이것을 인용해둔다. "-scape가 풍경을 뜻하는 접미사이므로, 대략 '인종적 풍경', '매체의 풍경', '기술의 풍경', '재정적 풍경', '이념의 풍경' 정도의 의미가 있다 보면 무방할 것이나, 저자의 고유한 용어이므로 원어 그대로 쓰겠다. '풍경'은 저자가 즐겨 쓰는 용어인데, 이는 '인종', '매체', '기술', '재정', '이념'이 갖는 고정적이고 초시간적인 측면을 제거하고, 그것이 풍경처럼 세부적인 요소들의 집합으로 존재하는 일시적이며 유동적인 상태를 표현하기 위한 것으로 보인다."(아파두라이, 아르준. 차원현·채호석·배개화 옮김. 2004. 『고삐 풀린 현대성』. 현실문화연구. 348~349쪽). 다만, "인종적 풍경"보다는 "민족적 혹은 종족적 풍경"이, "재정적 풍경"보다는 "금융적 풍경"이 좀 더 적절한 직역이라고 생각한다.

래하는 새로운 사회적·문화적 영향에 주목한다.

(2) 넘나들기를 허락하지 않는 국가

하지만 "국경을 넘어 다른 문화와 사회 시스템 사이를 자유롭게 왕래"하기는 쉽지 않다. 많은 연구자는 초국가적인 현상이 사람들에게 국가의 존재를 새롭게 인식하게 하며, 국가와 국경을 넘나드는 사람과 물건, 정보, 자금 사이의 다툼을 초래한다고 지적한다.

　여러분은 자주 구글google로 검색할 것이다. 그러나 중국에서는 그럴 수 없다. 중국 정부가 구글의 사용을 제한하고, 나아가 지메일 Gmail도 이용할 수 없도록 했기 때문이다. 인터넷은 초국가적인 활동을 뒷받침하는 기본적인 도구이지만, 정보의 자유로운 발신은 국가 입장에서 결코 좋은 일이 아니다.

　사람의 이동도 마찬가지다. 독일은 난민을 적극적으로 받아들였고 이민에도 관용적이었다. 그렇지만 유럽 내부에서 연이어 발생한 테러로 인해 사람의 자유로운 이동이 내포하는 위험성을 일반 사람들이 느끼게 됐고 오해하기도 했다. 결과적으로 난민이나 이민의 수용에 대해 제한을 설정하려는 움직임이 활발해지고 있다. 또한 이미 설명했듯이, 자본의 자유화는 국가도 통제할 수 없는 돈의 흐름을 만들어내기 때문에, 각국 정부는 무한정 자본의 유입을 인정하고 있지는 않으며, 오히려 이로 인한 영향을 받지 않도록 제한을 강화하기까지 한다. 일본에서 활동하면서 본사만 외국에 두는 투자기관에 대해 "세금 도피"를 막으려는 대책을 세우는 움직임도 있다. 2016년에는 세계의 많은 기업이나 개인들이 케이맨제도 Cayman Islands처럼 세금을 면제해주거나 크게 경감해주는 조세회피처 tax heaven를 이용하고 있다는 보도도 있었다.

정보든지 사람이든지 자본이든지, 국경을 넘어 자유롭게 왔다 갔다 하는 것은 국가 입장에서 전적으로 환영할 만한 일은 아니며, 자유가 허용되는 범위가 넓어지면 넓어질수록 국가의 개입이 일어나고, 국가에 의한 규제와의 힘겨루기가 발생한다. 여기서 국가가 갖는 의미가 한층 커진다.

한국 국적을 가진 자이니치在日 코리안[2] 2세인 지인은 일본어도 한국어도 능숙하게 구사하며, 일 때문에 한국과 일본 사이를 매일같이 왕복하지만, 일본에서는 "자이니치"라고 불리며, 한국에서는 한국 국적을 갖고 있더라도 그를 제대로 된 한국인으로 생각하지 않는다고 한다. 한국에 사는 한국인과 똑같은 권리를 갖고 있지도 않고, 일본에서 선거권이 있는 것도 아니다. 그는 국가라는 체제를 강하게 비판하며, 국가를 의심하지 않은 채 살아가는 사람에 대해서도 의구심을 갖는다. 또한 여러 나라에서 살아본 경험이 있는 지인은 일본인이라는 입장에서밖에 현상을 생각하지 못하는 사람을 두고 비아냥거린다. 세계 각지의 일본 요리는 제대로 된 것이 없다

---

2 일제시대에 일본으로 이주했다가 해방 후 한반도의 혼란 등으로 인해 일본에 계속 체류한 사람들과 그 후손들을 뜻한다. 재일교포, 재일동포, 재일한국인, 재일조선인, 재일한국·조선인 등 민족적 동질성과 모국과의 관련성을 강조하는 이름으로 불리기도 하지만, 이 책에서는 이들이 일본에 영주하는(자이니치在日) 종족집단(코리안)이라는 점을 강조하기 위해 자이니치 코리안이라는 명칭을 일관되게 사용하고 있다. 자세한 내용은 이 책의 제10장을 참조하면 된다.

고 하면서, 일본에 있는 각국 요리의 기묘함에 대해서는 무심한 모습을 보인다며 말이다.

부산과 대마도를 오가는 한국인 관광안내자는 일본어에도 능숙해서 대마도에서의 활동에 전혀 곤란한 일이 없는 것처럼 보인다. 그렇지만 대마도라는 사회에 주목해보면 그렇지만도 않다. 한국인 관광객을 좋게 보지 않는 대마도 사람들도 있으며, 한국인이 가게에 들어오는 것을 사실상 거부하는 가게도 있다(제11장 참조). 그녀는 "한국인 혐오"라는 현실에 부딪히기도 한다. 매일같이 각국을 오가며 일을 하더라도, 민족 차별이나 출신 국가에 대한 편견에서 해방되는 것은 아니다. 오히려 국가의 존재와 국경이 가지는 제한을 매일매일 느낀다.

따라서 다른 문화와 사회 시스템 사이를 "자유롭게 왕래"한다는 것은 일종의 환상이라고도 할 수 있다. 특정 장소에 묶여 있지 않은 세계의 출현으로 국가주의nationalism로부터 자유로워진 것처럼 보여도 실상은 그렇지 않다. 오히려 국경을 자유롭게 넘나들거나 국가주의를 넘어선다는 초국가주의의 이미지는 현실에서 눈을 딴 데로 돌리게 하고, 실제로 한 국가의 규제나 차별 문제, 자국 중심적인 관점을 충분히 인식하지 못하게 할 가능성이 있다. 지금까지 초국가주의의 논의에서는 초국가적인 현상이 개개의 사회에 어떤 영향을 미치는지, 국경을 넘는 사람들이 어떤 정체성을 가졌는지 등의 문제를 논의했다. 그러나 최근에는 다시금 국가라는 제도가 사람들을 어떻게 규제하며, 이런 문제에 어떤 식으로 개입하는지, 그

제9장 초국가주의

리고 국가를 넘으려고 하는 사람들과 국가 사이의 갈등이 중요한 과제가 되고 있다. 따라서 다음 절에서는 이시가키시石垣市, 다케토미정竹富町, 요나구니정与那国町이 있는 오키나와현 야에야마八重山제도와 대만과의 사이에서 국경을 넘나들려고 시도한 활동을 사례로, 알게 모르게 개인이 국가라는 틀에 포섭되고 있는 상황을 소개하려고 한다.

3. 야에야마와 대만과의 왕래

(1) 야에야마와 대만의 역사적 관계

야에야마는 일본에서 대만과 가장 가까운 곳(이시가키시는 약 250킬로미터, 요나구니정은 약 100킬로미터 떨어져 있다.)으로, 야에야마와 대만 동부의 자치단체 사이에는 교류가 활발하게 이뤄지고 있다. 요나구니정과 화롄시花蓮市가 1992년에, 이시가키시와 쑤아오진蘇澳鎮이 1995년에 자매도시 제휴를 맺고 교류를 진행하고 있다. 이 배경에는 전전부터 전후를 통틀어 야에야마와 대만 사이에 인적·물적 왕래가 빈번하게 이뤄진 것이 자리하고 있다(南山舎 2011).

1895년에 일본이 대만을 식민지화한 이후, 야에야마와 대만 간의 왕래가 활발해졌다. 예를 들어, 야에야마의 여성 중에는 내지인內地人(일본의 식민지에서는 일본 본토 출신인 일본인을 이렇게 불렀다.)의 예의범절을 몸에 익히고, "국어(일본어)"를 배우기 위해 대만의 내지인

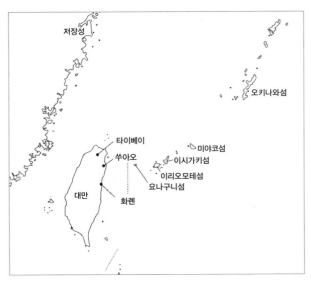

그림 9-1 대만과 야에야마

가정에서 가사도우미로 일한 사람도 있었다. 또한 야에야마 사람이 크게 다쳤을 때 데리고 가는 곳도 대만이었다. 이시가키에 사는 한 남성이 말에서 떨어져 골절상을 입었을 때도 대만제국대학(전전 일본에서는 국립종합대학을 "제국대학"이라고 불렀다.) 의학부 부설 병원으로 보내졌다.

요나구니에서는 개인 소유의 어선으로도 네 시간 정도면 대만에 도착할 수 있었다. 당시를 기억하는 사람에 따르면, 요나구니에서 일본 본토로 우편을 보낼 때도, 당시 대만과 오키나와섬에서 취항하고 있던 선박의 능력이나 우편 편수의 차이에 따라 오키나와섬을 경유하는 것보다도 대만을 거쳐 보내는 편이 일찍 도착했다고 한다. 이 때문에 어선으로 조업에 나서는 지인에게 우편물을 부탁하곤 했다. 또한 집에서 키우고 있던 돼지를 배에 태우고 대만에 가서 팔고, 그 돈으로 일용품을 사서 돌아오기도 했다.

한편 대만 사람들이 야에야마에 이주해 살기도 했다. 예를 들어, 이시가키에 물소를 도입해 경작 노동의 질을 바꾼 것은 대만 사람들이었다. 또한 이시가키에는 현재 파인애플 산업이 활발한데, 파인애플은 대만 사람에 의해 전해진 것이다(松田 2004). 이리오모테섬西表島에는 전전에 탄광이 개발되었는데, 대만 사람도 여기에서 일했다(三木 1996). 같은 시기, 1,000명 이상의 대만 출신자가 야에야마에 살고 있었다고 한다(森 1984).

하지만 1945년 일본의 패전으로 인해, 대만 동부와 야에야마 사이에는 국경선이 그어졌고, 직접적인 왕래는 법률상 불가능하게 됐다. 그렇더라도 실제로는 생활용품을 중심으로 하는 밀무역을 포함해 다양한 형태의 왕래가 이루어졌다. 오키나와에서는 재일미군在日美軍 기지에서 흘러나오는 물건(담배, 캔, 총탄 등)이, 대만에서는 사탕 등의 일용품이 교환됐다(小池 2015). 밀무역은 종전 직후부터 1949년까지 활발하게 이뤄졌으며, 오키나와가 미국의 통치 아래 들어간 1951년에는 거의 자취를 감췄다.

요나구니는 이런 밀무역의 중계기점으로 번성했다. 면적 약 29제곱킬로미터인 토지에 현재 인구의 약 15배에 해당하는 1만 7,000명 정도가 살았다. 요나구니의 어촌에 해당하는 구부라항久部良에는 밀무역 종사자를 상대로 하는 여관과 술집, 영화관이 늘어서 있었고,

달러나 대만 화폐, 일본 화폐가 동시에 사용됐다. 밀무역에 관여한 사람은 한정되어 있었지만, 일상생활에 미치는 영향이 커서, 일반 사람도 지금까지 이 일을 기억하고 있다.

무역항이 없어진 후에도 야에야마와 대만을 매일매일 왕래하며 물건을 매매하는 사람, 대만에서 야에야마로 와 파인애플 공장에서 일하는 여공, 사탕수수의 수확을 위해 대만에서 온 노동자, 대만에서 야에야마로 이주한 사람들의 대만과의 왕래가 계속됐다. 덧붙이자면, 파인애플 공장에 대만 사람이 많았을 때는 700명 정도가 일했는데, 이들 대부분은 여성이었다(国永 2011). 센카쿠열도 부근에도 대만으로부터 많은 어선이 와 조업을 했다. 어장에서 대만 사람인 어민과 야에야마의 어민이 서로 담배를 나눠 피우는 일도 있었다.

이러한 관계는 1972년의 오키나와 반환을 계기로 크게 바뀌었다. 오키나와 반환 때문에 대만과 오키나와, 야에야마 사이의 경계는 "유연한" 것에서 "고정적인" 것으로 바뀌었다(西村 2017). 센카쿠열도 부근에서의 대만 어선의 조업은 단속의 대상이 되어 서서히 어렵게 됐고, 나포되는 배도 나왔다. 대만과 야에야마 사이의 바다는 가깝지만, 간단히 건널 수 없는 바다가 됐다. 한마디로 말하자면, "연결하는 바다에서 가로막는 바다"로 바뀌었다(西村 2017). 영토의 문제가 생긴 것이다(嵒下 2014).

이런 와중에도 1979년경까지 대만과 요나구니 사이에서 밀무역을 했던 사람이 있었다. 이 사람이 말하기를, 가난했기 때문에 다른 일의 희생을 감수하더라도 밀무역을 할 수밖에 없었다고 했다. 또한 오키나와의 대만 출신 화교를 연구하고 있는 야오 쇼헤이八尾祥平는 오키나와의 화교와 대만 사람 사이의 밀무역은 1980년대까지 이뤄졌다고 나에게 이야기해줬다.

한편, 합법적으로 왕래하는 사람도 있었다. 야에야마에 이주한 대만 출신인 화교나 화인 중에는 이른바 떠돌이 장사꾼担ぎ屋으로 불리는 사람들이 있었는데, 대만과 야에야마·오키나와 사이에서 상품을 운반하고 판매하면서 생계를 이어갔다. 내 지인인 화인 2세의 어머니도 그런 사람 중 한 명이었다. 행상으로 사는 생활은 다음과 같았다고 한다.

첫째 날, 이시가키에서 대만의 지룽基隆에 도착. 일본에서 가져온 상품을 팔아, 대만의 상품을 구매함.

둘째 날, 지룽에서 이시가키에. 대만에서 들여온 물건을 주로 화교나 화인에게 판매함.

셋째 날, 이시가키에서 나하那覇로. 대만에서 들여온 물건을 판매하고, 일본 상품을 구매함.

넷째 날, 나하에서 이시가키에. 나하에서 산 상품 중 일부를 판매함.

다섯째 날, 다시 이시가키에서 지룽으로.

도중에 이시가키의 자택에서 쉰 적도 있었지만, 지인의 기억에 따르면 나가 있었던 때가 대부분이었다고 한다. 야에야마 매일신문사의 기자였던 마쓰다 요시다카^{松田良孝}에 따르면, 이런 사람이 이시가키에 적어도 열 명 이상 있었다고 한다.

한편 화교와 화인에 대한 차별도 존재했다. 물소를 도입했을 때는 이시가키의 토지 중 상당 부분이 대만 사람의 소유가 될 것이라며 야에야마 사람들이 반발했다. 또한 사탕수수를 수확하기 위해 온 대만 사람들을 보고 "가난하다", "낙후되어 있다"고 생각했던 야에야마 사람도 적지 않았다. 야에야마에는 대만 출신자를 멸시하는 표현으로 "타이와나^{タイワナー}"라는 말도 있다. 고등학교 시절에 사귄 여자 친구의 부모가 대만 출신이었는데, 이 사실을 알고 무의식적으로 '타이와나구나.'라고 생각했던 일로 자신의 차별의식을 깨달았다는 이시가키 사람도 조사 도중에 만날 수 있었다.

그리고 현재에도 대만과의 월경^{越境} 경험은 시간을 뛰어넘어 야에야마 사회에 영향을 주고 있다. 그중 한 가지는 이 절의 앞부분에서 소개한 자매도시 제휴이다. 또한 2000년을 전후로 한 시기부터, 월경의 기억을 경험자에게서 들은 사람들은 이구동성으로 지역진흥책의 한 가지로써 대만과의 경제적 연계의 필요성을 말했다. 요나구니정은 자매도시인 화롄시청에 연락사무소를 설치하고, 2007년 5월부터 반년에 걸쳐 직원을 파견하기도 했다. 재해 발생 시 긴급대응을 위해 요나구니를 대만과 자유롭게 왕래할 수 있는 특구^{特區}로 지정해달라고 신청한 적도 있었으나 결과적으로는 받아들여지지 않았다. "옛날처럼 왕래할 수 있게 되면 지역이 번영할 것이다.", "따라서 국경은 장애물에 불과하다.", "거리가 가까우니, 더 빈번하게 왕래했으면 좋겠다."라고 내가 말해주었다. 지금은 약 110킬로미터 떨어진 대만에 가려면 나하를 경유해서 가야 하므로 약 1,400킬로미터를 가야 한다.

또 한 가지 큰 영향으로, 야에야마로 대만인 관광객의 유치가 촉진됐다는 점을 들 수 있다. 대만에서 이시가키시에 크루즈선이 내항하면서 이시가키시는 일정 정도의 경제적 효과를 내고 있다. 2015년 현재, 이시가키시에는 일본 국내에서 95만 1,000명이 방문하는 것과 비교해, 국외에서는 19만 4,000명이 찾아오는데, 이 사람들의 대다수는 대만 사람이다.

(2) 국경을 넘지 못하는 정보

대만과 야에야마의 관계는 지리적으로 가깝고 역사적으로도 관계가 길어서 여러 가지 면에서 교류가 있지만, 정보는 국경을 그렇게 쉽게 넘지 못한다. 사람이나 물건과는 달리 정보라면 인터넷의 발전으로 국경을 가장 간단히 뛰어넘을 수 있다고 생각하겠지만, 사실은 그렇지 않다는 것을 대만 사람의 야에야마 관광 사례에서 살펴보자.

야에야마 메밀국수를 둘러싼 상징적인 사건이 있다. 1990년대 후반, 야에야마 사람들이 대만 관광객 50명을 맞이하기 위해, 환영의 의미로 지역의 명물 요리인 야에야마 메밀국수를 대접했다. 그렇지만 대만 사람들은 그 요리에는 손도 대지 않고 슈퍼마켓에서 참치 생선회나 초밥 도시락을 사 먹었다. 지역 사람들은 대만인 관광객들이 자신들의 호의와 전통문화를 무시했다고 생각해 불평했다. 이러한 마찰은 지금도 있다.

토산품에도 비슷한 마찰이 존재한다. 요나구니를 방문한 대만인 관광객 중에는 일본적인 토산품(예를 들어 약이나 자전거)을 원하는 사람이 많이 있다. 따라서 나하에서 여행대리점을 경영하는 대만인 화교는 대만인 관광객의 행동을 알게 된 후 요나구니 사람들에게 약이나 자전거를 판매하라고 강하게 권했으나, 요나구니 사람들은 "지역 상품을 판매하고 싶다"며 이런 제안을 받아들이지 않았다. 나는 대만인 관광객이 구매한 물품의 영수증을 본 적이 있는데, 이들은 잇몸 염증에 효능이 있다는 치약인 아세스アセス 같은 일본 약품이나 제과회사인 에자키 글리코가 만든 포키ポッキー와 같은 과자류, 다시마 등을 샀다.

그림 9-2 유람선의 사진 촬영 서비스(2012년, 필자 촬영)

제9장 초국가주의

[그림 9-2]에서와 같이 크루즈선이 이시가키항에 도착할 때 승객을 대상으로 사진 촬영 서비스를 실시하곤 한다. 간편하게 입을 수 있는 기모노의 일종인 유카타와 비슷한 차림을 한 여성과 함께 기념사진을 찍을 수 있다. 유카타는 이시가키의 전통의상과도 다르고 일본인이 보기에 위화감을 느낄 법하지만, 이것이 대만인 관광객 사이에서는 일본적인 것으로 소비되고 있다.

이상의 사례에서 공통으로 드러나는 점은 야에야마를 일본의 일부로 바라보는 대만 쪽의 관점과 자신들을 일본 문화의 판매자가 아니라 야에야마 문화의 판매자로 간주하는 지역 사람들의 의식 사이에 간극이 존재한다는 것이다.

야에야마는 일본 본토와는 다른 문화를 갖고 있다는 인식이 있다. 그리고 이러한 차이를 장점으로 내세워 일본 본토 사람들에게 관광문화로 선전해왔다. 야에야마에서는 일본 본토의 일본식 식당에서 제공되는 생선회가 아니라, 야에야마 메밀국수나 특유의 튀김, 채소와 두부를 볶은 오키나와 요리인 찬푸루チャンプル, 파인애플 등 섬에서 나는 과일, 섬에서 나는 고추기름을 사용한 요리, 이시가키 쇠고기 스테이크 등을, 야에야마제도를 배로 돌아보며 아름다운 바다에서 여유 있는 시간을 보내길 원하는 일본 본토에서 온 관광객들에게 제공한다. 이것이 야에야마다운 것이며, 일본 본토에서 온 관광객은 이런 것을 찾아 야에야마에 오는 것이다.

그러면 왜 야에야마의 이런 모습은 대만에서 올바르게 받아들여지지 않는 것일까? 블로그나 SNS로 정보가 전해지긴 하지만, 텔레비전이나 신문, 지역 잡지에 소개되는 것은 도쿄, 오사카, 교토, 홋카이도 등의 일본적인 상품 정보가 대부분이다. 구체적으로는 벚꽃이나 단풍, 디즈니랜드, 생선회나 튀김, 초밥이 이런 것에 해당한다. 몇 번이나 일본을 방문한 적이 있는 대만 사람을 제외하면, 대만인 중에는 일본에 대해 이러한 이미지를 가진 사람이 많다. 일본인이 대만을 생각할 때, 대부분 중화요리나 발 마사지, 차^茶, 야시장을 떠올리는 것과 큰 차이가 없다.

한편, 야에야마에 대한 이미지라고 하면 거의 아무것도 떠올릴 수 없다. 대만에서 야에야마의 문화가 대대적으로 다뤄지는 일은 그렇게 많지 않다. 야에야마와 가장 가까운 자매도시 화롄에서도 "이시가키나 요나구니라는 지명은 들어본 적 있지만······."이라는 정도의 반응이 대부분이다. 이시가키에 도착해서 "(오키나와현의 현청 소재지인 나하에 있는) 국제거리^{国際通り}가 어디예요?"라고 묻는 대만인도 있다.

즉, 야에야마 메밀국수와 같이 야에야마가 독자적인 문화를 갖고 있다는 이미지는 대만에서 거의 알려지지 않았다. 대만인 관광객이 찾는 것은 대만에 알려진 일본적인 물건이지, 야에야마의 물건이 아니다. 그들로서는 야에야마에 오는 것이 아니라 일본에 오는 것이다. 따라서 그들이 먹어보고 싶은 것은 야에야마 메밀국수가 아니라 일본식 메밀국수나 우동인 것이다.

그렇지만 야에야마 사람들은 대만에서의 이러한 사정을 알지 못한 채, 야에야마를 일본의 일부분이라고 보는 대만인 관광객을 이해하지 못한다. 이로 인해 양자 사이에 어긋남이 생긴다. 야에야마 사람들은 대만이 거리가 가까워서 도쿄 같은 일본 중심지보다 대만 문화를 더 잘 안다고 생각하고 있었다. 이것은 지리적인 근접성과 오랜 기간 교류해온 역사에 근거한 것이었지만, 이러한 이해는 단지 지레짐작에 지나지 않았던 셈이다.

좀 더 사례를 소개해보자. 1980년대, 1990년대에 대만에 여행을 다녀온 야에야마 사람 중에는 이때의 기억을 근거로 "택시가 지저분했다", "도로가 울퉁불퉁했다"고 말하는 사람이 있다. 여기에는 대만을 개발도상국으로 보는 이미지가 강하게 작동하고 있다. 대만 사람은 소매치기를 한다고 말하는 "대만 전문가台湾通"도 있었다. 이 때문에 요나구니에서 시험적으로 대만인 관광객을 유치한다고 했을 때, 내게 진지한 얼굴로 "가게에 점원이 두 명 이상 있는 편이 좋을까요?"라고 상담을 요청한 사람도 있었다. 나중에 대만 사람들이 왔을 때, 그녀는 "대만 사람도 보통 사람이네요."라고 말했지만 말이다. 자매학교와 교류하러 대만에 다녀온 야에야마의 중학생들은 대만이 발전했다는 것을 알고 놀란다. 그러나 이러한 직접적 경험을 하지 않는 한, 대만은 일본과는 달리 여전히 낙후된 개발도상국이라는 인식이 야에야마 사람들 사이에 널리 자리 잡고 있다.

이처럼 아주 쉽게 국경을 넘을 수 있다고 생각되는 정보조차도 국가의 안과 밖에서는 크게 다르다. 야에야마와 대만의 거리가 지리적으로 가깝고, 오랜 교류의 역사를 갖고 있으며, 사람들의 왕래가 있었다고 하더라도, 국경이라는 벽은 높고 우리가 알 수 있는 정보는 한정되어 있다. 국가의 영향을 강하게 받고 있기 때문이다.

이 책의 "서장"에서 서술한 것처럼 학생이 인터넷에서 얻는 동아시아에 대한 이해는 "한국인은 반일적이다."라는 것과 같이 일본 측의 관점에서 본 일면적인 이미지에 지나지 않는다. 따라서 야에야마와 대만 사이에 있는 정보의 간극은 결코 남의 일이 아니다. 국가라는 것이 우리에게 밀착되어 있어서다. 가장 국경을 넘기 쉬운 것 같은 정보조차도 이런 상황이므로, 국가의 영향으로부터 사람이 사람과 자유롭게 왕래하는 것이 얼마나 어려울지 쉽게 상상할 수 있다.

4. 자신에 대한 시선

월경에 오래전부터 주목했던 도코로 이쿠야床呂郁哉는 국경 바로 옆에서 살아가는 사람들은 국경이 자신들의 활동을 제한하는 것으로서 실제로 존재한다고 느끼고, 그에 따라 다양한 시도를 하며 자유롭게 국경을 넘어서려고 한다고 지적했다(床呂 2006). 앞서 설명한 요나구니정의 특구 신청이 바로 그런 시도였다. 그리고 국경 옆에서 살아가지 않거나 여러 형태로 국경을 빈번하게 넘나들며 생활하는 사람들도, 국경의 존재를 실감하는 만큼이나 똑같이 국경에 대해 비판적인 생각을 갖고 있다. 이들은 국가에 안주해서 사는 사람이 눈치채지 못하는 "국가가 존재하는 것의 부자유로움"을 이야기하며 "국가를 의심하지 않고 살아가는 사람들에 의문"을 갖는다. 이런 사람들이 증가하고 있는 초국가주의 시대에 국경은 항상 동요하며, 국가 단위로 사고하는 것에도 문제가 생긴다(藤原書店 2012).

한편 야에야마의 사례에서 보듯이 초국가주의적인 시도는 간단히 국가주의에, 나아가 국가의 틀 안에 포섭되고 만다. 또한 다원적 귀속감이 초국가주의의 특징이라고 하더라도, 그 다원성이 일본인이나 미국인 등과 같은 국민 혹은 민족이라는 국가주의적인 것을 기반으로 한 다원성이라면, 그것은 아무래도 국가라는 틀에 의해 규정되는 것에 지나지 않는다. 국제인이라고 말하기는 쉽지만, 국가를 초월하는 것은 그렇게 간단하지 않다.

실제, 국가나 민족을 단위로 문화를 나누고 그러한 문화의 집합체로서 세계를 파악하는 것은 불가능하다. 여러분이 지금 입고 있는 옷은 순수하게 일본 문화의 산물이라고 말할 수 있을까? 도대체 그 옷은 어디서 만들어졌을까? 휴대전화 하나를 보더라도 여러 나라에서 만들어진 부품으로 구성되어 있다. 말하자면, 국가를 단위로 한 존재 방식은 물건의 차원이나 생활의 차원에서는 이미 넘어선 상태다.

그런데도 현재 우리는 오히려 이런 사실에 주목하지 않고 문화를 국가나 민족으로 구분하고 독자성을 내세우려고 하거나, 다양한 문화 요소로 만들어진 물건을 어떤 나라나 민족의 독자적인 것으로 강조하기도 한다. 데리야키 햄버거를 일본의 독창적인 상품이라고 여기는 것이 전형적인 예다. 초국가주의적인 것을 국가화하는 셈이다(岩淵 2004).

　이렇게 생각하면 초국가주의의 논의로부터 우리가 배워야 하는 것은 국가나 민족으로부터 해방된 세계가 이상향으로서 존재하는 것이 아니라는 점이다. 오히려 매일매일 월경을 되풀이하는 사람들이 느끼는 국가가 초래하는 문제에 대해서 생각하고, 국가라는 틀을 의식하지 않은 채 사고·행동하는 자신의 모습을 객관적으로 바라보아야 하지 않을까. 이것이 가능할 때야 비로소 국가적인 것을 초월하는 출발점에 설 수 있을 것이다.

참고 문헌

アパデュライ, A 2004『さまよえる近代: グローバル化の文化研究』門田健一訳, 平凡社. (아르준 아파두라이, 차원현·채호석·배개화 옮김, 2004, 『고삐 풀린 현대성』, 현실문화연구.)

岩下明裕 2014『領土という病: 国境ナショナリズムへの処方箋』北海道大学出版会.

岩渕功一 2004「方法としての『トランスアジア』」岩渕功一編『アジア理解講座3 越える文化, 交錯する境界: トランス·アジアを翔るメディア文化』山川出版社, 3-24頁.

上杉富之 2005「人類学から見たトランスナショナリズム研究: 研究の成立と展開及び転換」『日本常民文化紀要』24, 143頁.

国永美智子 2011「『スパイン女工』から八重山人へ: きっかけは"好奇心"」『月刊やいま 特集八重山と台湾の交流』210, 10-11頁.

小池康仁 2015『琉球列島の『密貿易』と境界線1949~51』森話社.

陳天璽 2008「漂白する華僑·華人新世代の越境」アジア政経学会監修, 高原明生·田村慶子·佐藤幸人編『現代アジア研究1 越境』慶應義塾大学出版会, 297-324頁.

床呂郁哉 2006「変容する『空間』,再浮上する『場所』: モダニティの空間と人類学」西井涼子·田辺繁治編『社会空間の人類学』世界思想社, 65-90頁.

南山舎 2011『月刊やいま 特集八重山と台湾の交流』210頁.

西村一之 2017「移動・移住の経験と実践: 東シナ海国境港域をゆきかう漁民たち」
　　上水流久彦・村上和弘・西村一之編『境域の人類学: 八重山・対馬にみる「越境」』,
　　41-74頁.

藤原書店 2012『別冊 環: 日本の「国境問題」現場から考える』19号.

松田良孝 2004『八重山の台湾人』やいま文庫.

三木健 1996『沖縄・西表炭坑史』日本経済評論社.

林発 1984『八重山パイン産業史』沖縄パイン産業史刊行会.

Brettell, C. B. 2008. Theorizing Migration in Anthropology: The Social
Construction of Networks, Identities, Communities, and Globalscapes. In C.
B. Brettell and J. F. Hollifield (eds.), *Migration Theory: Talking across Disciplines*
Second Edition. New York and London: Routledge, pp. 113-159.

읽을거리

- 『与那国台湾往来記: "国境"に暮す人々(요나구니 대만 왕래기: "국경"에서 살아가
는 사람들)』, 松田良孝, 南山舎, 2013年.

　　일본의 식민지였던 대만과 그곳에서 110킬로미터 떨어져 있어 거리상 가장 가까
운 곳에 있는 요나구니 사이의 왕래에 관한 책이다. 요나구니의 사람들은 왜 대만에
건너갔을까? 전전에 한정하지 않고 전후의 왕래나 밀무역 등도 소개하고 있다. 경계
나 국경의 존재, 나아가 월경의 실태를 이해하는 데 좋은 책이다. 또한 일본의 "변방"
과 일본의 "외지" 사이의 관계가 현재와는 달랐다는 점을 알려준다.

- 『東アジアの日本大衆文化(동아시아의 일본대중문화)』, 石井健一編, 蒼蒼社, 2001
年.

　　현재 일본의 하위문화subculture는 세계에 확산되고 있지만, 동아시아에서는 어떤
상황일까? 약간 오래된 책이기는 하지만, 헬로키티에서부터 일본 드라마, 음악, 패
션 잡지 등이 동아시아에서 수용된 역사와 현 상황을 알려주는 귀중한 책이다. 현재
시점에서는 2000년을 전후로 한 시기의 상황을 알기 위한 역사적 자료로 읽어도 손
색이 없다.

• 『海外神社跡地の景観変容: さまざまな現在(いま)(해외 신사 유적지의 경관 변화: 다양한 모습의 지금)』, 中島三千男, 御茶の水書房, 2013年.

　　일본이 제2차 세계대전 이전에 통치, 지배한 장소(대만, 팔라우, 한국, 옛 만주, 옛 사할린, 난징시 등)에 건설되었던 신사는 지금 어떻게 되었을까? 신사가 부활, 재건, 방치, 변경된 모습과 그 요인을 함께 소개한다. 신사라는 종교시설이 국가라는 경계를 넘기는 했지만, 정치적 변화로 인해 그 이후에는 어떻게 되었는지를 알아본다.

참치·꽁치 문제

니시무라 가즈유키

우리가 먹고 있는 참치는 일본 근해에서 잡힌 것뿐만 아니라 해외에서 수입하는 것도 있다. 일본은 최대의 참치 소비지이다. 한때 보호 관리를 목적으로 한 국제 규약에 저촉되지 않기 위해 선박들이 소속을 외국으로 옮겨 조업한 것이 문제가 되곤 했다. 국제 규약의 감시를 피해 포획한 참치는 해상에서 매매된 후 일본에 들어왔다. 지금 태평양 참다랑어는 국제자연보호연합의 멸종위기종으로 지정되어 있다. 참치를 잡는 나라들 사이에서 국제 규약을 지키는 것이 중요해지고 있다. 또한 2013년 4월부터 일본·대만 사이에 민간어업협약이 발효되어, 이시가키섬 북부에 있는 일본의 배타적 경제수역 중에서 대만 어선의 조업이 가능한 해역이 지정됐다. 이때, 대만 어선의 주요한 어획 대상은 참치이다. 발효 직후부터, 대만과 오키나와의 조업 방식의 차이에서 비롯된 불만이 높아졌다. 어법漁法상의 차이, 예측할 수 없는 사태에 대한 보상 문제 등이 이후의 회의에서 계속 논의되고 있다.

한편 2015년 여름부터 꽁치가 잘 잡히지 않자 일본 미디어가 떠들썩해졌다. 미디어는 중국, 대만 그리고 한국의 어선이 꽁치를 공해公海상에서 먼저 잡아버리고 있다고 보도했다. 특히 대만의 어획량이 많다. 외국의 배는 크고, 일본 어선에는 없는 냉동설비가 갖추어져 있다. 꽁치는 태평양을 돌아 북쪽에서부터 일본 근해로 온다. 신선도를 중시하는 일본의 소비 형태 때문에 일본 어선은 근해에서 조업하지만, 대만이나 중국의 어선은 바다 위에서 냉동해서 소비지로 보내기 때문에 멀리 떨어진 공해상에서 조업한다. 일본 동북부 공해상의 어족자원 관리를 목적으로 한 북태평양 자원보존조약에 한국, 중국, 대만도 참여해 이 조약은 2015년 7월에 발효됐고, 그 대상에 꽁치가 포함되어 있다. 앞으로 해당 국가별로 효율적인 자원관리 규칙을 만들 것을 목표로 하고 있다.

일본식 레스토랑은 동아시아 대도시 풍경의 일부분이 됐다. 일본에 사는 우리뿐만 아니라 많은 사람이 참치·꽁치 등의 생선을 소비하고 있다. 식탁에서 낯익은 참치나 꽁치가 동아시아에서 일어나고 있는 사회문제의 주인공이 된 셈이다.

다문화공생

자이니치 코리안과의
협력관계로부터

니카이도 유코

여러 언어로 표기된 행정 게시물은 다양한 문화적 배경을 가진 적지 않은 사람들이 지역에서 생활하고 있다는 것을 의미한다. 사회의 다문화화가 진행되는 가운데 주목되는 "다문화공생多文化共生"이라는 이념은 어떤 것일까?(2016년, 필자 촬영)

1. "다문화공생"이라는 이념의 등장

"다문화공생"이라는 말을 들어본 적 없는 독자는 아마도 드물 것이다. 최근 몇 년 사이에 일본에서 이 말이 종종 등장하게 된 것은 무엇 때문일까?

1990년대 이후, 세계화의 파도가 본격적으로 일본에도 밀려오자, 노동자나 유학생, 일본인의 배우자 등으로 일본을 찾는 외국인이 증가했다([그림 10-1]). 그 결과 지역사회, 직장, 학교 등에서 다민족화·다문화화가 "눈에 띄는" 현상이 됐고, 다양한 언어나 문화를 가진 사람들이 어떻게 "공생"해야 할지가 현실적인 문제로 눈앞에

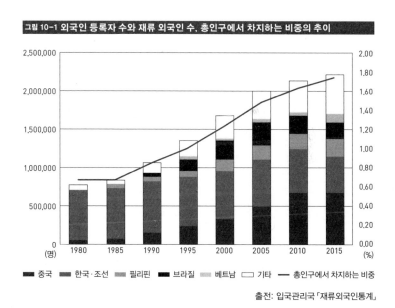

그림 10-1 외국인 등록자 수와 재류 외국인 수, 총인구에서 차지하는 비중의 추이

범례: ■ 중국 ■ 한국·조선 ▨ 필리핀 ■ 브라질 ▨ 베트남 ☐ 기타 ─ 총인구에서 차지하는 비중

출전: 입국관리국 「재류외국인통계」

대두되었다.

이런 상황에서 특히 외국인이 두드러지게 증가한 대도시 지역이나 공업 지역 등에서는 1990년대 후반부터 지방자치단체나 시민단체가 "다문화공생"이라는 구호를 내세우게 됐다. 나아가 2001년 이후, 1년에 한 번씩 외국인 주민이 많이 거주하는 지방자치단체나 중앙부처의 관계자들이 모여 외국인과의 공생을 위한 과제를 검토하는 "외국인집주도시회의外國人集住都市会議"를 개최하고, 외국인 주민을 둘러싼 과제의 해결 방안을 정부에 제안하게 됐다.

이러한 움직임에 맞춰, 드디어 중앙정부 차원에서도 "다문화공생"을 위한 시책 제정에 착수하여 2005년에는 총무성이 "다문화공생 추진에 관한 연구회多文化共生の推進に関する研究会"를 설치했다(塩原 2012). 이 연구회가 낸 보고서에서는 지역에서의 다문화공생에 대해 "국적이나 민족 등이 다른 사람들이 서로의 문화적 차이를 인정하고 대등한 관계를 구축하고자 하면서, 지역사회의 구성원으로서 함께 살아가는 것"이라고 정의하고, 전국의 지방자치단체에 다문화공생 시책의 추진을 촉구하고 있다(総務省 2006: 5).

이러한 사회현상을 배경으로 이 장에서는 우선 일본을 사례로 "다문화공생"을 둘러싼 논의에 대해 개관한 후, 일본 사회의 다문화화에 따른 지역사회의 변화와 거기서 발생한 여러 문제에 대해 검토한다. 또한 외국인과 일본인에 의한 공생의 모색이 시작된 계기와 양자 간의 협력관계가 형성된 조건을 탐구한다. 이상의 내용을 전제로 하면서, "세계화 시대"인 현재, 어떤 방식의 다문화공생이

바람직할지에 대해 고찰해보려 한다.

2. "다문화공생"이 내포하는 과제

(1) "뉴커머" 외국인에 특화된 프로그램

앞서 서술한 바와 같이, 최근 몇 년 사이에 일본에서는 국가적 차원
에서 "다문화공생"의 실현을 실천하는 분위기가 강해졌고, 다문화
공생은 큰 사회적 목표 중 하나가 됐다. 그러나 다문화공생을 위한
시책이나 그 실천 방법을 둘러싸고는 몇 가지 문제점이 지적되고
있다.

첫째, "다문화공생"이라는 구호 아래, 일본 사회에 적응하도록 지
원하는 대상이 주로 1980년대 이후 일본에 온 "뉴커머ニューカマー"라
고 불리는 외국인에 한정되고 있다는 점이다(塩原 2012; 宮島 2014 등).

지금까지 일본 사회는 제2차 세계대전 이전의 식민지시대부터
生活하고 있는 한반도 출신 사람과 그 자손, 그리고 중국·대만 출
신 사람과 그 자손인 "올드타이머オールドタイマー", 외국인뿐만 아니라
아이누족이나 류큐·오키나와 사람들처럼 독자적인 문화를 보유하
거나 독자적인 사회를 유지하고 있는 다양한 민족으로 구성됐다.
또한 이런 소수자들을 중심으로, 고유한 언어나 문화를 배울 교육
기회의 보장, 취직·결혼에서의 차별과 다양한 사회보장제도에서의
배제 철폐 등을 요구하는 운동이 활발하게 전개되어 "공생 사회"의

기반을 닦아온 것도 사실이다.

이에 대해, 전후 일본에서는 "단일민족 사회"라는 "신화"가 침투해(小熊 1995) 이러한 통념이 강한 영향력을 유지해왔다. 게다가 오늘날 추진되고 있는 다문화공생 시책은 "뉴커머"라는 외국인을 주된 대상으로 함으로써, 다양한 소수자가 안고 있는 과제로부터 눈을 돌리게 할 위험성을 내포하고 있다.

(2) "타문화 강제"의 위험성

두번째 문제점은 다문화공생을 실현하기 위한 프로그램에서 외국인은 "지원을 해야 하는 존재"로 위치 지어져 있지만, 일본인에 대해서는 다른 문화에 대한 이해를 요청하는 정도에 머물고 있어서, 여기에는 일본인의 의식이나 사회제도 그 자체를 재검토하고 수정을 진지하게 시도하려는 시점이 빠져 있다는 것이다(金 2011 등). 즉, 소수자인 외국인은 일본 사회에 적응하기 위해 일본어 능력을 갖춰야 하는 의무가 있지만, 다수자인 일본인이나 일본 사회에는 변혁의 필요성이 별로 제기되지 않는다. 이로 인해 다양한 문화를 서로 인정한다는 "다문화공생"보다 일본의 문화나 가치관의 수용을 추진하고 장려하는 "타문화 강제"가 실천될 수밖에 없다.

원래 이런 발상의 근저에는 "일본인은 동질적인 문화나 가치관을 갖고 있다"는 관점이 존재한다. 연령, 젠더, 거주지, 직업 등의 차이로부터 발생하는 "일본인 내부의 다양성"에 대한 의식이 희박하다고 말하지 않을 수 없다. 말하자면, 외국인에 대한 "타문화 강제"

는 동시에 일본인에 대한 "동질성의 강제"이기도 하다.

이상의 내용을 전제한다면, 뉴커머 외국인뿐만 아니라 다양한 소수자가 사회의 구성원으로서 자신의 문화·역사·종교 등을 존중받는 것은 물론, 사회적 불이익을 당하지 않는 사회의 건설을 지향하며, 사람들의 의식이나 제도의 개혁에 구성원 모두가 참여하는 사회야말로 "다문화공생 사회"의 존재 방식 중 하나라고 말할 수 있을 것이다. 이런 사회를 만드는 것이 현재의 중요한 과제이다. 그러면 이를 실현하기 위한 좋은 방법은 어디에서 찾을 수 있을까? 나아가 이를 실현하기 위한 조건은 무엇일까? 이러한 질문을 검토하기 위해, 먼저 다음 절에서는 일본의 다문화화 상황과 이로부터 비롯되는 과제에 관해 설명하고자 한다.

3. 일본의 외국인 노동시장의 성립

(1) 저렴한 노동력에 대한 수요

1절에서 서술한 바와 같이, 일본에는 1990년대 이후 많은 외국인이 유입됐다. 그렇다면 왜 이 시기에 일본에 오는 외국인이 급증했을까? 여기에는 외국인 노동자를 둘러싼 일본의 정책 전환이 큰 영향을 미쳤다.

일본 사회는 1950년대부터 1970년대 초까지 눈부신 경제성장을 달성했음에도 불구하고, 같은 시기 구미 선진국과 비교할 때 국제

이민을 수용하는 경우는 매우 드물었다. 왜냐하면, 필요한 노동력 수요는 학교를 막 졸업한 사람이나 농가의 둘째·셋째 아들처럼 국내의 노동력 예비군으로 충당했으며, 일본이 이주노동자에 있어서 그렇게 매력적인 곳이 아니었기 때문이다(樽本 2016: 149).

한편 1980년대가 되자, 인도네시아 난민, "자파유키상ジャパゆきさん"이라고 불렸던 유흥산업에 종사하는 아시아 출신 여성[1], 중국 귀국자[2] 등의 뉴커머 외국인이 유입됐다. 또한 1980년대 후반에 시작된 "거품경기" 때는 단순노동력의 수요가 급격히 높아져서, 먼저 관광비자로 입국했다가 그 후에는 불법으로 체류하면서 취업하는 비합법 노동자가 급증했다. 이런 동향을 배경으로, 외국인 노동자를 받아들일지 말지를 둘러싸고 일본 국내에서는 "쇄국론"과 "개국론"이 강하게 전개됐다.

이런 상황 속에서 1990년에 "출입국관리 및 난민인정법出入国管理及び難民認定法"(이하 입관법入管法)이 개정됐다. 이 개정 입관법은 서구 여러 나라의 외국인 노동자 동향을 참고하면서, 고도의 기술이나 지식을 갖춘 인재의 수용을 추진하는 것과 함께, 단순노동에 종사하려

---

1   자파유키상은 일본행을 택한 사람이라는 뜻이지만, 주로 1980~1990년대에 흥행興行 비자를 받고 입국해 유흥업소 등에서 일한 필리핀 여성을 의미한다. 2005년 미국이 일본을 인신매매 위반국Tier 2 Trafficking Destination으로 지정하자, 일본 정부가 2006년부터 흥행 비자 발급을 엄격하게 적용해서 이 비자를 받아 들어오는 필리핀 여성 수가 급감했다. 흥행 비자로 들어왔던 필리핀 여성 중 일부는 일본 남성과 결혼해서 정착했는데, 한편으로는 여전히 자파유키상에서 비롯된 부정적 이미지로 인해 고통받고 있고, 다른 한편으로는 일본 문화를 이해하는 성실한 외국인 돌봄 노동자로도 활동하고 있다.

2   중국 귀국자란 제2차 세계대전 말기, 일본군이 중국에서 갑작스레 후퇴하자 미처 일본으로 귀국하지 못한 사람(잔류고아라고 불린다.)이나 그런 사람의 후손 중 일본으로 되돌아온 사람을 말한다.

는 외국인에 대한 단속을 철저히 하는 것을 의도한 것이었다.

그러나 한편으로는 국내의 비숙련 노동력에 대한 수요에 대응하기 위해, 이 법률에는 "정문"을 통해서가 아니라 "옆문"으로 외국인이 입국해서 취업하는 방법이 설정되어 있었으며, 이것은 명백하게 모순적이었다. "옆문"으로 들어온 입국자는 남미 출신의 "닛케진日系人"[3]이나 아시아 출신의 "연수생·기능실습생"(이하 기능실습생)들이 있었다. 일찍이 타지에 나가 일하기 위해 일본에서 해외(주로 페루와 브라질 등의 남미 국가)로 이주한 사람들과 그 자손인 닛케진에 대해서는 "친족 방문"이라는 명목으로, 닛케진 2세에게는 "일본인의 배우자" 등으로, 그리고 3세에게는 "정주자定住者"라는 재류 자격을 부여했다. 또한 일본 기업에서의 "연수"를 통해 지식이나 기술을 습득하고 자기 나라에서 도움이 되도록 하는 것을 목적으로 한 "기능실습제도"가 마련됐다. 이런 변화의 결과로서, 1990년대 이후 이런 범주의 외국인들이 다수 일본 사회에 유입됐다(梶田 2001).

(2) 일본인의 배우자나 돌봄 노동자에 대한 수요

이처럼 외국인 노동자가 급증한 것과 더불어, 일본인의 미혼화·만혼화를 배경으로 1980년대 후반부터 결혼을 목적으로 일본에 들어오는 외국인이 증가했다. 1970년의 국제결혼 건수는 5,546건(결

---

3   닛케진은 20세기 초부터 1970년대 초까지 브라질 등으로 이민 간 일본인의 후손들이다. 1990년 입관법 개정으로 일본에 대거 이주하기 시작해, 주로 자동차 공장 등에서 블루칼라 노동자로 일했다. 2008년에는 닛케 브라질인 수가 31만 명에 달했으나, 2007년 시작된 세계 경제위기로 가장 먼저 해고되면서 대거 브라질로 돌아가, 2019년 현재 약 20만 명까지 줄어들었다.

혼 총수에서 점하는 비중은 0.5%)에 지나지 않았지만, 2014년에는 2만 1,130건(3.3%)까지 상승했다(후생노동성의 「인구동태통계」에서 인용). 그 중에서도 일본인 남성과 중국 국적, 필리핀 국적, 한국·조선 국적 여성의 결혼이 눈에 띄게 많았다.

또한 저출생, 고령화로 인해 고령자의 간호 및 돌봄에 대한 수요가 급증한 것을 계기로, 2008년부터 인도네시아인, 2009년부터 필리핀인, 그리고 2014년부터는 베트남인을 간호사 및 돌봄 복지사 후보생으로 받아들이기 시작했다.[4] 2015년에는 간호사 후보생 155명, 돌봄 복지사 후보생 568명이 일본을 찾아왔고(국제후생사업단 「2017년 판 EPA에 근거한 외국인 간호사·돌봄 복지사 수용 소책자平成29年度版EPAに基づく外国人看護師・介護福祉師受入れパンフレット」에서 인용), 일본의 국가자격 취득을 목표로 의료 현장이나 복지 현장에서 일하고 있다.

이상의 내용을 정리하면, 1990년대 이후, 경기 변동에 따른 단순노동력 부족, 미혼화나 만혼화로 인한 결혼 문제, 그리고 급속한 저출생, 고령화에 따른 의료 현장 및 복지 현장의 인력 부족 등 일본 사회의 변화가 초래한 수요에 대응해, 바꿔 말하자면 일본 사회가 안고 있는 과제에 대처하기 위해 외국인이 급격하게 늘어났다는 것을 이해할 수 있을 것이다.

---

4 일본은 원칙적으로 단순노동자의 이민을 허용하지 않기 때문에, 경제동반자협정Economic Partnership Agreement, EPA을 맺은 국가에서 이미 자격증을 취득하거나 일정 정도의 교육·훈련을 받은 사람을 간호사 후보생 혹은 돌봄 복지사 후보생으로 받아들이고 있다. 그러나 일하면서 3년 이내에 일본어로 국가자격 필기시험을 통과해야 일본에서 계속 일할 수 있는데 이 시험 합격률(2018년 간호사 시험 합격률은 16퍼센트, 돌봄 복지사 시험 합격률은 46퍼센트였다.)이 낮아 일본에 체재하는 사람은 많지 않다.

4. 얼굴이 보이지 않는 정주화定住化

(1) 배타적 의식의 고양

지금까지 서술한 것처럼, 일본 사회를 구성하는 사람들의 다민족화, 다문화화가 현저하게 진행되는 가운데, 외국인에 대한 일본인의 의식은 어떤 식으로 변화했을까?

[그림 10-2]는 내각부가 1990년, 2000년, 2004년에 실시한 "외국인 노동자 수용에 관한 여론조사外国人労働者の受入れに関する世論調査"의 응답 결과를 나타낸 것이다. 외국인 노동자의 수용제도에 관한 의견을 묻는 질문에, "전문적인 기술, 기능, 지식을 보유하고 있는 외국인은 받아들이고, 단순노동자는 받아들이지 않는다."라고 응답한 사람의 비율이 해마다 증가하고 있는 것을 알 수 있다. 또한 "단순노동자는 받아들이지 않는다."라고 답한 이유를 살펴보면, 모든

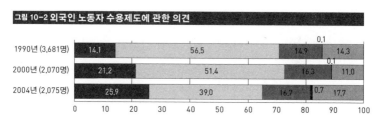

그림 10-2 외국인 노동자 수용제도에 관한 의견

1990년 (3,681명)	14.1	56.5	14.9	0.1 14.3
2000년 (2,070명)	21.2	51.4	16.3	0.1 11.0
2004년 (2,075명)	25.9	39.0	16.7	0.7 17.7

0 10 20 30 40 50 60 70 80 90 100

■ 전문적인 기술, 기능, 지식을 보유하고 있는 외국인은 받아들이고, 단순노동자는 받아들이지 않는다.
▒ 여성이나 고령자 등 국내 노동력을 우선하여 활용하고, 그래도 노동력이 부족한 분야에는 단순노동자를 받아들인다.
▒ 특별한 조건 없이 단순노동력을 폭넓게 받아들인다.
■ 기타
▒ 모르겠다.

출전: 내각부 "외국인 노동자 수용에 관한 여론조사"(2004년)

조사에서 "치안이 악화될 우려가 있다."라는 항목을 선택한 사람이 가장 많고, 그 비율이 해마다 높아지고 있다(1990년 54.0%, 2000년 62.9%, 2004년 74.1%).

인구 전체 중 이민자가 차지하는 비율이 미치는 영향에 관한 선행연구에서는 이민인구의 비율이 높은 지역에 사는 사람일수록, 자신과 다른 종족집단에 대한 배타적인 사상이나 행동을 지지하기 쉽다고 지적됐다(Lubbers, Scheepers and Billiet 2000 등). 이런 관점에서 보자면, 일본 국내에 외국인 주민이 증가함에 따라, 외국인에 대한 배외주의적인 의식이 높아질 가능성이 있다. 실제로 특히 외국인이 집중적으로 거주하는 지역사회에서는 일본인 주민과 외국인 주민 간의 심각한 알력이 발생하는 일도 적지 않다. 제조업이 몰려 있는 아이치현이나 시즈오카현에서는 중소·영세공장에서 일하는 남미 출신의 닛케진이 집중적으로 거주하는 지역이 널리 분포되어 있다. 이런 지역에 있는 대규모 집합주택단지 중에는 닛케진 입주자가 늘어남에 따라 쓰레기 분리수거 규칙이나 주차 위반, 심야 소음 등에 대한 민원이 일본인 거주자로부터 자치회나 단지 관리자에게 많이 제기되며, 양자 사이에 긴장이 고조되는 사태까지 간 곳도 있었다(都築 1995; 池上編 2001 등).

(2) "시장매개형"에 의한 이주 시스템의 영향

그러면 일본인 주민과 외국인 주민 간의 대립 관계는 왜 발생한 것일까? 이 문제의 원인으로 문화나 생활습관의 차이나 언어의 차이

제10장 다문화공생

로 인한 의사소통의 결여가 자주 지적됐다. 그러나 이런 요인과 더불어 닛케진의 이주 시스템이 초래한 영향도 간과할 수 없다.

가지타 다카미치梶田孝道, 다노시 기요타丹野清人, 히구치 나오토樋口直人에 따르면, 이주를 촉진하는 사회적 네트워크에는 "상호부조형相互扶助型"과 "시장매개형市場媒介型"이라는 두 종류가 있다. "상호부조형"에 근거한 이주 시스템에서는 가족·친족·친구 등 특정 네트워크의 개인적인 인간관계를 기반으로 하며, 이주한 곳에서 이민자 공동체를 형성하기 쉽다(梶田·丹野·樋口 2005). 요코하마시나 고베시에 화교가 만든 "차이나타운"이 상징적인 예라고 할 수 있다.

이에 비해, "시장매개형"에 의한 이주 시스템의 경우, 일자리 알선조직에 의한 이주를 기반으로 하고 있어서, 이주비용을 감당할 능력이 있으면 인간관계의 유무와 관계없이 누구라도 이주할 수 있다. 출신지와 관계없이 일자리 알선조직이 일자리를 소개할 수 있는 장소에 이민자가 배치되기 때문에, 특정 지역 출신자가 특정 장소에 집중적으로 거주하는 일이 생기지 않는다. 닛케 브라질인 노동자의 상당수는 이런 시장매개형 이주 시스템을 통해 일본에 와서 기업에 취업한다(梶田·丹野·樋口 2005).

앞서 서술한 제조업체가 모여 있는 도시에서 닛케 브라질인이 모여 사는 지역에는 브라질인을 상대로 한 상점이나 종교시설 등이 정비되어 있으며, 이곳에 브라질인 공동체가 형성되어 있다. 그러나 이런 공동체는 끊임없이 구성원이 바뀌어서, 여기서 브라질인들끼리 지속적인 신뢰관계를 구축하기는 어렵다. 왜냐하면 일자리 알

선조직이 소개해주는 일자리에 따라 일해야 하는 브라질인은 유연한 노동력으로서 일본인이 일하지 않는 시간에 일하고 일본인이 일하러 오지 않는 입지 조건의 공장에 취업하는 등 기업의 노동수요에 대응해 이 직장 저 직장으로 빈번히 옮겨 다니며 거주지역도 어쩔 수 없이 옮겨야 하는 경우가 많기 때문이다. 이 때문에 브라질인 공동체 내부에 호혜적 관계가 형성되기 어려우며, 공동체의 규범이 해체되기 쉽다(梶田·丹野·樋口 2005).

이런 상황으로 인해, 브라질인은 일본인 주민과 접점을 갖지 못한 채 지역사회에서 보이지 않는 존재가 되고 만다. 이처럼 "얼굴이 보이지 않는 정주화"의 결과, 일본인 주민은 브라질인이 직면하고 있는 현실을 파악하기 어려워져, 억측과 거짓을 바탕으로 브라질인을 공격하거나 배제하는 일이 생긴다. 즉 브라질인이 모여 사는 지역에서 발생하는 일본인 주민과의 마찰 문제는 "브라질인과 일본인"의 대립이라기보다는, 시장원리가 관철되며 생겨난 "불안정 취업자와 안정 취업자"의 충돌이라고 보는 편이 타당하다(梶田·丹野·樋口 2005).

이렇게 보면, 오늘날 이뤄지고 있는 다문화공생 시책의 문제점이 비로소 한층 더 또렷하게 드러난다. 즉, 많은 외국인 노동자의 유입에 따른 주민 간의 불화에는 외국인을 둘러싼 노동시장의 구조가 짙은 그림자를 드리우고 있는 것이다. 따라서 외국인을 "지원이 필요한 존재"로만 자리매김하는 한편, 일본인에게는 타문화에 대한 이해를 요청하는 식으로만 일관한다면, 이런 상황을 해결하기 어려

제10장 다문화공생

울 수밖에 없다.

5. 공생에의 모색

그러면 다문화화가 진행되는 지역사회에서 일본인과 외국인이 "얼굴이 보이는 관계"를 형성하는 것이 가능할까? 이케가미 시게히로 池上重弘와 동료 연구자들이 외국인이 집중적으로 거주하는 지역에서 실시한 조사연구 결과를 바탕으로 그런 가능성을 탐색해보고자 한다(池上編 2001).

(1) 시즈오카현 하마마쓰시 S단지의 사례

시즈오카현 하마마쓰시에 있는 현립県立 주택인 S단지에는 1997년 8월 당시 전체 입주자 857가구 중 외국인 세대는 21가구였다(외국인 세대 비율 2.5퍼센트). 이 중 브라질인 가구는 가장 많은 13가구였고, 다음으로는 베트남인과 페루인 등의 순이었다. 대청소 일정이나 쓰레기 배출 규칙과 같은 정보는 자치회의 말단조직 책임자인 조장組長이 외국인 거주자에게 구두로 직접 전하는 형식을 취했지만, 불분명한 점이 있으면 각자가 개인적인 네트워크를 통해 필요한 정보를 입수했다고 한다. 브라질인 대다수는 이웃인 일본인과는 인사를 교환하는 정도의 관계였지만, 일본인 거주자끼리도 남에게 받은 물건을 또 다른 사람에게 나눠줄 정도의 친밀한 관계는 드물었다.

하지만 얼마 지나지 않아 2000년 9월이 되자, 외국인 총 세대수
가 139가구(이 중 브라질인 세대는 92가구)로 증가했고, 외국인 세대
비율은 14.2퍼센트까지 올라갔다. 이때쯤부터 외국인 주민의 존재
가 일본인에게도 실질적인 문제로 인식됐고, 쓰레기 분리수거나 주
차장 사용, 심야 소음(파티나 부부 싸움) 등에 관한 민원이 자치회 임
원들에게 밀려 들어오기 시작했다. 그러나 공영주택에 사는 브라질
인의 근무처가 다양한 데다 브라질인 거주자가 모이는 일도 없었기
때문에, 일본인 쪽의 요구를 브라질인 쪽에 전할 수 있는 통로가 부
족했다.

이런 상황 속에서, 2000년부터 2001년에 걸쳐 "외국인과 만나
이야기 나누기外国人とのふれあいトーク"라는 모임을 세 차례 개최했다. 이
자리는 "외국인과 일본인 주민의 공생共生·공조共助의 길을 찾는" 것
을 목적으로 S지구 주민 한 명이 제안해서 실현된 것으로, 일본인
쪽에서는 자치회 관계자, 경찰관, 시청 직원, 학교 관계자가 참석했
고, 외국인 쪽에서는 외국인 거주자의 다수를 점하는 브라질인 중
에서 20~30명이 참가했다. 여기에서 주차장이나 단지 내 교통안전,
쓰레기 분리수거, 아이들의 교육 등 생활상의 여러 문제를 둘러싼
의견 교환이 이뤄졌다. 그 후, 자치회 규약을 포르투갈어로 번역하
고, 생활 예절에 관해 일본어와 포르투갈어로 기록한 게시판을 설
치했다. "외국인과 만나서 이야기 나누기"라는 시도는 브라질인의
의견이나 요구를 일본인 쪽에 전할 기회를 제공했을 뿐만 아니라,
참석한 브라질인끼리도 얼굴을 익히는 장이 됐다(池上編 2001).

제10장 다문화공생

(2) "얼굴이 보이는 관계"의 형성

이 S단지의 사례에서 외국인 주민과 일본인 주민의 관계에 관해 몇 가지 주목할 만한 점이 있다. 우선 첫번째로 외국인 거주자가 적었을 무렵에는 일본인과 외국인 사이에 큰 문제가 발생하지 않았지만, 외국인 거주자가 증가하면서 일본인 측의 민원이 분출했다는 점이다. 즉, 외국인의 존재가 두드러지면 두드러질수록, 외국인에 대한 위화감이나 불신감이 증폭된 셈이다. 원래 일본인 거주자 사이에도 친밀한 관계가 형성되어 있지 않아서, 단지 안에서 발생하는 문제를 해결하기 위한 네트워크나 자치 능력이 충분히 갖추어져 있었다고 말하기 어려운 상황이었다.

그러나 "외국인과 만나서 이야기 나누기"를 개최한 것이 계기가 되어, 일본인과 브라질인의 관계에 변화가 생겼다. 이것이 두번째로 주목할 만한 점이다. 양자는 문자 그대로 같은 책상에 마주 앉음으로써, 비로소 "얼굴이 보이는 관계"를 형성하는 데 한 걸음을 내디뎠다. 게다가 브라질인과 일본인 모두 상대방의 의견이나 요구를 들을 기회를 갖는 것이 양자가 대등한 관계를 구축하는 데 중요했다. 또한 여기서 말하는 "얼굴이 보이는 관계"는 "외국인인 A 씨"와 "일본인인 B 씨"라는 의미가 아니라, 같은 단지의 거주자로서 서로가 상대방을 인식하는 관계라고도 말할 수 있다. 이러한 관계의 구축을 촉진하면서 구체적인 생활 문제에 대해 직접 의견을 교환하는 기회를 마련한 일의 의의는 절대 작지 않다.

그리고 주목해야 할 세번째 점은 "외국인과 만나 이야기 나누기"

로 인해 브라질인 주민 사이에도 새로운 관계가 만들어지기 시작했다는 점이다. 그때까지 상호 간의 연계가 희박했던 외국인 거주자 사이에 연대가 생겨나면, 단지 주민을 결속하고 여러 가지 생활정보를 보다 정확하고 광범위하게 전달하는 것이 가능해질 것이다. 마찬가지로, 이 프로그램으로 인해 일본인 주민도 문제를 해결할 수 있는 관계를 구축할 수 있게 되었다.

여기서 다음에 질문해야 할 점은 무엇을 계기로 이러한 대화가 생겨나는가, 그리고 대화로부터 생겨난 "얼굴이 보이는 관계"를 어떻게 지속·발전시킬 것인가이다. 다음 절에서는 올드타이머인 자이니치 코리안과 일본인의 관계를 예로 들어 검토하면서 이런 점을 고찰해보고자 한다.

6. 협동관계의 확립

(1) 오사카시 이쿠노구生野区의 사례

오사카시 이쿠노구는 일본에서 자이니치 코리안이 가장 많이 사는 동네로 유명하다. 이쿠노구의 총인구 12만 8,790명 중 외국 국적을 가진 주민은 2만 7,534명으로, 그중 90퍼센트에 해당하는 2만 4,718명이 한국·조선 국적을 가진 사람들이다(2014년 9월 말 기준, 오사카시 주민기본대장인구와 외국인등록인구에서 인용). 즉, 주민 5명 중 1명이 한국·조선 국적자이다.

자이니치 코리안의 생활을 지탱하는 조직으로, 한국 음식점은 물론이고 민족단체인 "재일본조선인총연합회在日本朝鮮人総連合会(총련総連)"와 "재일대한민국민단在日本大韓民国民団(민단民団)"의 지부, 조선 초급·중급학교, 병원, 교회, 사찰, 고령자 복지시설 등이 모여 있으며, 한국어 교실이나 민족음악 동아리 활동과 자이니치 코리안의 인권 옹호를 주장하는 사회운동 등도 활발하게 전개되고 있다.

한편 일본인 사회의 중추적 존재는 "연합진흥자치회連合振興町会(정내회町内会)"다. 이쿠노구에는 19곳의 초등학교 학군 각각에 연합진흥자치회가 있고, 연합진흥자치회장은 이른바 지역의 대표자이다. 19명의 연합진흥자치회장은 전원 일본인이며, 연합여성부장 등 그 이외 지역주민조직의 장도 대부분 일본인이다. 즉, 이쿠노구에서는 실질적으로 일본인이 주민조직을 관리·운영해왔다. 그리고 민족단체 등의 각종 조직이나 활동을 결절점으로 하는 자이니치 코리안 사회와 연합진흥자치회를 기반으로 하는 일본인 사회는 각각 독자적인 규범이나 가치관을 유지하면서 집단 내부의 결속을 다져왔다.

이런 상황 속에서, 자이니치 코리안과 일본인이 집단 차원에서 손을 잡으려는 시도가 지금까지 전혀 없었던 것은 아니다. 그중 한 가지로서, 1970년대부터 이쿠노구에서 시작된 장애인을 위한 지역 생활 지원 활동을 들 수 있다. 당시 중증 장애아는 공립 어린이집에 입학이 허용되지 않았다. 그래서 교회에 장애아가 다닐 수 있는 어린이집이 병설로 설치됐다. 이 시설의 직원이나 원아의 가족들은 일반 어린이집에도 장애아의 입학을 허용할 것을 요구하는 운동을 활발하게 전개했고, 최종적으로 일정한 성과를 거뒀다. 또한 이 운동에 참여했던 사람들의 일부는 아이들이 초등학교에 진학할 때가 되자, 방과 후에 아이들이 지낼 곳을 확보하기 위해 초등학생 돌봄교실学童保育所을 자신의 힘으로 설립했다.

이 아이들이 중학교와 고등학교를 졸업할 시기에 접어들던 1980년대 당시에는 장애인을 고용하는 기업이 거의 없었다. 이 때문에, 이쿠노 지역에 사는 많은 장애인과 그 가족들이 선택한 길은 지역 내에 자신들의 취업 장소를 스스로 만드는 것이었다. 이로써 이쿠노 지역에는 소규모의 복지 작업소가 속속 생겨났다. 나아가, 1990년대에 들어서는 여러 장애인이 자원봉사자의 지원을 받으면서 공동생활을 하는 집단거주시설グループホーム이 만들어지기 시작했다.

이런 복지 활동은 동일한 생활 과제에 직면한 자이니치 코리안과 일본인의 연대를 통해 이루어졌다. 장애의 유무와 관계없이, 한 명의 생활자로서 지역사회에서 가족이나 친구와 함께 생활하고 싶다는 공통의 희망 사항이 양자 간의 협동관계를 지속하는 힘이 되었다.

이 과정에서 활동에 참여한 일본인 주민은 한국·조선 국적인인 사람들이 외국인이라는 점 때문에 여러 가지 불이익을 당하고 있다는 사실(예를 들어, 당시 외국인 등록증명서에 지문날인을 강요당했던 것)에 주목하게 됐다. 더불어 이 활동에 관여했던 사람들은 장애아·장애인의 생활 지원을 요구하는 운동이 알코올중독증 환자나 빈곤층 등 사회적 배제의 대상이 되기 쉬운 사람들을 지원하는 활동의 일환이라는 점을 몸소 배우게 됐다. 나아가 누구도 다른 사람으로부터 차별이나 배제를 당하지 않고 안심하며 살아갈 수 있는 지역 사회를 만드는 것이야말로 필요한 일이라는 점을 인식하게 됐다. 이처럼 참가자가 더 보편적인 이념을 획득함으로써, 이쿠노구의 복지 활동은 많은 사람의 지지를 받으며 발전할 수 있었다(二階堂 2007).

(2) 협동관계를 위한 조건

오사카시 이쿠노구에서의 지역복지 활동 사례를 통해서, 외국인 주민과 일본인 주민이 서로 의지하면서 협동관계를 만들어가기 위해서는 어떤 조건이 필요할지 생각해보자.

첫째, 양자가 공통으로 직면한 과제를 갖고 있어야 한다. 여기서 제시한 사례의 경우, 양자 모두 "장애인의 자립 생활을 어렵게 하는 사회 환경"으로 궁지에 몰려 있었다. 이것은 이른바 종족성의 차이와 관계없이, 같은 처지에 놓인 사람들이 손을 잡지 않으면 모두 어려움에 부닥치는 아주 절박한 상황이다. 이런 현상을 양자가 인식함으로써, 자이니치 코리안 집단이나 일본인 집단의 구성원이라는 종족성에 근거한 역할 이외의 여러 가지 지위와 역할(이 사례의 경우, "장애가 있는 사람"이 여기에 해당한다.)을 매개로 한 협동관계의 모색이 시작된다. 다니 도미오谷富夫는 이와 같은 관계 형성의 방식을 "우회 bypath 결합"이라고 부른다(谷 2002: 721).

둘째, 과제 해결을 위해서는 장기적인 연대가 필요하다. 이 절에서 다룬 사례에서는 일시적인 연대로는 자신들이 놓인 곤란한 상황을 탈피할 수 없었다. 외국인과 일본인의 연대가 계속된다면, 처음에는 이해관계가 일치하며 형성된 협동관계^{協同關係, symbiosis}로 시작한 관계가 서로의 사회문화적 배경을 존중하는 공동관계^{共同關係,} conviviality로 이행할 수 있다.

셋째, 이러한 공동관계의 구축을 토대로, 외국인 주민과 일본인 주민이 공통의 새로운 가치를 발견해 제시하고 이것을 공유해나가는 것이 필수 불가결하다는 점이다. 이쿠노구에서 지역복지 활동에 관여했던 사람들은 실천 활동을 추진하면서 복지제도나 노동시장, 지역사회에서의 생활 등 여러 영역에서 배제의 대상이 되기 쉬운 사람들을 포함하는, 모든 주민이 인간으로서 존중받으며 생활할 수 있는 지역사회를 구축하지 않으면 안 된다는 이념을 공유하게 되었다. 이런 사실로부터 외국인과 일본인 양쪽 모두에게 새로운 가치를 획득하는 변화가 필요하다는 점이 중요하다는 것을 알 수 있다. 여기에 더해, 앞으로 지향해야 할 방향성 중 한 가지는 국적이나 종족성의 차이는 물론, 장애의 유무, 계층 간 격차 등에 있어서 이질적인 사람들이 서로 분리되지 않고 일방적으로 사회에서 배제되지 않으면서, 각자가 사회의 구성원으로서 다양한 영역에 참여할 수 있는 사회를 실현하는 것이라는 점을 시사한다.

7. "다문화공생 사회"의 실현을 향해

마지막으로, 앞선 절까지의 논의를 종합하면서, 사회의 다문화화가 진행되는 가운데 어떻게 하면 공생 사회를 실현할 수 있을지에 대해 고찰해보고자 한다.

글머리에서 서술한 것처럼, 현재 추진되고 있는 다문화공생의 시책은 지원받아야 하는 존재로서의 뉴커머인 외국인을 대상으로 필요한 지원을 제공한다는 이념에 바탕을 둔 프로그램으로 귀결되는 경향이 있다. 그렇지만 이 장에서 다룬 사례를 검토해보면, 이것과는 다른 다문화공생을 향한 길로, 외국인과 일본인이 함께 직면한 생활 과제를 인식하고, 이것의 해결을 위한 활동에 함께 참여하는 것, 그리고 이런 활동을 매개로 양자가 새로운 가치를 공유해나가는 것에서 한 가지 가능성을 발견할 수 있다.

외국인과 일본인에게 공통적인 가장 심각한 생활 과제는 한신·아와지대지진(1995)이나 동일본대지진(2011)과 같은 재해가 발생했을 때 직면하는 위기 상황일 것이다. 예를 들어, 한신·아와지대지진이 발생한 후, 외국인 주민이 집중적으로 거주하는 지역인 효고현 고베시 나가타구에서는 공원에 설치된 텐트로 피난한 베트남인 이재민과 일본인 이재민이 자치회를 발족하고 공동생활을 운영하면서, 이재민이나 자원봉사자들이 생활에 필요한 정보를 여러 나라의 언어로 매우 상세하게 전하는 커뮤니티 FM방송국을 개설했다(外国人地震情報センター編 1996). 이 방송국은 "외국인 주민이나 장애인 등 소수자의 목소리를 지역 사람들에게 전한다.", "재해에 강한 마을 만들기의 경험과 지식을 국내외의 공동체와 공유한다."라는 등의 이념을 바탕으로 현재도 활발하게 활동을 지속하고 있다.

또한 피난소 생활을 하면서 글자를 읽고 쓰지 못하는 사람들의 존재가 드러나게 된 것을 계기로, 재해 후 고베시에서는 식자교실識字教室을 여는 등 시민에 의한 시민을 위한 지원 활동이 활발하게 전개됐다. 이런 활동은 외국인 주민은 물론, 장애가 있는 사람들이나 노숙인 등 여러 가지 생활 과제를 안고 있는 사람들의 사회적 안식처가 되어, 다양한 사회적·문화적 배경을 가진 사람들이 협동하면서 서로 도와주고 교류하는 장이 되고 있다([그림 10-3]).

이상의 내용을 종합하면, "다문화공생"의 "다문화"를 어떻게 이해할 것인지에 관해서는 종족성 이외에도 성, 나이, 종교, 언어 등에 있어서 소수자인 사람들, 경제적으로 어려운 사람들, 장애인 등 다양한 입장이나 속성을 가진 사람들을 염두에 둘 필요가 있다는 것을 시사한다. 그리고 재해 발생에 대비해 안전하고 안심할 수 있

그림 10-3 고베시 나가타구의 식자교실에서 공부하는 사람들(2008년, 필자 촬영)

제10장 다문화공생

는 생활을 확보해두는 것과 같이, 누구나 직면하는 생활 과제의 해결을 위해 사회적·문화적 배경이 다른 사람들이 손을 잡음으로써 보다 다양한 아이디어나 자원이 산출될 가능성도 있다. "사회에 존재하는 다양성의 활용"이 가져올 효과에 대해서는 앞으로 더욱 진지하게 검증하는 것이 좋을 것이다.

참고 문헌

池上重弘編 2001『ブラジル人と国際化する地域社会: 居住·教育·医療』明石書店.

小熊英二. 1995『単一民族神話の起源:「日本人」の自画像の系譜』新曜社. (오구마 에이지, 조현설 옮김, 2003, 『일본 단일민족신화의 기원』, 소명출판.)

外国人地震情報センター編 1996『阪神大震災と外国人:「多文化共生社会」の現状と可能性』明石書店.

梶田孝道 2001「現代日本の外国人労働者政策·再考: 西欧諸国との比較を通して」梶田孝道編『国際化とアイデンティティ』ミネルヴァ書房, 184-219頁.

梶田孝道·丹野清人·樋口直人 2005『顔の見えない定住化: 日系ブラジル人と国家·市場·移民ネットワーク』名古屋大学出版会.

金侖貞 2011「多文化共生をどのように実現可能なものとするか: 制度化のアプローチを考える」馬渕仁編『『多文化共生』は可能か: 教育における挑戦』動草書房, 65-84頁.

塩原良和 2012『共に生きる: 多民族·多文化社会における対話』弘文堂.

総務省 2006「多文化共生の推進に関する研究会報告書: 地域における多文化共生の推進に向けて」.

谷富夫 2002「民族関係の可能性」谷富夫編『民族関係における結合と分離: 社会的メカニズムを解明する』ミネルヴァ書房, 715-722頁.

樽本英樹 2016『よくわかる国際社会学(第2版)』ミネルヴァ書房.

都築くるみ 1995「地方産業都市とエスニシティ: 愛知県豊田市 H 団地における日系ブラジル人と地域住民」松本康他編『21世紀の都市社会学 第1巻 増殖するネットワー

니카이도 유코

ク』勁草書房, 235-281頁.

二階堂裕子 2007『民族関係と地域福祉の都市社会学』世界思想社.

宮島喬 2014『多文化であることとは: 新しい市民社会の条件』岩波書店.

Lubbers, M., P. Scheepers and J. Billiet 2000. Multilevel Modelling of Vlaams Blok Voting: Individual and Contextual Characteristics of the Vlaams Blok Vote. *Acta Politica* 35 (4): 363-398.

읽을거리

• 『共に生きる: 多民族・多文化社会における対話(더불어 살다: 다민족·다문화 사회에서의 대화)』塩原良和, 弘文堂, 2012年.

　　미래는 위험이 가득하고 불투명하다며 사람들의 불안을 선동하는 일이 잦은 오늘날, 타자와의 대화와 협동을 통해 사회를 바꾸기 위해서는 어떻게 하면 좋을까? 이 책에서는 이러한 질문을 출발점으로 삼아 일본의 다문화공생을 둘러싼 논의와 상황을 고찰하고, 더불어 "서로 변화해나가는^{変りあう}" 공생의 방식을 제시한다.

• 『外国人住民の「非集住地域」の地域特性と生活課題: 結節点としてのカトリック教会・日本語教室・民族学校の視点から(외국인 주민이 집중적으로 거주하지 않는 곳의 지역적 특성과 생활 과제: 연결지점으로서의 가톨릭교회, 일본어 교실, 민족학교의 관점에서)』徳田剛・二階堂裕子・魁生由美子, 創風社出版, 2016年.

　　일본의 지역사회에서 다문화화는 대도시에 한정되지 않고 지방도시나 중산간^{中山間} 지역에서도 진행되고 있다. 이 책에서는 저출생과 고령화, 산업의 축소 경향이 진행되고 있는 주고쿠^{中国}[5] 지방과 시코쿠^{四国}[6] 지방 중 외국인이 집중적으로 거주하지 않는 지역에서 외국인과 일본인을 묶어주는 계기가 어디에 있을지를 검토하고 있다.

• 『多民族化社会・日本: 〈多文化共生〉の社会的リアリティを問い直す(다민족화 사회,

5　동해와 접하고 있는 돗토리현, 시마네현, 오카야마현, 히로시마현, 야마구치현으로 이루어져 있다.

6　일본열도를 구성하는 네 개의 큰 섬(홋카이도, 혼슈, 규슈, 시코쿠) 중 하나로, 도쿠시마현, 가가와현, 고치현, 에히메현으로 이루어져 있다.

일본: "다문화공생"의 사회적 현실을 재검토하다)』渡戸一郎·井沢泰樹 編, 明石書店, 2010年.

　　이 책에서는 세계화를 배경으로 국경을 넘나드는 이동의 여러 양상을 다루고 있다. 사람의 이동을 촉진하는 메커니즘, 다양한 이주 형태나 문화적 배경을 가진 사람들이 직면하는 과제, 지역사회에 미치는 영향 등을 규명하고, 인구가 감소하고 있는 일본 사회가 나아가야 할 방향성을 제시하고 있다.

헤이트 스피치

니카이도 유코

"일본에서 나가라!"

"해충을 쫓아내고 없애자!"

최근, 도쿄와 오사카 등에서 일장기를 내걸고 자이니치 코리안을 향해 차별적인 폭언을 외치면서 행진하는 데모가 일어나고 있다. 이 같은 활동을 "헤이트 스피치hate speech"라고 부른다. "증오표현"이라고 번역하기도 하며, 특정한 인종, 국적, 사상, 성별, 장애, 직업, 신분에 속하는 개인과 집단에 대하여 비방하거나 중상中傷하고, 폭력과 차별적 행위를 선동하는 등의 언행을 뜻한다.

일본에서 이러한 헤이트 스피치 활동을 주도하고 있는 "자이니치의 특권을 허락하지 않는 시민모임在日特権を許さない市民の会"은 자이니치 코리안이 특별영주자격 보유와 생활보호법상의 우대조치 등과 같이 "자이니치만의 특권"을 누리고 있다며, 그러한 "특권"의 폐지를 주장하고 있다. 그리고 이 단체의 활동을 "인종차별"이라고 비판하는 다른 단체와 자이니치 코리안과 자주 격한 충돌을 벌여왔다.

저자의 지인인 자이니치 코리안 3세인 남성은 데모대의 거리 행진 모습을 보고 "비할 수 없는 공포와 분노를 느꼈다."라고 말했다. 이처럼 헤이트 스피치는 표적이 되는 사람들의 존엄을 빼앗는 행위이지만, 거기에 그치지 않는다. 특정의 사람들(종종 사회적 소수자가 그런 표적이 된다.)을 차별과 배제의 대상으로 범주화하고 극심한 인권침해를 야기하는 배타적인 언행은 인간의 자유와 평등을 존중하는 사회의 근간을 공격하는 것이나 다름없다.

이러한 상황 속에서 "일본 이외 출신자에 대한 부당한 차별적 언행의 해소를 위한 대응 방안의 추진에 관한 법률本邦外出身者に対する不当な差別的言動の解消に向けた取組の推進に関する法律"이 국회에 성립되어 2016년 6월 3일에 시행됐다. 또한 오사카시는 자치단체로서는 전국에서 처음으로 "오사카시 헤이트 스피치 대처에 관한 조례大阪市ヘイト・スピーチへの処処に関する条例"를 같은 해 7월 1일에 시행했다.

다문화공생 사회의 실현을 위해 표현의 자유를 보호하면서도 헤이트 스피치를 어떻게 근절해나갈 것인지가 현재 일본 사회 전체의 문제로 제기되고 있다.

제11장

관광

부산과 대마도의
교류로부터

나카무라 야에

많은 외국인 관광객이 일본을 방문하고 있다. 이들은 일본과 일본인을 어떻게 보고 있을지 그리고 우리는 외국인 관광객을 어떻게 보고 있을지를 생각해보자(2016년, 필자 촬영).

1. 관광을 연구하다

누구나 여행을 떠나본 적이 있을 것이다. 누군가와 아니면 혼자서, 지금 사는 장소가 아닌 어딘가로 떠나본 경험은 특별한 일이 아니다. 여행은 출발하기 전부터 시작되는 일련의 과정이다. 여행을 가기 전에 안내책자나 인터넷으로 알아보거나 예약하는 일이 많다. 여행지에 도착하면, 유명한 곳을 찾거나 뭔가 특별한 체험을 하려고 한다. 특산품을 사거나 사진을 SNS에 올리면서 그 순간을 즐기다가 돌아온다.

관광연구라고 하면 경제효과나 지역진흥 등의 경영 측면에 초점을 맞추기 쉽지만, 인류학에서는 위에서 언급한 것 같은 여행의 과정과 여행에 관한 모든 활동을 관광tourism이라는 현상으로 간주하고 연구할 수 있다. 또한 관광의 과정에서 등장하는 사람들, 즉 게스트(관광객)와 호스트(관광객을 맞이하는 쪽의 사람)의 상호관계에 관한 연구도 축적됐다. 게스트가 소비하는 관광 대상, 호스트가 보여주고자 하는 관광 대상, 그리고 관광의 현장에서 새롭게 만들어지는 문화 등이 연구주제가 된다.

얼마 전까지 중국인의 "싹쓸이 쇼핑(바쿠가이爆買い)"이 화제가 됐지만, 최근 들어서는 많은 관광객이 방문했을 때 호스트 사회에서 나타나는 반응이나 갈등이 주목받고 있다. 세계화가 진행되면서 해외여행이 일반화되고 있는 지금, 유명한 관광지만이 아니라 우리가 살아가는 일상생활에도 관광객이 끼어들게 되었다. 중국인의 사례

로부터도 알 수 있듯이, 관광객은 잘 알려진 토산품이 아니라 일상
용품 등을 원하기도 한다. 호스트가 보여주고자 하는 것을 판다는
지금까지의 관광에 대한 이미지와는 다른 현상이 벌어지고 있다.

이 장에서는 몇 년 사이에 한국인 관광객을 많이 받아들이게 되
면서 생활세계에서 관광객을 접하게 된 대마도의 경우를 주된 사례
로 삼아, 소비되는 관광문화나 호스트와 게스트가 서로를 바라보는
방식 및 양자 사이에서 발생하는 갈등에 대하여 고찰하려고 한다.

2. 관광을 보는 관점

(1) 호스트와 게스트, 관광과 관광객

우선 인류학에서 관광을 연구할 때 고려할 분야를 예로 들어보자.
일본의 인류학에서 관광연구의 출발점인 『관광인류학』(山下編 1996)
의 제목을 바꾸고 개정한 『관광문화학』(山下編 2007)에서는 관광을
세 가지 분야로 나눠 논의하고 있다. 첫째, 관광의 정치적 측면, 즉
정책, 개발, 산업의 측면에서 보는 것으로, 관광이 얼마나 준비되어
소비되는가를 다룬다. 둘째, 관광의 사회·문화적인 측면을 다루는
것으로, 전통문화의 재창조, 즉 관광이 만들어내는 문화를 다룬다.
셋째, 여행 경험의 의미를 논의한다.

이 장에서 이 모든 측면을 다루기에는 지면이 부족하므로, 관광
에 등장하는 사람들의 관점에서 관광을 다시 파악해보고자 한다.

관광이라는 무대에는 관광객만이 아니라, 관광객을 맞아 서비스를 제공하는 사람들이 있다는 점은 이미 언급했다. 이처럼 "호스트"와 "게스트"라는 틀은 진부하게 들리지만, 관광에 대해 논의할 때 아주 유용하다. 호스트와 게스트라는 개념은 예를 들어 호스트가 받는 사회적·경제적 영향, 게스트가 관광에 나서는 동기나 관광에서 보여주는 행동의 다양성 등과 같은 개별 현상, 그리고 호스트와 게스트의 상호관계를 논의할 때 사용하는 개념이다(スミス 1991).

관광은 어떻게 정의할 수 있을까? 관광은 다양하게 정의할 수 있지만, 누가 무엇을 하는가라는 관점에서 정리해보자. 우선, 관광객에 대해서 알아보자. 스미스Valene L. Smith는 관광객이란 "비일상적인 것을 체험하기 위해 자신이 사는 곳에서 멀리 떨어진 곳을 방문하는, 일시적인 유한자有閑者"라고 정의한다(スミス 1991: 1). 여기서 유한자란 일과는 대립하는 의미의 여유를 가진 사람이라는 뜻이다. 이들은 스스로 선택해서 익숙하지 않은 장소를 방문해, 일상과는 다른 것을 체험하고, 휴식을 취한 후 돌아와 다시금 일에 종사한다. 물론, 노동자가 아닌 대학생 등도 관광을 하지만, 일시적으로 다른 곳을 방문해 일상에서 벗어난 것을 경험한 후 되돌아와 일상에 복귀하는 과정을 거치는 점에서는 마찬가지다.

다음으로 관광이란 무엇을 하는 것인가라는 관점에서 살펴보자. 하시모토 가야橋本和也는 "즐거움"이라는 말을 사용해 관광이란 "낯선 곳에서 잘 알려진 것을 아주 약간의 일시적인 즐거움으로 사고 파는 행위"라고 설명했다(橋本 1999: 12). 말하자면, 가이드북에 소개된 유명한 관광지처럼 "잘 알려진 것"을 찾아 여행을 떠나 소비하는 행위를 말한다. 관광은 거주와는 달리 반드시 기한이 있다. 이런 의미에서 일시적이며, 그래서 "즐거움"은 "아주 약간"밖에 느낄 수 없다. "즐거움"은 호스트 사회를 살짝 엿볼 수 있는 것을 끌어모아 구성되며, 이것을 사고파는 것이다.

나아가 하시모토는 "일시적인 즐거움"은 "본래의 문맥에서 분리해 모아놓은 것으로 새로운 '관광문화'를 형성한다."라고 정의하고 있다. 여기서 형성되는 "관광문화"란 무엇인지 다음 절에서 살펴보자.

(2) 관광과 시선

관광연구에서는 관광이 진정한 것을 보여주고 있는가 혹은 관광을 통해 진정한 것을 느낄 수 있는가라는 "진정성"이 중요한 논점이었다. 그러나 관광은 잘 알려진 것을 아주 약간 즐기기 위한 것이므로, "진정한 것"이 반드시 중요하지는 않다.

대니얼 부어스틴Daniel J. Boorstin은 『이미지와 환상The Image: A Guide to Pseudo-Events in America』에서 관광은 미리 치밀하게 만들어진 "의사疑似 이벤트"라고 말한다(ブーアスティン 1981). 관광객은 가이드북을 읽고 여행에 나서며, 가이드북에 적혀 있는 곳에 가서 가이드북에 나온 것과 똑같은지를 확인한다. 관광객은 "진정한 것"이 아니라 "진짜 같은 것", 즉 의사 이벤트를 체험하러 간다. 디즈니랜드는 허구의 세계를 실현한 장소이지만, 그 자체가 허구라는 의미에서도 역시 "진짜 같은 것"을 체험할 수 있는 관광지이다.

관광지가 된 장소에서 호스트는 게스트가 만족할 만한 "현지現地다움"을 연출하며 게스트를 맞는다. 예를 들어, 오늘날 유명한 발리섬의 케차댄스 같은 전통 예능은 1930년대에 새롭게 만들어진 것이다(山下 1993). 발리섬의 예능이 서양에서 온 게스트에 의해 재발견되고 대중화되어 새로운 "전통"으로 간주된 것이다. 하와이의 훌라댄스 등도 마찬가지다.

존 어리John Urry는 『관광객의 시선The Tourist Gaze』에서, 관광객은 관광 대상의 비일상성에 "시선"을 향하고 있으며, 그 대상이 가짜라고 해도 그것을 즐긴다고 주장한다(アーリ 1995). 이로 인해 관광객이 보는 관광 대상은 어떤 의미에서 허위虛僞일 필요조차 있다. 하시모토가 말하는 "새로운 관광문화"란 "진정한 것"인지 아닌지와 관계없이, 관광이 관광으로서 계속해서 소비됨으로써 호스트와 게스트의 상호관계 속에서 형성되어가는 것이라는 사실을 의미한다.

호스트와 게스트의 상호관계는 권력관계로서도 논의되고 있다. 호스트·게스트론에서는 "호스트＝보이는 것", "게스트＝보는 것"이라는 지배적인 권력관계가 작동한다는 점이 지적된다. 호스트가 게스트에 의해 강요된 이미지 속에서 권력상의 억압을 받고 있다는 것이다. 이러한 관계성은 보는 주체와 보이는 객체가 대립적으로 고정될 때 문제가 된다. 그러나 관광이라는 현장에서는 게스트의 "시선"을 이용해서, 호스트는 자신을 변화시켜 자기 것으로 만들어가려고 한다. 게스트라는 타자의 시선을 통해, 호스트는 지역의 자연이나 문화의 가치를 재발견하고 정체성의 근원으로 삼는 일도 있다. 관광을 통해 보는 측의 지배적인 힘을 객체화하여 주체적으로 지역의 문화를 새롭게 만들어가는 것이다.

호스트 사회에서는 무엇을 관광 대상으로 삼아 어떻게 관광문화를 만들어갈 것인지를 언제나 생각해야 하며 변화의 압박을 겪기도 한다. 이를 드러내는 한 가지 예로 세계유산 관광이 유행하는 것을 들 수 있다. 유네스코UNESCO의 유산보호사업에는 세계유산(자연, 문화, 복합)과 무형문화유산, 기억유산이 있는데, 그중에서도 세계유산이 관광자원으로 활용되어 세계적으로 많은 사람이 세계유산을 보러 방문한다. 문화유산에는 서양의 건축물 등이 많이 등재되는 경향이 있으며, 자연유산에는 서양 이외의 지역이 등재되는 경우가 많다. 무엇을 유산으로 삼을 것인가, 시선의 권력관계가 서양과 비非서양에 분명하게 작용하고 있다.

반대로 호스트가 보여주지 않는 것도 존재한다. 예를 들어, 서울에는 조선시대의 여러 왕궁이 복원되어 관광자원이 됐지만, 경복궁 안에 있던 식민지시대에 만들어진 조선총독부 건물은 철거되어 관광의 대상이 되지 않았다.[1] 대조적으로, 대만총독부였던 건물은 보존되어 관광자원으로 활용되고 있다. 이러한 사례는 게스트의 시선만이 아니라 호스트가 주체적으로 보여주고 싶은 관광문화를 만들어가는 과정으로 이해할 수 있다.

---

1 엄밀히 말하자면, 조선총독부 건물의 잔해는 역사교육의 자원으로 활용되고 있다. 이 잔해의 일부는 현재 독립기념관 대지의 외진 곳에 전시되어 있는데, 특히 조선총독부를 상징하던 첨탑은 반쯤 땅속에 묻혀 있다.

그러나 반드시 호스트가 주체가 되어 게스트에게 보여줄 관광문화를 만들어간다고 단순화할 수는 없다. 모리야마 다쿠미森山工는 "문화"가 "누구"에 의해 "자원화"되는가에 대해 논의하면서, 예를 들어 "자신들의 무용이나 예능과 같은 '문화'를 자신들의 것으로서 관광객이라는 외부의 타자를 대상으로 '자원화'하는 것"이 전형적인 형태이지만, 자원화하는 주체가 호스트 자신들이 아니라 관광산업이라는 외부자인 경우에는 자원화하는 주체와 문화자원의 소유주인 호스트 자신들, 보여주고자 하는 대상인 관광객이라는 세 주체가 다르므로, 더욱 복잡해진다고 주장한다(森山 2007: 87).

관광에서 등장인물들의 관계가 복잡한 것은 문화를 관광자원화하는 외부자와 호스트 사이에도, 나아가 호스트와 호스트 사회의 일원에 지나지 않는 사람들 그리고 게스트와의 사이에도 간극이 크다는 것을 시사한다. 외부자에게 드러내지 않았던 일상의 생활세계까지도 관광자원화되어 게스트의 "즐거움"으로 "사고 팔리게" 되면서, 호스트 쪽에서 어찌할 바를 모르거나 이른바 혐오감마저 품게 되는 일이 발생한다. 다음에서는 대마도의 사례를 중심으로 검토해보자.

3. 대마도를 방문하는 한국인 관광객

(1) 단체 관광객의 방문

최근 들어 엔화의 가치가 하락하고 비자 발급 요건이 완화되어, 일본을 방문하는 외국인 관광객이 증가하고 있다고 보도된다. 관광청에 따르면 2015년 일본을 방문한 외국인은 역대 최대인 1,974만 명에 이르렀으며, 여행 소비액은 3조 엔을 넘었다고 한다. 그중에서도 중국인 관광객의 증가와 소비액의 증가가 두드러진다. 일본을 방문하는 중국인 관광객은 전년도의 두 배인 500만 명이며, 1인당 소비액은 다른 나라 방문자와 비교할 때 두 배 이상 많은 약 17만 엔이라고 한다. 이처럼 눈에 띄는 소비행위를 대중매체 등에서는 조롱의 의미를 담아 "싹쓸이 쇼핑"이라고 부른다. 일본에 단체관광을 와서 "싹쓸이 쇼핑"을 하고 가는 중국인의 관광 방식을 보도하는 행태를 보면, 경제효과는 인정한다 하더라도 무엇인지 설명할 수 없는 불쾌감을 느끼는 사람도 있지 않을까?

그러나 잘 생각해보면 사실 일본인은 얼마 전까지 반대의 입장이었다. 1965년에 해외여행이 자유화되어 패키지 투어가 개발되자 일본인은 너 나 할 것 없이 해외에 나갔다. 그 과정에서 양복 차림에 안경을 쓰고 카메라를 목에 걸고 있는 정형화된 일본인 관광객의 모습이 형성됐다. 당시만 해도 해외여행은 비용이 많이 드는 일이어서 외출용 양복 차림으로 여행을 떠나는 일이 많았기 때문이다. 또한 일본인은 단체로 행동하고, 여기저기 다니며 명품을 구매한다는 이미지도 잘 알려져 있다. 얼마 전까지 일본인 관광객도 말 그대로 "싹쓸이 쇼핑"을 했던 셈이다.

한편, 한국인 관광객이 대거 방문하게 된 대마도는 어떨까? 한국에서 단시간에 올 수 있는 대마도에는 연간 20만 명이 넘는 한국인 관광객이 방문하고 있다. 1년 내내 크고 작은 단체 관광객이 바다와 산에서 레저를 즐기거나 면세점이나 슈퍼마켓에서 쇼핑을 즐기는 모습을 볼 수 있다. 연말이나 연휴 철이 되면 인구 3만 명 정도의 대마도 이곳저곳이 한국인 관광객으로 가득 찬다. 일상생활 속에 관광객이 끼어들게 된 것이다.

대마도 관광에서 상징적인 것은 원래 있던 명승지가 관광자원으로 더욱 활용된 점만이 아니라, 일상의 생활세계가 관광 대상이 된 점이다. 대마도는 국경 가까이에 위치한다는 특수성을 가지면서 급격히 증가하는 외국인 관광객을 받아들이게 된 선구적인 장소이며, 호스트와 게스트의 관계성을 고찰하는 데 매우 흥미로운 장소이다. 여기서부터는 서로에 대한 시선과 관계성에 중점을 두며 살펴보고자 한다.

(2) 대마도 관광의 개요

먼저, 대마도와 대마도 관광에 대해 간단하게 정리해두자. 대마도는 나가사키현의 부속도서로 가늘고 긴 두 개의 큰 섬이 연결된 형태를 취하고 있어 남북의 거리가 82킬로미터 정도나 된다. 남부의 가장 큰 마을인 이즈하라^{厳原}에서 후쿠오카까지는 뱃길로 약 132킬로미터 떨어져 있는 데 비해, 대마도 북부에서 한국 남부의 도시인 부산까지는 49.5킬로미터 떨어져 있다. 한국과의 근접성은 눈으로 확인할 수 있다. 과거에 국내 관광객을 대상으로 이국異國 정서를 느낄 수 있는 마을 만들기의 일환으로 세워진 "한국 전망대"에서는 부산의 해안가에서 벌어지는 불꽃놀이를 멀찍이 감상할 수 있다. 반대로, 부산 등 한국의 남부 해안지역에서는 날씨가 좋은 날에 대마도를 볼 수 있다는 사실은 잘 알려져 있다. "대마도"라는 이름은 한국에서 잘 알려져 있고 친숙한 대상이다. 가깝고 친근한 덕분에 기회가 있으면 한번 다녀오고 싶은 관광지이며, 부담 없이 방문할 수 있는 해외 관광지로 인기가 있다.

대마도라고 하면 한국이 가까운 것 이외에, 조선왕조의 사절단인 조선통신사를 통한 한일교류로도 잘 알려져 있다. 매년 8월에 열리는 축제에서 재현되는 조선통신사 행렬은 대마도가 한일교류의 섬이라는 점을 체현하고 있다. 관광과 기념이라는 두 가지 목적에서, 역사적으로 한국과 인연이 있는 인물이나 사건에 관한 현창비顯彰碑를 세우는 사업도 이뤄지고 있다. 도로 표지판이나 식당의 메뉴판에까지 한글 표기를 하는 식의 노력으로 늘어나는 한국인 관광객에 대응하고 있다.

그러나 대마도는 지리적으로나 역사적으로 방위防衛의 요충지여서, 한국과 교류를 진행하면 진행할수록 주로 섬 이외의 지역에서 "대마도가 위험하다."라는 선동적인 경계론이 대중매체를 통해 흘러나온다. 반대로 한국에서는 일부로부터 "대마도는 한국 땅이다.",

"대마도를 반환하라." 같은 목소리도 들려온다. 좋든 싫든 "국경의 섬"인 점을 염두에 두지 않으면 안 된다.

(3) 사고파는 것

한국인의 대마도 관광이 전개되는 과정을 2단계로 나눠보면, 첫번째는 국제 항로의 정기화, 두번째는 동일본대지진에 의한 항로 중단과 그 이후의 항로 증설이다. 2000년에 부산과의 국제 정기항로가 개설된 이후로 한국인 관광객 수는 조금씩 늘었지만, 2011년 3월 동일본대지진의 영향 탓에 선박 운항이 중단됐다. 반년 정도 지나서 다른 회사의 참여가 결정되자 항로가 다양화됐고 고속선이 운항하게 됐으며, 가격경쟁으로 여행비용이 더욱 저렴해졌다. 부산에서 가장 짧게는 한 시간 정도면 대마도에 올 수 있게 된 결과, 관광객이 급증해 2015년에는 21만 명을 넘었다([그림 11-1]). 대마도로서는 경제적 파급효과도 크다. 2012년 한국인에 의한 관광 소비

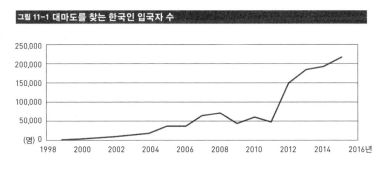

그림 11-1 대마도를 찾는 한국인 입국자 수

출전: 쓰시마시청 자료를 참고해 필자가 작성

는 5년 전보다 11억 엔 증가해 33억 엔이 됐다(《서일본신문西日本新聞》 2014년 1월 8일 자).

대마도는 근접성과 저렴한 여행비용 덕분에 단기간 여행자가 많고, 캠핑, 사이클링, 등산 등 동호회의 단체여행지로 자주 이용되고 있다. 기본적으로 단체여행에는 관광 가이드가 동행한다. 예전부터 낚시하러 오는 관광객이 많은 것도 잘 알려져 있다. 이들은 꽤 자주 대마도를 방문하는 고정 관광객으로, 단골 여관을 정해놓은 경우가 많다.

2012년 이전에 한국인 관광객의 가장 큰 특징은 "단체, 단기간, 중장년층"이었다. 이전에는 1박 정도의 단기간으로 휴가를 오거나 계(여행 등의 특정한 목적을 위해 돈을 적립하는 모임)를 통해 오는 중장년층 단체가 두드러졌다. 현재는 "개인, 단시간, 젊은 층"이 증가하고 있다. 항로가 다양해지고 고속화되면서 본래 단기간 체재였던 대마도 여행은 점점 더 "단시간" 체류로 변했다. 아침에 대마도에 도착해 해수욕을 한 후, 온천에 갔다가 슈퍼마켓에서 쇼핑하고 저녁에 돌아가는 것도 가능하게 되었다.

당일치기 관광객에는 값싸게 해외여행을 가고자 하는 대학생이나 면세품 구입을 주된 목적으로 하는 젊은이도 많다. 그중에는 비자 갱신을 위해 한국에서 일시적으로 출국한, 한국인이 아닌 외국인의 모습도 볼 수 있다. 면세품의 구입을 목적으로 하는 경우는 면세품을 사전 예약해두고 부산 터미널에서 받는다. 대마도에 도착하기 전에 이미 여행 목적을 달성하는 셈이므로, 대마도의 입장에서 보면 관광도 하지 않고 대마도에서의 소비액도 얼마 안 된다는 단점이 있다. 대마도는 한국에서 가까워서 정말 "아주 약간" 소비한다고 말할 수 있을 정도다.

많은 한국인에게 대마도의 매력은 크게 두 가지로 나눠볼 수 있는데, 한국과 관련된 역사와 아름다운 자연환경이 그것이다. 대마도의 관광 정보는 여행 경험자가 쓴 개인 블로그나 SNS에 충실하게 정리되어 있으므로, 이런 정보를 접한 후 대마도에서 먹어야 할 것, 봐야 할 곳, 사야 할 것을 정하고 오는 사람이 매우 많다. 또한 부산을 중심으로 한 경상남도 지역에서는 가족이나 친척, 친구 중에 대마도를 이미 방문한 적이 있는 사람이 많아서, 소문도 큰 정보원 중 하나다.

한편, 대마도에 대한 정보 없이 오는 경우도 많다. 터미널에서 귀국하는 20대 관광객에게 대마도에 관해 물어보니 부산에서 보인다고 들은 적이 있을 뿐 "아무것도 모른다"고 이야기했다. 이들이 대마도에 온 목적은 면세품을 구입하기 위해서였다. 실제로 대마도에 방문하는 관광객의 속성과 목적은 정말 다양하다. 낚시나 등산과 같이 취미를 즐기러 오거나, 가족이나 친구와의 친목을 다지러 오는 등 가지각색의 목적으로 대마도를 방문한다(中村 2015).

대마도는 조선통신사를 시작으로 한일교류의 역사를 중시하고 있지만, 관광객은 한일교류에는 별로 관심이 없는 것 같다. 실제로 조선통신사의 재현 행렬에 관심이 없는 관광객도 꽤 많았다. 호스트 사회의 입장에서 알아줬으면 하는 것이 반드시 게스트에게 "잘

알려진 점"은 아니다. 블로그에 소개된 유명한 약이나 화장품, 일상
용품의 구입, 면세품의 구입이 목적인 관광객에게는 "단시간에 오
가면서 (일본) 제품을 살 수 있다"는 점이 대마도의 "잘 알려진 점"
이다.

4. 호스트와 게스트를 생각하다

(1) "감싸고 있는 거품"과 교차하는 "시선"

관광객은 익숙하고 친숙한 한국적인 것, 그래서 편리한 것을 원하
는 경향이 있다. 한국 자본으로 만들어진 대마도의 몇몇 면세점이
나 호텔, 식당, 민박집 등에서는 말도 통하고 특히 단체여행객에게
맞춘 서비스를 제공하기 때문에 좋은 평가를 받고 있다. 반대로 말
하자면, "있는 그대로"의 대마도는 이들에게 "불편"할 뿐이다. 관광
객 중에는 가게에 한글 표기가 많은 것을 당연하게 여기는 사람도
많고, 한국 화폐를 사용할 수 없다며 불만스러워하는 사람도 있다.
한 관광객은 한국의 관광지라면 반드시 있는 식당가나 카페, 아웃
도어 패션 전문점이 없는 것에 불만을 느끼고 있었다.

　　넬슨 그레이번Nelson H. H. Graburn은 관광객이 자신의 문화나 생활환
경, 즉 자신을 "감싸고 있는 거품"과 같은 것을 관광지에 함께 지니
고 간다고 지적한다(グラバーン 1991). 한국 관광객도 마찬가지로, 한
국에 있었을 때와 같은 가치관이나 습관을 지닌 채 호스트 사회를

그림 11-2 이즈하라항 터미널에서 구매한 물건을 포장하고 있는 한국인 단체 관광객 (2016년, 필자 촬영)

방문한다. 이런 "거품"이 호스트 사회의 사람들에게 영향을 끼치며, 위화감이나 반감을 갖게 만드는 원인이 되고 있다.

예를 들어, 약속시간에 비교적 관용적인 점이나, 중장년층이 등산복을 좋아하는 것, 화장실에서 화장지를 좌변기에 버리지 않는 것은 한국에서는 특별히 기이한 일이 아니다. 그러나 관광객의 이러한 한국적 가치관은 대마도의 일상적 가치관과는 큰 차이가 있어서, 대마도 사람들에게는 이상하게 비친다. 바꿔 말하면, 호스트(사회)의 기대와 게스트의 의식 사이에 간극이 발생하고 있다고 하겠다. 덧붙여 말하자면, 단체여행의 경우 사전에 대마도에 관한 정보를 찾아보지 않고 오는 경우가 많은데, 이런 점이 단체관광의 폐해라고 지적할 수도 있다. 비슷한 현상은 중국인 관광객이 급속히 늘어난 홍콩이나 대만에서도 발생하고 있다.

(2) 호스트는 누구인가?

대마도에는 한국인 관광객을 받아들인 초기부터 한국인에게 노골적으로 멸시적인 발언을 하는 사람이 있었다고 하지만, 동일본대지진으로 인해 손님의 발길이 끊어졌을 때 대마도는 경제적으로나 지역의 활기 면에서도 큰 타격을 받았기 때문에 이런 발언이 수그러들었다. 대마도의 입장에서 한국인 관광객은 없어서는 안 될 존재라는 점을 다시금 생각하게 됐기 때문이다.

물론, 일찍이 호스트로서 자각을 갖고 대응한 사람도 적지 않다. 한국인 단체관광객을 받아온 한 초밥가게의 주인은 "장사니까 누가 오든 상관없다."라고 말했다. 또한 "한국 사람이 자주 하는 요구나 무리한 요구에 대해서는 사전에 준비하고 있으면 놀라지도 않고 화를 낼 일도 없다."라고 덧붙였다.

한편으로 한국인 관광객에 대한 반발이 잠잠해졌다고는 하지만, 대마도의 몇몇 곳에서는 변함없이 마주칠 수 있다. 몇몇 음식점은 "한국인 관광객은 거절합니다."라는 간판을 세워놓고 있다. "한국인을 받아들이고 있지만, 사실은 일본인이 왔으면 좋겠다."라고 말하는 호텔 주인도 있다.

한국인 관광객에 대한 반발은 매너의 문제로 환원되는 경향도 보인다. 여행사나 행정기관이 포스터나 유인물을 통해 선전 활동을 실시하고, 한국 내에서도 가치관이 변화한 결과, 실제로 매너상의 문제는 개선되고 있다. 그럼에도 불구하고, 현재까지도 틀에 박힌 방식으로 "매너의 문제"가 재차 제기되는 이유는 소문이 입에서 입으로 전해지며 재생산되는 측면도 있지만, "한국인은 어떻다."라는 고정관념이 크게 작용하기 때문이다.

한 가지 더 말하자면, 한국인을 게스트로 보고 있는가라는 문제도 있다. 어떤 사람은 한국인이 많이 방문하는 장소에서, "한국 사람은 시간을 지키지 않아요. 가이드가 힘들 것 같아요."라고 말했다. 이것은 단순한 감상이라기보다는 고정관념에 근거한 발언이며, 또한 관광객을 자신의 게스트로 보지 않는 입장에서 나온 발언이라고 해석할 수 있다.

게다가 일상에서 한국인과 접하는 기회가 늘어나면서, 이해의 폭이 넓어지는 경우도 있지만 반대로 고정관념이나 혐오감을 강하게 가질 수도 있다. 거리가 활기를 띠어 좋다든가, 어찌 됐든 손님이 오는 것만으로도 좋다고 하는 사람이나, 한국인을 접하게 되면서 한국어를 배우기 시작해 아주 즐겁다고 하는 사람이 있는 반면, 반대로 한국인과 접하게 되면서 한국이 싫어졌다는 사람도 있다. 대마도 출신 대학생에 따르면, "관광에 관련된 사람은 한국에 대해 나쁘게 말하지 않아요. 관광에 관련되지 않는 사람일수록 나쁘게 말하지요."라고 했다. 한 시청 직원에 따르면, 대마도 시민은 "한국을 좋아하는 사람 30퍼센트, 한국을 싫어하는 사람 30퍼센트, 어느 쪽도 아니라는 사람 40퍼센트"로 구성되어 있다고 한다. 대마도 안에서도 직접 관광에 관련된 호스트인지, 아니면 단지 호스트 사회의 일원에 지나지 않는지에 따라 입장의 차이가 있는 것 같다.

한번은 슈퍼마켓에서 한국인에게 차가운 태도를 보인 점원을 목격한 주부가 "종업원 교육이 필요해요. 내가 한국에 갔을 때 이런 식의 대접을 받으면 싫어요. 일본에 대해 나쁜 감정을 갖길 원하지 않으니까요. 한국인이 하는 행동은 싫지만 말이에요."라고 말하는 것을 보았다. 이것을 바꿔 말하면, 국가로서의 한국이 좋은지 싫은지에 관계없이 게스트는 게스트라는 의미일 것이다. 그 주부는 호스트로서 게스트에게 예의 바르게 대해야 한다는 생각을 드러낸 것이다.

그러나 이 점원이 관광의 현장에서 호스트로서 자각을 하고 있을지가 의문이다. 일상적인 쇼핑을 하는 장소인 슈퍼마켓에 관광객은 나중에 들어온 존재라서, 점원은 자신이 응대해야 할 게스트로 인식하지 않은 것이 아닐까? 관광이라는 현장은 호스트와 게스트가 만나는 장소이며 상호작용의 장소이지만, 당사자들이 그런 의식이 없는 경우에는 간극이나 갈등이 발생한다.

5. 타자이해로서의 관광

관광은 호스트를 바라보는 게스트라는 구도에서 논의되기 쉽지만, 게스트 측만이 아니라 호스트 측도 마찬가지로 바라보는 주체가 된다. 대마도에서 자주 이야기되는 한국인은 매너가 나쁘다는 이미지나, 최근 들어 일본을 방문한 중국인 관광객의 소비행동을 "싹쓸이 쇼핑"이라고 표현하는 예는 게스트에 대한 호스트 측 시선의 고

정관념화라는 문제를 보여준다. 스미스는 "대중관광 활동의 경제 목표가 실현되어 가끔만 왔던 관광객이 점차 안정적으로 유입되면, 게스트 개개인의 정체성은 점점 모호해지고, 방문하는 여행자는 '관광객＝투어리스트'라는 꼬리표가 붙어 출신 국가의 이미지에 순차적으로 뒤섞이게 된다. 이로써 게스트가 단순히 경제적인 이익을 창출하기 위한 인격이 없는 대상물이 되어버리면, 관광객도 마찬가지로 자신들을 맞이하는 호스트를 대상물로 호기심 어린 눈초리로만 보게 된다."라고 지적한다(スミス 1991: 14).

대마도의 사례에서 한 가지 더 생각해볼 점은, 일상생활에 끼어든 관광객에 대한 당혹감을 감출 수 없는, 호스트 사회의 일원이지만 호스트로서의 자각이 없는 사람들의 존재이다. 우리는 해외나 낯선 곳에 관광을 가면 대접을 받는 게스트가 되는 동시에, 일상생활에서는 외국인을 받아들이는 호스트 사회의 입장에 서 있는 존재이기도 하다. 그러나 중국인의 "싹쓸이 쇼핑"을 조롱한다면, 우리는 호스트가 될 수 없다. 우리는 일상생활에 등장하게 된 타자를 어떤 식으로 대해야 할까? 관광을 통해서 타자이해, 타자와의 관계 구축에 관해 생각해보면 어떨까?

참고 문헌

アーリ, J 1995 『観光のまなざし』 加太宏邦訳, 法政大学出版局.

グラバーン, N·H·H 1991 「観光活動」 V·L·スミス編 『観光·リゾート開発の人類学』

三村浩史監訳, 勁草書房, 27-72頁.

スミス,V・L編 1991『観光・リゾート開発の人類学: ホスト&ゲスト論でみる地域社会の対応』三村浩史監訳, 勁草書房.

中村八重 2015「観光交流からみた日韓関係: 対馬の韓国人観光客を中心に」磯崎典世・李鍾久編『日韓関係史 1965-2015 III 社会・文化』東京大学出版会, 353-369頁. (이종구・이소자키 노리요 편, 2015,『한일관계사 1965-2015 III 사회・문화』, 역사공간.)

橋本和也 1999『観光人類学の戦略: 文化の売り方・売られ方』世界思想社.

ブーアスティン, D・J 1981『幻影の時代』後藤和彦・星野郁美訳, 東京創元社. (대니얼 J. 부어스틴, 정태철 옮김, 2004,『이미지와 환상』, 사계절.)

森山工, 2007「文化資源 使用法」山下晋司責任編集『資源人類学02 資源化する文化』弘文堂,61-91頁.

山下晋司 1999『バリ 観光人類学のレッスン』東京大学出版会.

山下晋司編 1996『観光人類学』新曜社. (야마시타 신지 엮음, 황달기 옮김, 1997,『관광인류학의 이해』, 일신사.)

山下晋司編 2007『観光文化学』新曜社.

읽을거리

- 『観光文化学(관광문화학)』山下晋司 編, 新曜社, 2007年.

    문화인류학에서 관광연구의 선구자적인 저서.『관광인류학』(1996)의 제목을 바꿔 내용을 수정한 개정판이다. 아시아를 중심으로 한 각지의 풍부한 관광 사례를 통해, 관광의 창조적인 가치에서부터 관광에 따른 갈등이나 모순까지도 다각적으로 배울 수 있다.

- 『観光経験の人類学: みやげものとガイドの「ものがたり」をめぐって(관광 경험의 인류학: 기념품과 가이드의 "이야기"에 관하여)』橋本和也, 世界思想社, 2011年.

    관광객이 관광에서 요구하는 경험은 관광지에 준비된 것이라기보다는 스스로가 구축한 "이야기"라고 주장한다. 관광지에서 구매한 기념품도 집에 돌아왔을 때 관광 경험을 말하기 위한 물건인 셈이다.

- 『旅を生きる人々: バックパッカーの人類学(여행하며 사는 사람들: 배낭 여행객의 인류학)』大野哲也, 世界思想社, 2012年.

  "자아 찾기"를 목적으로 다른 사람과는 구별되는 모험을 찾아 여행에 나서는 배낭여행객 중 상당수는 결국 정형화되고 상품화된 관광을 소비하는 데 지나지 않는다고 비판하는 지점이 매우 흥미롭다. 과연 배낭여행객은 "자아 찾기"에 성공했을까?

중국의 관광 사례 가와구치 유키히로

일본에 온 중국인 관광객의 "싹쓸이 쇼핑"이라는 단어가 자주 들린다. 그런데 실제로 사람들은 어떤 관광 체험을 하는 것일까? 나와 15년 지기 친구인 부부의 이야기를 소개하고자 한다. 광저우시 교외의 농촌 지역에 사는 두 사람은 40대이고, 남편은 마을에서 음식점을 경영하며, 아내는 마을의 간부이다. 2016년 봄에 막 결혼한 아들과 고등학생 딸이 있다. 마을에서는 풍족한 편에 속한다.

이 두 명은 2014년 3월에 일본을 여행했다. 광저우에서 나리타로 비행기를 타고 와 도쿄, 후지산, 간사이 그리고 홋카이도를 도는 7박 8일의 여행이었다. 여행 자금은 한 명당 9,000위안(약 13만 엔)으로, 그 외에도 쇼핑 등으로 두 명이 함께 3만 위안(약 45만 엔)을 지출했다고 한다.

"(필자에게 스마트폰으로 사진을 보여주면서) 이거, 홋카이도에서 식사할 때 추가 주문한 전복이랑 게야! 1만 엔이나 했어. 물가가 비싸다는 생각은 전혀 들지 않았어. 중국에서는 비싸든 싸든 무엇이 진짜인지 알 수 없잖아. 일본에서는 그런 걱정을 할 필요도 없고 서비스도 좋아. 관광버스 운전기사는 나이가 많은 사람이었지만, 매번 우리 짐을 내려주고 인사까지 해주었어. 일본은 음식도 좋고, 쇼핑도 좋고, 공기도 좋고, 풍경도 좋고, 모든 것이 좋아서 다시 한 번 가고 싶어!"

개인의 감상이지만, 꽤 좋은 평가다. 젊은이들부터 중년 정도까지의 사람들에게 일본에서의 여행 경험은 대체로 좋은 인상으로 남아 있다. 한편, 받아들이는 쪽에서는 물건을 팔아서 이득을 봤다고 하는 목소리가 들리긴 하지만 부정적인 의견도 적지 않다. 예를 들어, 먹다 남은 음식 찌꺼기를 테이블에 흩뜨려놓는다거나, 화장실 휴지를 변기에 내려보내지 않고 휴지통에 넣는 것에 대해 불평한다. 하지만 이것은 매너가 나쁘다기보다는 중국에서는 보통 그렇게 하므로 어쩔 수 없는 면이 있다. 일본인도 과거에는 해외 호텔에서 목욕가운을 걸치고 호텔 안을 걸어 다녀 빈축을 샀었다. 온천 여관에서 유카타 차림으로 돌아다니던 습관 탓일 것이다. 하여튼 중국 사람들의 해외 여행 체험은 막 시작된 셈이다. 거기서 어떤 문화를 엿볼 수 있을지 인류학의 눈으로 바라보는 것은 어떨까?

제12장

경제

몽골의 목축으로부터

오자키 다카히로

인류학은 주로 화폐를 사용하지 않는 영역에서의 경제를 다뤄왔다. 이 장에서는 생업의 다양성과 역사, 그리고 생업 중 하나인 몽골의 목축에 대한 사회주의와 시장화의 영향에 관해 생각해보자(2014년, 필자 촬영).

1. 문화인류학이 다루는 경제는?

아마도 이 장을 읽고 있는 독자 중 많은 사람은 문화인류학과 경제
의 결합에 위화감을 느끼지 않을까? 왜 문화인류학 강의에 경제라
는 단어가 등장하는가 하고 말이다.

하지만 경제학이 다루는 경제는 대체로 경제의 방대한 영역 중
일부에 지나지 않는다. 예를 들어『이와나미 현대경제학사전岩波現代
経済学辞典』에서는 경제를 "인간 생활의 기초인 물질적 재화의 생산·
분배·소비의 과정과 이에 수반하여 생기는 인간의 사회적 관계"라
고 설명하고 있다. 그러나 주류 경제학에서는 화폐, 즉 돈을 매개로
하지 않는 영역에 대해서는 별로 다루지 않는다. 화폐는 분배에 있
어서 중요한 역할을 하는 요소이지만, 제5장에서 다룬 것처럼 우리
의 생활에는 화폐보다도 오히려 정치 등의 사회관계로 설명해야 하
는 분배(교환)의 영역이 존재한다. 나아가 생산이나 소비에서는 화
폐가 차지하는 중요성이 분명히 줄어든다. 왜냐하면 인류의 생존에
불가결한 식량의 생산이나 소비는 화폐와 관계없이도 이루어질 수
있기 때문이다.

인류 역사 전체를 생각해보면, 어떻게 먹고살 것인지는 항상 큰
주제였다. 말하자면 그만큼 인간은 기아의 위협에 직면하며 살아
왔다. 한편 현재 우리의 생활을 되돌아보면, 음식을 먹다 남기거나
과식으로 인한 건강 문제를 겪는 등 오히려 식량이 너무 많아서 발
생하는 문제가 빈번하게 보도되는 반면, 최근 들어 일본 국내에서

도 기아가 보도되는 일이 늘어나고 있다. 이처럼 현대 일본에서 식량의 과대 및 과소는 기본적으로 분배(예를 들어 빈곤 등)의 문제이지만, 다른 한편으로 우리도 완전히 식량의 생산과 확보 문제에서 벗어나 있는 것은 아니다. 문화인류학에서는 인류가 식량을 확보하는 방법을 생업론生業論이라는 분야에서 논의해왔다. 이 장에서도 기본적으로는 생업론의 관점에서 경제에 대해 논하고자 한다.

또한 먹거리의 문제는 단순히 "영양가가 있으면 그것으로 충분하다"는 식으로 해결되지 않는다. 인간이 문화적으로 "먹어도 좋다"고 생각하는 것과 생물학적으로 "먹을 수 있는" 것 사이에는 간극이 존재한다. 유명한 예로 이슬람교도에게 종교적 금기의 대상인 돼지고기를 들 수 있다.

일본 또한 마찬가지다. 필자는 몽골인인 지인으로부터 "일본인은 바다에서 나는 벌레를 먹나요?"라는 질문을 받은 적이 있다. 이야기를 잘 들어보니 바다에서 나는 벌레란 새우를 말하는 것이었는데, 아무리 "맛있다"고 설명해도 그의 반응은 일관되게 "왜 그렇게 기분 나쁘게 생긴 것을 먹는가?"라는 것이었다. 이처럼, 먹거리의 문제는 문화의 문제와도 깊숙이 관련되어 있다. 즉, 이것은 경제 문제를 적어도 어떤 부분에 관해서는 확실히 문화의 문제와 분리해서 논하기 어렵다는 것을 시사한다.

2. 생업의 역사

인류 역사 중에서 99퍼센트가 넘는 기간 동안 생업은 수렵채집뿐
이었다. 즉 야생의 동식물을 어떤 식으로든 모아서 그것을 먹는 것
이다. 수렵채집은 함께 이뤄지지만, 매일매일의 생활을 유지한다는
의미에서 더 중요한 것은 채집이다. 왜냐하면 채집을 통해서는 비
교적 안정적으로 식량을 확보할 수 있는 데 비해, 수렵이 언제나 성
공하는 것은 아니기 때문이다. 특히, 야생의 사슴이나 코끼리와 같
은 대형 짐승은 가끔 먹을 수 있는 잔치 음식 같은 것이었다. 사실,
20세기까지 세계 각지에 현존했던 수렵채집민에 대한 민족지적 기
록에 따르면, 수렵으로 얻을 수 있는 육류에 높은 가치를 매기는 일
은 각지에서 볼 수 있었지만, 열량 섭취량으로 보면 채집한 식물이
나 조개류로 얻은 것이 육류로 얻은 것을 상회하는 경향이 강했다.

수렵채집 생활의 기본적인 발상은 "식물은 필요할 때 수집하고
불필요하게 축적하지 않으며, 획득한 것은 모두 나눠 갖는다."라는
것이다. 따라서 매일매일의 식량 확보에 드는 노동시간은 생각보다
짧다. 다만 수렵채집 생활의 최대 난점은 일반적으로 높은 인구밀
도를 유지하는 것이 어려우며, 또한 식량 확보를 위해 자주 이동할
필요가 있다는 점이다.

인류의 생업에는 수렵채집 이외에 농경과 목축이 존재하지만, 농
경과 목축이 시작된 것은 인류 역사 전체를 놓고 볼 때 "극히 최근"
의 일이다. 농업은 야생식물 중에서 인간에게 잘 맞는 특징을 가

진 개체를 선별해서, 그러한 개체를 집중적으로 확보하고 이식시킴으로써 특성을 안정화한, 즉 재배 가능하게 만든(재배화) 식물로부터 식량을 확보하는 방식을 말한다. 한편 목축은 야생동물을 대상으로 같은 행위, 즉 가축으로 변경시킴으로써(가축화) 식량을 확보하는 방식을 뜻한다. 다만, 유라시아의 목축의 경우에는 단지 고기를 이용하는 것만이 아니라 우유를 이용하는 경우가 많다. 어느 쪽이든 수렵채집과 비교하면 인간의 작용이 크게 요구되는 식량 확보 방식인 셈이다. 또한 식량을 획득하기까지 긴 시간이 소요되는 점도 특징이다.

현재, 가장 오래된 농업은 바나나, 참마, 토란 등과 같이 뿌리식물을 재배하는 것이라고 알려졌지만, 인류에게 더욱 큰 영향을 미친 재배식물은 곡물이다. 곡물은 주로 온대에 분포하며, 저장 가능한 종자를 파종해 재배한다. 대표적인 작물은 밀, 보리, 쌀, 옥수수로, 보리와 밀은 서아시아에서, 쌀은 동아시아에서, 옥수수는 중앙아메리카에서 재배된다. 서아시아에서 밀과 보리가 재배되기 시작한 것은 지금으로부터 약 1만 년 전이라고 생각되며, 당시의 환경 변화에 대응해 식량 확보를 시도했던 인간 활동 덕분에 곡물 재배가 이루어졌다고 알려져 있다. 곡물은 생산력이 높고 보존성도 뛰어나서 기아에 대한 대응력이 높지만, 다른 한편으로는 재배 기간이 길다는 난점도 있다. 이 때문에 풍작을 기원하는 의례가 발달하는 한편, 의례를 주재하는 전문 사제가 생겨남으로써, 인류는 국가를 보유하는 사회(문명사회)를 창출하게 됐다고 한다. 도시의 발생도 곡물 재배가 계기가 됐다.

목축은 현시점에서는 가장 새로운 형태의 생업이라고 생각된다. 역사에서 가장 먼저 가축이 된 동물로 개(약 1만 2000년 전)나 돼지(약 1만 년 전)를 들 수 있지만, 목축은 군집성 발굽동물(군집성유제류^{群集性有蹄類}, 모여서 생활하는 초식동물)의 사육에 의존한 생업이므로, 개나 돼지와 같은 동물은 목축의 대상이 아니다. 유라시아 대륙에서 목축이 시작된 것은 서아시아에서 약 1만 년 전에 양과 염소의 가축화가 이루어진 것이다.

가축화는 애초 육류를 목적으로 동물을 사육한 것이라고 여겨지지만, 목축이라는 생업에 중요한 것은 우유를 짜서 유제품을 생산하는 일이다. 육류와 유제품의 차이는 가축을 도살하느냐 아니냐는 점과 보전성의 문제이다. 당연히 육류는 동물을 도살하지 않고서는 얻을 수 없지만, 유제품은 어미와 새끼를 모두 살게 하면서 식량을 얻을 수 있다. 또한 온난한 서아시아에서 육류는 며칠씩 보존할 수 없지만, 유제품은 보존할 수 있다. 이로써 가축에 의존하는 식생활이 확립되어 가축 수가 늘어나는 중에, 농경 촌락에서 분리돼 가축 사육을 전업으로 하는 사람들이 출현하기에 이르면서 목축이라는 생업이 출현했다고 생각된다.

그 후, 유사한 군집성 발굽동물로 소, 말, 낙타, 순록 등이 가축화되는데, 각 동물의 가축화는 각각 2000년 정도의 시간차가 있다고 알려져 있다. 또한 아메리카 대륙에는 유라시아 대륙과는 별개로 낙타과의 라마와 알파카의 가축화가 이뤄졌지만, 아메리카 대륙의 가축은 털과 운반용으로 특화되어 우유를 짜는 것으로는 이용하지 않았다.

목축이 군집성 발굽동물의 사육에 의존하는 이유는 다음과 같다. 우선, 이런 동물은 무리를 이루어 행동하기 때문에 무리 단위로 통제하기 쉽다. 또한 이런 동물을 방목하는 장소로는 초원이 적합한데, 서아시아부터 동아시아까지의 내륙부에는 방목하기에 적합한 온대초원(스텝)이 펼쳐져 있다. 이러한 초원에 있는 벼과 식물은 사람들이 식용으로 삼기에 적합하지 않은 품종이 대부분이다. 게다가 초원은 땅이 건조해서 일반적으로 농경지로 전환하기에 부적합하다. 즉, 초식동물을 방목함으로써 초원에서 인간이 먹을 수 있는 식량을 얻을 수 있다는 것이 큰 의의다(平田 2013).

한편, 유라시아에서는 말의 가축화가 생업과는 다른 점에서도 큰 의미가 있다. 말은 고속 이동이 가능한 이동수단이며, 말을 타며 활을 쏘는 기마병은 전근대에 매우 강력한 군대였다. 특히 동아시아의 전근대사에서는 화북 이남의 농경 사회와 몽골고원을 중심으로 하는 목축 사회의 관계성이 사회 변화의 원동력이라고 할 정도로 큰 영향력을 가졌다. 왕조의 도읍도 장안(현재의 시안西安)이나 북경처럼 농경 사회와 목축 사회의 경계지역에 있는 경우가 적지 않았던 것은 농경 사회의 생산성과 목축 사회의 군사력 양쪽을 모두 통제함으로써 안정적인 왕조가 유지됐다는 것을 보여주는 증거다.

현재에도 목축 사회의 존재는 동아시아 지역의 국가나 종족성, 경제체제의 존재 방식에 큰 영향을 미치고 있다. 이 장에서는 이처럼 현재의 우리에게는 익숙하지 않지만, 동아시아 여러 사회에 큰 흔적을 남기고 있는 목축이란 어떤 생업인지, 그리고 근대국가 시스템 속에서 목축이라는 생업의 현재 상태는 어떠한지를 몽골국(이하 이 장에서는 몽골로 표기)을 예로 설명하고자 한다.

3. 몽골고원의 가축과 식량

몽골에서는 염소, 양, 소, 말, 낙타라는 다섯 종류의 가축이 방목 대상이다. [표 12-1]은 몽골 목축민의 가축 분류 및 용도를 보여준다. 가축은 작은 가축과 큰 가축으로 구분한다. 작은 가축이란 기본적으로 목부牧夫가 무리를 관리하며 방목하는 가축이며, 큰 가축은 기본적으로 방목하면서 우유를 짜거나 조련하기도 하고, 물자 운반 등에 필요할 때 포획해서 데려올 수 있는 가축이다. 또한 양과 염소는 함께 모아 방목하며, 합쳐서 "양"이라고 부르기도 한다.

여기서 말하는 "용도"란 자가自家 사용(소비)을 위한 것이며, 이외에 교역의 대상이나 운반수단으로써 사용하기도 한다. 특히, 가축보다 빠른 운반수단이 없었던 시대에 낙타나 소 같은 가축은 스스로 걸어가면서 모피 등의 물자가 실린 수레를 끌 수 있었다. 현재에는 염소의 털로 만든 캐시미어의 상품 가치가 월등히 높아져서 염소 수가 현저하게 증가했다. 또한 동물의 배설물은 목재 자원이 별로 없는 스텝에서 중요한 연료이며, 입자가 작은 양羊의 배설물은 게르(이동식 주거)의 바닥이나 축사의 바닥에 까는 단열재로도 이용된다.

한편, 다시 가축의 자가 사용으로서의 용도에 주목하면, 각각의 가축은 주된 용도가 서로 다르다는 것을 알 수 있다. 그렇다면 목축민의 입장에서는 한 종류의 가축에 특화하는 것보다 모든 종류의 가축을 균형 있게 소유하는 편이 합리적이다. 또한 각각의 가축은 취약한 환경이 서로 다르다. 예를 들어, 염소는 양과 비교해 추위에 약하지만, 습도가 높거나 건조한 환경에는 잘 견딘다. 이것은 혹한이나 폭설, 가뭄 등과 같이 몽골고원을 종종 엄습하는 자연재해에 대비해, 모든 종류의 가축을 소유하는 것이 목축민에게 있어서 위험 분산이라는 의미가 있다는 것을 뜻한다.

다음으로, [표 12-1]에서 "고기"와 "우유"라고 쓰여 있는 것의 식량으로서의 용도에 대해 살펴보자. 일본인들은 목축민이 매일 가축의 고기만 먹으며 생활한다고 생각하기 쉽다. 실제로 몽골 사람

표 12-1 몽골 목축민의 가축 분류 및 용도

	기본 분류	용도	비고
작은 가축	양	고기, 털, 가죽, 배설물, 우유	양과 염소를 "양"이라고 총칭한다.
	염소	털, 고기, 우유	
큰 가축	말	승용, 우유, 털, 배설물	
	낙타	운반, 승용, 털, 우유	
	소	우유, 운반, 고기, 배설물	

중에는 좋아하는 음식이 무엇이냐는 질문을 받으면 주저 없이 "고기"라고 대답하는 사람이 많다. 그러나 "육류를 좋아한다"는 기호가 반드시 "육류만 먹는다"는 실천과 연결되는 것은 아니다. 우리도 경제적으로나 건강상의 이유로, 혹은 문화적인 이유 때문에, 좋아하는 것만을 먹지는 않는 것과 마찬가지다. 몽골 목축민에게 가축은 아주 좋아하는 육류의 공급원인 동시에, 이들이 소유한 거의 유일한 자산이며, 외부에서 구입하는 물자에 대한 지불수단으로 활용해야 할 때도 있다. 이것은 물물교환 방식으로 교역이 이루어졌던 전근대에 한정된 이야기가 아니라, 화폐경제가 침투한 현재에도 "양 서른 마리를 팔아 트럭 한 대를 샀다."라는 이야기를 종종 들을 수 있다.

목축민들에게 고기를 먹는 것은 자산을 먹어 치우는 것이나 다름없다. 이들에게 먹어도 좋은 가축이란 다음 겨울을 넘길 수 없는 나이 든 가축이나 재생산에 관여하지 않는 거세된 수컷이지만, 이런 가축도 팔 수 있는 자산이라는 점은 변함없다. 따라서 고기를 낭비하지 않기 위해서도 유제품의 생산과 소비는 필수적인 활동이다. 우유는 있는 그대로의 상태로는 쉽게 부패하기 때문에, 발효나 가열, 탈수 등의 가공을 통해 보존성이 높고 맛을 즐길 수 있는 유제품을 제조한다.

실제로 몽골에서 유제품의 종류는 매우 다양해서, 여러 종류의 가축에서 얻은 우유로 다양한 크림, 버터, 치즈, 요구르트 등은 물론 술까지도 만든다. 이 지역에서는 가축의 출산 시기가 봄이어서 여름에는 모유량이 풍부하므로, 여름은 유제품을 생산하는 계절이며 식생활도 유제품이 중심을 이룬다. 여름의 식생활에서 유제품이 중심이 된 또 다른 이유도 있다. 냉장고 등의 보존 설비가 없는 스텝에서 여름 목장의 가축을 도살할 경우, 고기가 상하기 전에 모두 소비할 수 없다. 이를 위해서는 성인이 많이 모이지 않으면 안 된다. 즉, 여름에 고기를 소비하기 위해서는 잔치를 여는 것 같은 상황이 필수적이다. 덧붙여서 다 자란 양 한 마리는 50킬로그램이나 되며, 이로부터 얻을 수 있는 고기의 총량은 20킬로그램이 넘는다.

4. 음식의 계절성과 비자급적 식량의 존재

몽골에서 고기의 일반적인 섭취 방법은 소금을 치고 삶은 것을 각자가 손에 칼을 들고 잘라 먹는 것이다. 고기를 삶을 때 나오는 즙은 수프로 마시거나 우동의 맛국물로 활용하기도 한다. 내장도 기본적으로는 소금을 쳐 삶아 먹는다. 피는 밀가루나 야생 양파류 등과 섞어서 순대(돼지 창자에 비계와 선지를 많이 넣어 만든 블러드 소세지 blood sausage)처럼 만들어, 마찬가지로 소금을 치고 삶아서 먹는다. 특히 순대는 막 도살한 가축이 아니면 맛볼 수 없는 진미로, 손님을 접대하는 잔치에는 양을 도살해서 준비해야 하는 일품요리다.

여름에는 유제품이 목축민 식생활의 중심이며, 일부는 겨울에도 먹기 위해 장기보존에 적합한 형태의 유제품으로 가공한다. 가을

이 되면 풀이 마르고 우유량이 감소할 뿐만 아니라, 출산 연령의 암컷은 봄의 출산 시기에 맞춰 임신 기간에 들어간다. 가축은 임신하면 젖이 나오지 않기 때문에, 겨울에 우유를 얻을 수 있는 가축은 인위적으로 임신을 시키지 않거나 어떤 이유로든 임신을 하지 않은 암컷에 한정된다. 이 때문에 겨울에 확보할 수 있는 우유량은 매일 마시는 우유차(몽골풍의 밀크티)에 넣을 정도뿐이며, 유제품도 충분히 먹을 수 없다. 따라서 겨울 식량으로 소비되는 것이 고기이다.

한랭한 몽골고원 지역에서는 대체로 11월 중순이 지나면 봄까지 온종일 영하의 날이 계속된다. 이것은 두 가지 의미에서 고기의 소비를 촉진한다. 첫째, 창고용 헛간이나 게르를 확보하고 거기에 고기를 보관하면 장기간 보존할 수 있다. 즉, 한 가구家口가 한 마리의 가축을 시간을 들여 소비하는 것이 가능하다. 둘째, 겨울은 추위가 심해서, 가축은 체력이 크게 떨어지며 체중이 대폭 줄어든다. 특히 나이가 든 가축은 겨울을 넘기지 못할 가능성이 있다. 따라서 살이 붙어 있는 가을 중에 도살해서 겨울에 식용으로 삼는 편이 합리적이다. 이로써 몽골에서는 가을에 대량으로 도살한 가축의 고기를 겨울 동안 소비하는 식생활이 정착되어 있다([그림 12-1]).

그렇다고 해서, 몽골의 목축민이 자급자족적인 식생활을 영위하고 있는 것은 아니다. 위에서 설명한 계절성이 있는 식생활은 가축으로부터 얻을 수 있는 식량을 중심으로 소개한 것이며, 설명 도중에 간단히 언급한 것처럼 이들은 우동 등의 곡물 제품이나 차도 "전통적인 몽골 요리"로서 일상적으로 섭취하고 있다. 몽골에서 사

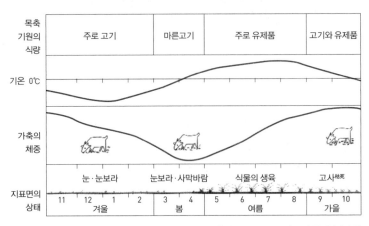

그림 12-1 기온과 가축 체중의 변화 등에 관한 모형도

목축 기원의 식량	주로 고기	마른고기	주로 유제품	고기와 유제품

기온 0℃

가축의 체중

지표면의 상태	눈·눈보라	눈보라·사막바람	식물의 생육	고사枯死
	11 12 1 2	3 4	5 6 7 8	9 10
	겨울	봄	여름	가을

출전: Batoyun, et al.(2015)를 필자가 수정

회주의 시대 말기에 밀의 자급을 달성한 역사적 사실이 있긴 하지만, 역사상 대부분의 시기에 곡물은 외부 지역, 많은 경우에는 화북 지역에서 들여왔으며, 적어도 목축민이 스스로 농경에 종사하는 일은 드물었다. 게다가 차는 온난한 화남 지방이 주요 생산지로, 몽골고원 부근에서 재배할 수 있는 식물이 아니다.

이러한 식재료가 목축민의 일상생활에 오래전부터 들어와 있었던 것은 몽골 목축민의 생활이 중국 사회와의 교역을 전제로 성립되었다는 것을 의미한다. 유라시아 대륙에는 다양한 목축민이 살고 있으며, 그중에서 몽골처럼 거의 목축만을 하는 목축민은 드물다. 특히, 주변의 농경민이나 도시민에 대해 피지배적인 위치를 감수하고 있는 약소집단에서는 반농반목半農半牧 등의 복합적인 생업에 종사하는 것이 일반적이다. 즉, 몽골이 전적으로 목축에 의존하는 사회를 구축하고 있는 것은 스스로 농경에 종사하지 않더라도 농산물을 공급해줄 만큼의 잉여 생산이 있는 대규모의 농경 사회(중국)와 접해 있고, 농경 사회와 교역관계를 유지할 수 있을 만큼의 생산물과 실력을 유지할 수 있었던 상황의 역사적 산물이라고 말할 수 있다(松井 2000).

5. 방목의 방법과 계절 이동

이미 말한 것처럼, 작은 가축의 무리는 목부가 행동을 관리해야 하는데, 몽골에서는 일반적으로 말에 탄 목부 한 명이 방목 가능한 양과 염소의 최대 규모가 1,000마리라고 알려져 있다. 그렇다고 하더라도 1,000마리의 무리든지 100마리의 무리든지 필요한 인원은 한 명이다. 그렇다면 목부가 무리를 합쳐서 가축을 관리준다면 작은 가축을 많이 보유하지 않은 사람은 매일의 노동을 덜 수 있다. 가령 두 가구가 합쳐 무리를 이룰 수 있다면, 단순 계산으로 방목 노동을 절반으로 줄일 수 있다. 사실 이들은 종종 숙영지 집단(호토 아이루ホトアイル)이라는 여러 가구로 구성된 집단을 형성해서, 하루하루의 방목을 공동으로 실행하며 계절 이동도 함께하는 일이 많다.

계절 이동이란 목축민이 계절적으로 거주 장소를 바꾸는 것을 뜻한다. 계절 이동을 하는 첫번째 이유는 1년 내내 한곳에서 생활

그림 12-2 몽골국에서 이루어지는 방목(2010년, 필자 촬영)

하면 가축에게 줄 사료가 부족하기 때문이다. 스텝은 결코 식생植生
이 풍요로운 장소가 아니다. 게다가 작은 가축은 매일 몰고 나갔다
가 몰고 와야 하므로, 기본적으로는 숙영지에서 2~3킬로미터 범위
에서 방목한다.

가축이 이 범위 내의 풀을 다 먹어버리면 이곳에서 방목을 계속
할 수가 없다. 사료가 부족하면 가축의 체중이 줄어들어 겨울에 사
망할 위험성이 높기 때문이다. 또한 가축이 식물의 뿌리까지 먹어
버리면 초원의 사막화가 발생해 식생이 쉽게 회복되지 않는다는 것
을 경험적으로 알고 있기 때문이다. 이것은 결과적으로 자신들이
이용할 수 있는 초원을 축소하는 일이기 때문에, 목축에 애착을 가
진 사람들은 다른 대책을 마련하지 않을 수 없다. 이때 선택지는 두
가지다. 즉, 자신의 방목 범위 밖의 풀을 베어 오든가, 아니면 가축

을 끌고 풀이 풍부한 장소로 이동하든가. 몽골고원의 스텝은 다행스럽게도 인구밀도가 낮고, 가축은 스스로 걸어서 이동할 수 있으며, 주거도 이동 가능한 게르이다. 이러한 조건을 고려했을 때, 가축을 몰아서 집 전체가 이동하는 편이 힘이 덜 든다.

또한 계절 이동의 두번째 이유로는 계절에 따라 적합한 주거지가 다르다는 점을 들 수 있다. 여름은 기온이 올라가므로, 가축에게 물을 공급할 필요성이 높아진다. 천이나 연못 등과 같이 물가에 있는 초원은 물에 쉽게 접근할 수 있을 뿐만 아니라 토양에 수분량이 많아서 풀도 잘 자란다. 이런 장소는 여름을 나기 적합한 장소이지만, 겨울에는 상대적으로 표고가 낮은 점이 악재로 작용한다. 혹한기의 몽골에서는 이런 장소에 냉기가 모이기 때문에 주위보다 기온이 낮아지는데, 이것은 가축이 겨울을 나기에 불리한 조건이다. 따라서 겨울에는 언덕의 남쪽 사면斜面과 같이 기온이 높은 장소가 최적지이다.

이처럼, 목축민은 우선 자신의 자산인 가축을 보전하기 위해서 계절 이동을 하지만, 결과적으로는 이 때문에 초원을 지속적으로 이용할 수 있게 된다. 또한 몽골의 목축민은 목축민이라면 계절 이동을 해야 한다는 가치관을 따르고 있다. 물론 가난해서 낙타나 소와 같이 계절 이동에 필요한 운반수단용 가축이 없는 목축민이 있는 것도 사실이다. 이들의 가축은 작아서 계절 이동이 필요할 만큼 풀을 먹어치울 염려가 없다. 또한 부유한 동업자와 함께 숙영지 집단을 구성하면 이동수단을 지원받을 수도 있다.

한편, 대규모로 가축을 소유하고 있는 사람에게 이동은 더욱 절실한 문제이다. 특히 작은 가축을 1,000마리 이상 소유하고 있는 경우에는 여러 무리로 나눠서 방목해야 하므로, 노동력이나 초원의 부족은 심각한 문제이다. 일반적으로 이런 경우에는 자신과는 다른 장소에서 방목하는 목축민에게 보수를 주고 가축 무리를 위탁함으로써 문제를 해결한다. 물론 위탁을 받는 쪽에서도 가축 무리가 커지면 자주 이동해야 하며, 때로는 가축을 위탁한 가축 소유자가 계절 이동의 시기나 이동 경로를 상세하게 지시하기도 한다.

사실, 역사적으로 대규모 위탁자였던 왕후 귀족이나 사회주의 체제에서의 농·목축업 협동조합(네구데루^{ネグデル}) 등은 한 종류의 가축을 대규모로 묶어서 기술이 뛰어난 목축민에게 위탁하고, 계절 이동을 자주 하거나 먼 곳까지 이동함으로써 가축이 항상 신선한 풀을 먹게 하여 가축 증가율을 최대화했다. 이들은 소규모 가축 소유자와 비교해서 자급적인 경향이 낮고, 오히려 자신의 가처분소득을 최대화함으로써, 왕후 귀족이라면 중국 상인으로부터, 농·목축업 협동조합이라면 경제상호원조회의(코메콘)[1]에 속한 여러 나라로부터 물자를 최대한 구입할 수 있도록 목축을 실시했다(白石編 2010).

---

[1] 동유럽 경제상호원조회의Council for Mutual Economic Assistance라고도 불리는 공산주의 국가들로 이뤄진 경제협력기구이다. 1949년에 소련이 주도해 창설했으나, 공산권의 몰락에 따라 1991년에 해체됐다 (두산백과 참고).

6. 사회주의화와 시장화

몽골에서는 1921년에 사회주의혁명이 일어나, 구소련[2]에 이어 세계에서 두번째로 사회주의국(몽골인민공화국)을 수립했다. 사회주의 체제는 몽골국이 1992년에 민주화·시장주의 경제화로 전환될 때까지 약 70년간 지속되어 몽골 목축민의 생업 방식에도 큰 영향을 미쳤다. 사회주의 체제의 특징은 여러 가지가 있지만, 이 장에서 다루는 경제와 관련해서 첫번째로 언급해야 할 점은 계획경제, 즉 국가가 생산·유통·소비라는 세 분야에 대해 모든 계획을 세우고 경제에 관련된 각 부문은 그 계획을 실행하는 형태로 움직인다는 점이다. 물론 목축도 계획경제에 포함되어 목축민은 농·목축업 협동조합의 노동자로서 목축을 수행했다. 또한 사회주의 체제에서는 생산수단이 기본적으로 국가 소유이기 때문에, 가축도 집단화가 진행되어 1950년대 말 이후에는 대부분이 농·목축업 협동조합이나 국영농장의 자산이 됐다.

사회주의 체제 아래의 몽골에서는 국가 주도로 각종 개발정책이 시행됐다. 예를 들어, 수도인 울란바토르에서 도시 기반시설이나 도로망·통신망 등을 설비하고, 발전소나 공장을 건설하는 정책을 들 수 있다. 이런 개발에 필요한 물자인 석유나 기계는 구소련을 필두

---

2 정식 명칭은 소비에트 사회주의 공화국 연방Union of Soviet Socialist Republics. 1917년 러시아혁명 이후 탄생한 최초의 사회주의 연방국가다. 러시아, 우크라이나, 벨라루스, 우즈베크, 카자흐, 아제르바이잔, 몰다비아, 키르기스, 타지크, 아르메니아, 투르크멘, 그루지야, 에스토니아, 라트비아, 리투아니아의 15개 공화국으로 이뤄져 있었으나 1991년 해체됐다(두산백과 참고).

로 하는 사회주의권의 경제상호원조회의(코메콘)에 속한 여러 나라로부터 들여왔는데, 몽골의 주요한 지불수단은 축산물, 특히 육류나 가죽, 모피 등이었다. 다만 구소련과의 교역은 다분히 원조의 측면이 강해서, 결과적으로 코메콘의 여러 국가가 만든 가구, 식기, 기계류, 식품 등이 몽골에 수입되면서 목축민의 생활 형태에 변화를 가져왔다.

한편, 가축을 증산하기 위해 사용된 기술 그 자체는 사회주의라는 명칭이나 그 이념만큼 새로운 것은 아니었다. 전국적으로 농·목축업 협동조합이나 국영농장이 만들어졌고, 목축민은 그곳의 지시에 따라서 목축에 종사했지만, 이것은 앞서 설명한 바와 같이 왕후귀족 등의 대규모 가축 소유자가 빈곤층을 중심으로 하는 목축민을 조직해서 방목을 위탁하는 구도와 큰 차이가 없었다.

다만 사회주의 체제 아래에서 큰 변화가 있었다고 한다면, 전에 존재했던 소규모 가축 소유라는 생활방식이 사라지게 된 점일 것이다. 소규모 가축 소유자들은 외부로부터 교역을 통해 입수하는 물자는 최소한도로 억제하고, 최대한 자가 보유의 가축을 이용함으로써 생활하는 것을 지향해왔다. 즉, 다섯 종류의 가축을 조금씩 보유하고 자급자족적인 용도나 운반에 활용하며, 계절 이동은 사람에게 부담이 크기 때문에 최소화하는 등, 최소한의 노동으로 최대한의 생활수단을 확보하기 위한 목축 방식이었다. 그러나 1950년대 말부터 1990년대까지, 몽골 목축민의 95퍼센트 이상이 농·목축업 협동조합에 조직되는 상황 속에서, 이러한 생존 전략은 목축민의 민속지民俗知(지역적 지식체계)에서 사라지게 됐다. 농·목축업 협동조합의 노동자로 일하는 목축민에게는 고용주의 목적에 부합한 목축을 실행하는 것만이 허용되었다.

1990년대 전반, 사회주의 붕괴로 인해 몽골의 경제는 혼란에 빠졌다. 그 계기는 구소련이 몽골에 보내던 수출품의 결제수단으로 그때까지 인정해줬던 가축에 의한 물물교환을 중단했기 때문이다. 그 결과, 몽골 정부로서는 국가가 목축민을 감독해서 축산품 생산을 늘려야 할 동기가 사라지고 말았다. 따라서 몽골 정부는 사회주의 체제를 버리고 농·목축업 협동조합과 국영농장도 해체했다. 여기에 속했던 가축은 다시 목축민의 사유재산이 됐다. 즉, 목축민은 노동자에서 갑자기 자영업자가 된 셈이었다. 이것은 생산에 관해 지시를 받지 않는 대신, 판매처가 보증되지 않은 상태에서 자력으로 판로를 확보하지 않으면 안 된다는 것을 의미했다.

그 결과 목축민과 가축이 급증했다([그림 12-3], [그림 12-4]). 경제가 혼란스러워지자 도시의 국영기업을 중심으로 대량의 실업자가 발생했는데, 이들 중 상당수는 "고기를 먹을 기회를 가질 수 있다"는 이유로 목축민으로 전업했다. 또한 가축은 화폐의 대체물로서도 유효했다. 현지 통화는 인플레이션으로 매일 가치가 떨어졌지만, 주식主食인 고기의 공급원인 가축의 가격은 고기의 가격과 연동되어 있어서 안정적이었다. 한편, 사회주의 시대 이후 목축민은 가축을 늘리기 위한 목축 기법을 축적해왔다. 이러한 기법으로 개인 자산인 가축을 늘리는 것은 사회주의 시대의 사회보장을 잃게 된 목

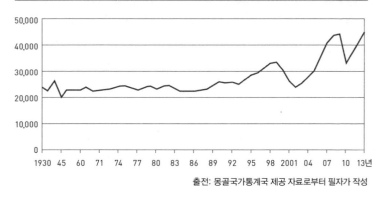

그림 12-3 몽골의 총 가축 수(1930년~2013년)

출전: 몽골국가통계국 제공 자료로부터 필자가 작성

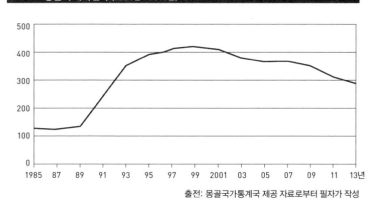

그림 12-4 몽골의 목축민 수(1985년~2013년)

출전: 몽골국가통계국 제공 자료로부터 필자가 작성

축민의 생활 방어 의식에도 들어맞는 일이었다.

다만, 그 결과는 좋지 않았다. 1999년부터 몽골은 3년 연속으로
혹한과 눈 피해를 당해 가축 수가 사회주의 체제 말기의 수준까지
급감했다. 즉, 10년에 걸쳐 늘린 자산이 3년 사이에 사라져버린 것

제12장 경제

이다. 이후 가축 수는 다시 급증했지만, 다시 2009년의 혹한과 눈 피해로 급감하는 등 불안정한 증감이 현재까지 이어지고 있다. 또한 2001년 이후 가축 증가의 경향을 살펴보면, 양과 염소와 같은 작은 가축이 늘어나는 한편, 소나 말과 같은 대형 가축은 1999년 수준을 한 번도 회복하지 못하고 있다. 이것은 작은 가축의 증식 속도가 빠르다는 점(번식 연령에 금세 도달하며 1년에 두 번 출산할 수도 있다.)에 더해, 상품화하기도 쉽기 때문이다.

양의 주된 용도는 고기, 염소의 주된 용도는 캐시미어이다. 캐시미어는 가격이 비싸고 수출도 활발하게 이루어지고 있다. 예를 들어, 일본의 SPA^{specialty retailer of private label apparel}업체에서 팔리는 스웨터에도 몽골제의 캐시미어가 사용된다. 한편, 육류는 세계시장에 내놓을 상품으로서는 캐시미어에 미치지 못한다. 현대의 육류 수출입에서는 두 국가 사이에 가축위생 조건이 반드시 결정되어 있어야 한다. 하지만 몽골은 구제역이라는 가축 전염병이 늘 발생하는 나라이므로, 일본을 포함한 대부분의 나라와 양과 소와 같은 발굽동물의 생육^{生肉}을 교역하기 위한 가축위생 조건을 체결할 수 없다. 러시아는 역사적인 경위와 육류의 부족으로 인해 현재도 생육(가축을 포함)을 수입하고 있지만, 중국은 2015년에 가열 처리된 육류만 수입하기 시작했다. 이 때문에 양은 기본적으로는 국내시장용 상품이다. 다만 육류는 있는 그대로 운반하면 멀리까지도 운반할 수 있으므로, 전국의 목축민이 시장에 참가할 수 있다.

한편, 소의 주된 용도는 우유다. 우유 및 유제품은 도시 거주자가 주 구매층인데, 총인구의 45퍼센트가 수도 울란바토르에 집중된 현 상황에서 그 이외의 지역에는 시장이 거의 형성되어 있지 않다. 게다가 우유나 버터 등은 상하기 쉬우므로, 도시 교외에 사는 목축민만 상품화할 수 있다. 그 이외의 지역에 사는 목축민은 오로지 자신이 사용하기 위해 소를 키우고 있다. 이 때문에 소의 개체 수를 늘릴 동기가 없으므로, 양에 비교해 소의 마릿수 증가는 둔한 편이다(風戶·尾崎·高倉編 2016).

말도 소와 마찬가지로 주로 이동수단으로 활용되기 때문에 기본적으로는 자신이 사용하기 위해 키우는 셈이다. 그러나 동시에 말은 민족 스포츠 대회인 나담Naadam Festival에서 가장 인기 있는 경기인 경마에 빼놓을 수 없는 존재다. 몽골의 경마는 최장 25킬로미터에 걸친 장거리 경주로, 기수는 아이들이지만 주역은 말의 소유자이자 조련사인 성인 남성이다. 목축민 중에는 말을 편애해 경제적인 이해관계를 도외시한 채 말을 번식시키고 있는 사람도 적지 않다. 실제로 지방의 목축민 사회에서는 나담에서 우승할 만한 말을 조련할 수 있는 인물은 칭송의 대상이며, 조련사 중에는 나담 전에 이뤄지는 하마평에서 자신의 말이 높은 평가를 받는 것에 끝없는 긍지를 느낀다고 공언하는 인물도 있다. 바꿔 말하면, 몽골의 말은 경제 논리보다 위신의 논리로 다뤄야 할 동물인 셈이다. 1999년 이후, 말의 마릿수는 소와 비교할 때 늘 높은 수준을 유지하고 있는데, 그 배경에는 빠른 말을 높게 평가하는 몽골의 문화가 자리한다.

게다가 최근에는 몽골에서도 지방의 인구 감소와 수도로의 과밀한 인구 집중이 문제시되고 있는데, 경마가 활발한 지역에서는 목축민의 인구 감소가 적다는 점도 명백하게 드러난다. 즉, 몽골의 목축민 중에는 경마를 계속하고 싶어서 목축을 하는 사람들도 존재하는 것이다. 이러한 문화적 동기가 인구 감소를 억제하는 데 작동하는 점은 일본의 인구 과소過疎 문제에도 응용해볼 수 있을 것이다. 즉, 인간은 현대에도 수입을 유일한 척도로 거주지를 선택하지 않고, 거기서 어떻게 살고 싶은가라는 문화적 동기도 적지 않게 영향을 미치고 있다는 사실을 알 수 있다.

참고 문헌

風戸真理·尾崎孝宏·高倉浩樹編 2016 『モンゴル牧畜社会をめぐるモノの生産·流通·消費』東北アジア研究センター.

白石典之編 2010 『チンギス·カンの戒め: モンゴル草原と地球環境問題』同成社.

平田昌弘 2013 『ユーラシア乳文化論』岩波書店.

松井健 2000 『遊牧という文化: 移動の生活戦略』吉川弘文館.

Batoyun, T. et al. 2015. Who is Making Airag(Fermented Mare"s Milk)?: A Nation Wide Survey on Traditional Food in Mongolia. *Nomadic Peoples* 19 (1): 7-29.

읽을거리

- 『ユーラシア乳文化論(유라시아의 유제품 문화론)』平田昌弘, 岩波書店, 2013年.

  유가공 식품은 많은 지역에서 목축의 근간을 이루고 있는데, 이것이 어떻게 발명

됐고 전해져왔는가는 의외로 알려지지 않았다. 이 책에서는 유가공이라는 인류 역사상의 큰 발명이 어떻게 전해졌으며 지역에 따라 변화됐는지를 장대한 규모로 제시하고 있다.

• 『鵜飼いと現代中国: 人と動物, 国家のエスノグラフィー(가마우지를 이용한 물고기 잡기와 현대 중국: 사람과 동물, 국가의 민족지)』卯田宗平, 東京大学出版会, 2014年.

　　경제발전과 경제발전이 환경에 미치는 영향이 주목을 받는 중국에서, 가마우지를 이용한 물고기 잡기라는 특수한 어업 방식을 사용하는 사람들은 어떻게 대응하고 있을까? 저장성 포양호에 사는 가마우지 이용 어부를 중심으로 쓴 민족지는 고정관념과는 다른 중국의 모습을 보여준다.

• 『遊牧・移牧・定牧: モンゴル・チベット・ヒマラヤ・アンデスのフィールドから(유목・이목・정목: 몽골・티베트・히말라야・안데스에서의 현장연구로부터)』稲村哲也ナカニシヤ出版, 2014年.

　　목축 사회를 조사하려면 환경적으로 힘든 장소에서 현장연구를 해야 하기 십상이다. 저자는 몽골・티베트・히말라야・안데스의 각지에서 오랜 기간 현장연구를 해온 중견 연구자로, 접근하기 어려운 조사 환경의 풍경을 전해준다.

몽골국과 내몽골자치구

나카무라 도모코

현재 몽골국에는 약 300만 명, 중국의 내몽골자치구에는 약 420만 명의 몽골족이 살고 있다. 두 지역의 몽골족을 만나보면 정말 흥미로운 사실을 발견하게 된다. 양쪽 모두 몽골어를 사용하지만, 내몽골 사람들의 대화에는 중국어가, 몽골국 사람들의 대화에는 러시아어가 섞여 있다. 이 때문에 서로 대화를 하더라도 60퍼센트 정도밖에 이해할 수 없다고 한다. 일면 이해는 간다. 다른 나라가 되어 약 100년 가까이 지났기 때문이다.

그 이전부터 둘 사이에는 차이가 있었다. 청나라 시대, 현재 내몽골 영역은 청나라의 직접 통치 아래 놓였고, 군사 등의 방면에서 밀접한 관계를 구축했다. 또한 변경 지역으로는 드물게 한족의 이주가 묵인되었던 탓에, 현재와 같이 다민족 혼합 거주지역이 형성됐다. 한편, 현재의 몽골국 지역은 청나라의 간접통치 아래 놓였으며, 전자만큼 밀접한 관계는 아니었다. 이러한 두 지역 간의 차이가 청나라 붕괴 이후 몽골 독립 운동이 벌어졌을 때 서로 다른 국가가 되는 길을 걷는 원인이 됐다. 몽골인민공화국(현 몽골국)이 생기자 구소련(소련이란 1922년에 성립된, 현재 러시아를 중심으로 하는 소비에트 사회주의 공화국 연방의 약칭이다.)은 인적, 금전적 원조를 확대한다. 한편 내몽골은 중국의 한 자치구가 됐다. 이후 두 지역은 각각 다른 국가의 영향을 받게 됐다. 게다가 중국과 소련이 대립한 시기(1956년~)에 몽골이 구소련의 최전선이 됐기 때문에, 1990년대까지 중국과 몽골국의 국경은 봉쇄됐다.

국가체제의 차이는 경관, 생업 등에도 큰 차이를 초래했다. 현재에도 이동식 목축을 계속하고 있는 몽골국에 비해, 농경민적인 발상에서 비롯된 여러 정책이 시행된 내몽골에서는 토지를 구획하고 나눈 뒤 정주식定住式 목축을 시행하고 있다. 내몽골에는 중국식 식재료와 조리 방법이 침투했지만, 몽골국에는 구소련과 같은 양식洋食이나 사교댄스 등이 뿌리내리는 등 문화 면의 차이도 생겼다. 이 때문에 서로에 대해서는 "같은 민족이지만 다른 사람들"이라고 평가한다. 그러나 양쪽 모두 "몽골"이라는 호칭과 칭기즈칸에 대해 귀속의식이 있다고 말한다.

"몽골"에 흥미를 느낀 사람은 꼭 두 지역을 방문해보길 바란다. "몽골"은 여러분에게 "민족이란 무엇인가", "국가와 문화" 등 여러 가지 인류학적인 주제를 던져줄 것이다.

인류학의 응용

다양한 선택지의 가능성을
창출하는 학문

오자키 다카히로

인류학은 세상에 도움이 될까? 사실 과제를 발견하는 데 있어서 인류학은 생각보다 도움이 된다. 이 장에
서는 그런 예를 중국의 환경·개발정책의 문제점을 다뤘던 국제연구 프로젝트를 통해 생각해보고자 한다.

1. 인류학은 세상에 도움이 될까?

이 책도 마지막 장에 도달했는데, 아마도 적지 않은 독자들은 "인류학이라는 학문이 뭔지 대강은 알겠다. 그렇지만 이 학문은 어떤 도움이 될까?"라는 의문을 품지 않았을까? 하지만 이로써 이 책 집필자들의 설명이 충분하지 않다는 것을 말하고 싶은 것이 아니다. 필자가 대학에서 인류학 강의를 하면 "반드시"라고 해도 좋을 정도로 받는 질문이므로, 이 책의 독자도 이런 질문을 던지지 않을까라고 추측해본 것일 뿐이다. 지적 호기심은 충족해주지만 세상에 아무런 도움이 되지 않는 것은 아닐까라는 의문은 실용 중시 경향이 강한 현재의 일본 대학에서 무시할 수 없는 이야기이다.

물론 "학문은 꼭 도움이 되어야만 하는가?"라는 근본적인 논의로 환원해볼 수도 있지만, 교육자로서는 별로 공감하기 어려운 논의 방식이다. 이 장에서는 이와는 다른 답을 모색하기 위해 우선은 인류학이 "도움이 되는 방식"부터 생각해보고 싶다.

사실 "도움이 되는 방식"을 잘 생각해보면 두 종류가 있다는 것을 알 수 있다. 첫째는 "과제 해결"에 도움이 되며, 또 다른 한 가지는 "과제 발견"에 도움이 된다는 것이다. "과제 해결"의 경우에 문제는 이미 명백하며 목표도 설정되어 있다. 예를 들어, "연비가 좋은 자동차를 개발한다."라는 과제를 상정하면 알기 쉬울 것이다. 여기서는 1킬로미터를 달리는 데 소비되는 화석연료가 줄어들면 과제가 해결된 것이다.

한편, 과제 발견을 목표로 하는 것은 문제 그 자체를 찾아서 제시하는 것이며, 목표도 그 과정에서 발견된다. 위의 예로 계속 이야기해보면, 하이브리드 자동차나 전기 자동차는 분명히 주행 시 소비하는 화석연료가 적거나(하이브리드 자동차) 없다(전기 자동차). 그러나 자동차를 제조하는 단계에서부터 폐기할 때까지의 과정에 필요한 모든 에너지에 주목하면, 이야기가 그렇게 단순하지 않을 것이다. 또한 전기 자동차를 충전할 때 드는 전기를 고려하면 환경을 오염시키는 오염물질이 "제로 배출zero emission"이라고도 말할 수 없다.

공장을 가동하는 데도, 전기를 만드는 데도, 현재 상황에서는 많든 적든 화석연료의 소비를 피할 수는 없다. 다만 여기까지는 어디까지나 양의 문제이다. 가능한지 아닌지와는 별개로, 화석연료의 총 소비량을 계산하고, 그것으로 옳고 그름을 정하면 되지 않는가라고 주장하는 사람이 있을지도 모르겠다. 그러나 좀 더 생각해보면, 단순히 화석연료의 소비가 나쁜 일이라고 한다면 화석연료의 소비를 피하기 위해 원자력 발전으로 전환하면 된다는 논의도 가능하다. 적어도 위에서 설명한 게임의 규칙인 "화석연료의 소비가 적은 편이 좋다."를 "위반"하는 것은 아니다. 그러나 이런 논의는 적어도 현재의 일본에서는 받아들여지기 어려울 것이다.

이러한 사고실험으로부터 알 수 있는 것은 설정된 과제 그 자체는 양적인 문제라고 하더라도, 과제의 설정, 즉 과제를 발견하는 과정에서는 질적인 문제를 지나칠 수 없다는 점이다. 논리적으로는 과제라는 것을 어떤 식으로든 설정할 수 있다. 한편, 선택된 과제는 선택한 사람들의 가치관, 즉 문화가 반영되어 있다고 생각할 수 있다. 그러나 다양한 문화를 가진 사람들이 당사자로서 관여하는 안건에 대해 문화적 편견을 자각하지 못하는 것은 불행한 결과를 초래하기 쉽다.

이 책은 문화인류학의 입문 교과서이지만, 지금까지의 장에서 다룬 내용을 기초로 삼아 실제로는 적지 않은 인류학자가 사회에 도움이 되고자 노력하고 있다는 것을 알면 좋겠다. 예를 들어, 교육인류학이나 의료인류학이라고 불리는 응용 분야를 들 수 있다. 이 장에서는 인류학은 그 자체가 세상에 도움이 되는 학문이라는 생각을 바탕으로, 개발인류학이나 환경인류학이라고 불리는 분야에 포함되기도 하는 실천의 한 예를 제시하려고 한다. 사례의 무대는 중국의 내몽골자치구(이하 이 장에서는 내몽골로 표기)로, 이곳에서 최근 몇 년 사이에 진행된 개발과 환경에 관한 사례를 살펴보자.

2. 내몽골의 개발사

개발이란 생활의 질적 향상 혹은 생산성의 증대를 추구하며, 현재 상태에 사회적·경제적으로 개입하는 활동을 말하는데, 생활의 질이나 생산성이라는 개념에는 문화적 편견이 반영되기 쉽다. 생활의 질에 관해서는 무엇을 더 좋은 생활로 상정할 것인가에 따라 당연히 답이 달라지며, 생산성에 관해서도 무엇에 대한 효율을 설정하는가, 예를 들어 열량 소비량을 기준으로 하는가, 현금 수입을 준거로 삼는가, 아니면 투입하는 노동량으로 판단하는가에 따라 전혀 다른 답이 도출된다.

이 장에서 다루는 내몽골은 목축(주된 담당자는 몽골족)과 농경(주된 담당자는 한족)처럼 기본적인 발상이 다른 생업의 경계지역으로, 원래 목초지였던 장소가 농경지화되거나 목초지에 농경을 위한 토지제도가 도입되는 식의 개발이 근대 이후 현저하게 진행된 지역이다. 물론 그 개발의 주체는 목축민이 아니라 농경민과 농경민의 문화적 지향성을 가진 정부다.

내몽골은 17세기 전반에 청나라의 판도에 편입되었지만, 내몽골을 실질적으로 지배하고 있던 몽골의 왕과 제후諸王侯는 청나라의 군사적 동맹자로 규정되어 이들의 문화적 특징은 존중됐고, 청나라가 몽골의 왕과 제후의 내정에 간섭하는 일은 없었다. 도쿠가와 막부와 다이묘大名의 관계를 떠올리면 좋을 것이다.[1] 몽골의 왕후와 그의 신민은 기본적으로 목축민이었고, 한족 농경민에 의한 목초지의 개간이나 토지의 점유는 표면적으로는 인정되지 않았다.

몽골고원의 목초지에는 전통적으로 명확한 점유권이 설정되어 있지 않다. 왜냐하면 건조지역인 몽골고원은 연도에 따라 강수량의 편차가 커서, 양호한 목초지의 분포가 해마다 달라지기 때문이다. 게다가 인구밀도가 낮아서, 그때그때의 상황에 맞춰 양호한 목초지

---

1 에도시대(1603~1867)의 일본은 현재의 도쿄에 해당하는 에도에 위치한 도쿠가와막부(의 쇼군将軍)가 직접 통치하는 지역과 다이묘가 실질적으로 지배하는 약 270개의 번으로 구성되어 있었다.

제13장 인류학의 응용

로 이동하는 편이 한 목초지에 집착하는 것보다 합리적이다. 이러한 상황 덕분에 한 공간을 사적私的으로 점유할 동기가 약하며, 목초지는 일정 집단에 의해 공유된다. 게다가 재해 등으로 곤궁할 때에는 다른 집단이 이용하는 것도 막지 않았다.

그러나 청나라의 지배가 시작된 후 얼마 되지 않아, 재정적으로 곤궁한 상황에 놓인 일부 몽골 제후는 목초지의 개간권開墾權을 판매함으로써 빚을 갚았다. 특히 몽골고원의 주변부에 속하는 동부 지역은 표고가 낮고 기온이 높아서 비교적 쉽게 농지로 전용專用할 수 있었다. 농지로 전용된 토지는 권리관계가 복잡하게 중첩되어 실질적으로 사유지가 됐다. 그리고 몽골 목축민은 농지화되어 토지의 이용 원칙이 변화된 장소를 버리고 농지화되지 않은 토지로 떠나 목축을 계속하든가, 자신도 농경민이 됨으로써 생업을 확보하든가 하는 선택의 갈림길에 섰다. 이것은 당면한 큰일을 위해서는 다른 일의 희생도 감수할 수밖에 없듯 몽골 목축민에게는 어쩔 수 없는 선택이었으며, "개발"이라는 말이 함축하는 긍정적인 변화가 아니었다.

게다가 청나라 말기인 1901년부터 실시된 "신정新政" 이후, 몽골고원 주요 지역의 개발이 대대적으로 시작되어 한족 이민에 의한 농업개발이 추진됐다. 이러한 경향은 현재의 중화인민공화국에 이를 때까지 계속되어, 2006년 현재 내몽골 초원의 총면적은 자치구 총면적의 73.3퍼센트, 경지 면적은 자치구 총면적의 6.3퍼센트를 차지하고 있다. 경지 면적의 비율은 몽골국의 30배 이상에 해당한다.

한편, 내몽골에서 개간을 피한 목축지역에 대해서는 목초지의 공유를 기본으로 하는 토지제도가 1970년대까지 전근대와 큰 차이 없이 유지됐다. 이러한 토지제도에 변경을 가하는 계기가 된 것은 1980년대 이후 중국 정부가 사실상 사회주의적 경제정책을 포기하고 "개혁개방정책"을 추진한 것이었다. 농촌 지역에서 이러한 정책 변경은 농지의 청부제도請負制度, 즉 세대 단위에 의한 실질적인 사유화를 초래했는데, 중화인민공화국은 이러한 토지제도를 목초지에도 똑같이 적용해 목초지도 세대 단위로 분배했다.

한편, 이처럼 전국에 같은 토지제도를 적용하는 것은 근대국가가 가진 보편적 경향이지만, 내몽골의 경우 이것은 토지제도의 역사적인 전환을 의미했다. 그리고 내몽골에서의 토지 사유화를 정당화하는 데 원용援用된 것은 "공유지의 비극"론이었다. 이것은 많은 사람이 이용할 수 있게 접근이 허용된 공유자원은 남획되어 자원의 고갈을 초래한다는 점을 지적한 이론으로, 개릿 하딘Garrett Hardin이 1968년에 『사이언스』에 발표한 논문인 「공유지의 비극The Tragedy of the Commons」으로 유명해졌다(Hardin 1968).

내몽골에서도 목초지의 환경보호를 위해서 공유지는 부적절하며, 사유화함으로써 자신의 목초지를 책임지고 관리해야 결과적으로 환경보호가 실현된다는 논리가 전개됐다. 일반적으로 몽골 목축민이나 몽골 연구자는 이 이론에 대해 불만을 느끼고서, 본래 몽골의 목초지는 접근이 완전히 개방되어 있다고 말할 수 없고, 또한 이동으로 인해 조건이 나쁜 목초지를 내버려둠으로써 한 장소의 식생이 과잉 이용되는 것을 피할 수 있으며, 결과적으로 환경보호에 부합한다는 이론異論을 제시했다. 그러나 당시의 중국 정세, 특히 지방 사회에서는 정보의 교환이 한정적인 점도 있어서, 결국 내몽골 전 지역에서 목초지가 분배됐다.

그 결과, 1980년대부터 1990년대에 걸쳐 목초지를 가시철사로 에워싸는 "울타리 치기"가 내몽골의 목축지역 거의 전체에 확산하여 현재까지 이어지고 있다. 이것이 18세기부터 20세기까지의 간략한 내몽골 개발사이다.

3. 황사와 서부대개발

목초지의 환경보호를 명목으로 실시된 내몽골의 목초지 사유화는 의도한 결과를 가져다주지 못했다. 그것을 상징적으로 보여주는 사건이 1999년에 베이징을 엄습한 대규모의 황사다. 베이징이 말 그대로 모래바람으로 뒤덮여 중앙정부를 놀라게 했다.

황사는 토양 중의 작은 입자인 먼지가 임계 풍력 이상의 바람이 불면 떠올라 바람에 실려 멀리까지 날아감으로써 발생한다. 황사는 일본은 물론이고 북미까지 도달하기도 하는데, 황사의 발생원 중 하나로 지목되고 있는 곳이 내륙 아시아의 목축지역이며, 중국에서 말하자면 내몽골이나 신장新疆 등 서부의 소수민족 지역이다 (黒崎·黒沢·篠田·山中編 2016).

그림 13-1 내몽골과 서부

황사는 주로 봄에 발생하지만, 지표의 식생이 보잘것없으면 임계 풍력이 낮아진다. 따라서 어떤 지역에서 이전보다 황사의 발생이 증가한 경우, 첫번째 원인으로 지표상의 식생 감소를 의심해보아야 한다. 목축지역에서 지표의 식생이 감소했다고 한다면 상정할 수 있는 일은 과도하게 방목을 시행한 것이며, 현재 베이징의 황사 발생에 대해서도 목축민에 의한 목초지의 과잉 이용이 문제시되고 있다. 즉, 세대별로 분배된 목초지가 적정하게 관리되고 있지 않다는 해석이다.

한편, 내몽골 출신의 생태학자 등은 1990년대 이후 목초지의 실질적인 사유화로 인해 이동성이 저하된 것이 식생 감소의 큰 원인 중 하나라고 주장했다. 또한 중국 정부가 적극적으로 도입을 추진

　　　　　　　　　　　　　　　　　제13장 인류학의 응용

한 정주형定住型 목축은 고정비용이 늘어나기 때문에, 실제는 정부 혹은 정부 측 싱크탱크가 주장하는 것처럼 고수익을 기대할 수 없다고도 지적했다. 이들은 오히려 몽골국에서 이루어지고 있는 것처럼 천연초원에서의 방목을 주로 하는 목축 방식이 수익 면에서나 문화적으로도 내몽골에서 실시해야 할 목축의 모델이라고 생각했다. 이러한 주장은 일반 목축민의 공감을 얻었지만, 당시는 그 이상의 행동을 끌어내지는 못했다.

어쨌든 1999년의 황사는 이러한 목축지역에서 환경정책이 실패했음을 확실하게 보여주는 상징적인 사건이었다. 또한 한 해 전인 1998년에는 양쯔강에서 큰 홍수가 발생했고, 이것은 상류인 산악지역에서 개간 등으로 인해 과도하게 벌목이 이뤄진 결과였다고 알려졌는데, 양쯔강 상류 지역도 소수민족 지역이다. 전반적으로 중국의 소수민족 지역에서 황사, 물 부족, 사막화, 홍수 등의 자연재해가 발생하는 원인으로 과도한 방목이나 빈곤을 꼽는 데 더해, 소수민족의 토지 이용 방식이 내포한 후진성을 지적하는 등 이들 문화의 부정적인 이미지를 강조하는 일이 많다. 예를 들어, 내몽골의 농지에서는 봄에 파종하고 가을에 수확하기 때문에 개간도 과도한 방목과 마찬가지거나 그 이상으로 봄철의 식생 감소에 영향을 미치지만, 이런 사실은 큰 문제로 다루지 않은 채 오로지 몽골족에 의한 과도한 방목만을 문제시하는 경향이 있다.

그러나 현재의 중국이 광대한 소수민족 지역을 포함하게 된 원인은 청나라의 정복 활동 때문이다. 청나라 황제의 황위皇位는 명나라의 중화황제가 아니라 원나라의 몽골 대칸에서 유래한다. 그리고 내몽골과 외몽골, 티베트, 신장에 대해서 청나라 황제는 몽골 대칸의 자격으로 통치했다. 이 때문에, 1911년에 신해혁명이 일어나 손문孫文이 "중화민국"의 총통에 취임했을 때, 이 지역의 사람들은 손문을 자신의 군주였던 몽골 대칸 자리의 계승자로 인정하지 않은 채 독립을 이루고자 했다. 결국, 독립을 달성한 것은 러시아의 지원을 받은 외몽골뿐이었고, 그 이외의 지역은 우여곡절을 거쳐 중화인민공화국의 판도에 포함되어 현재에 이르고 있다. 중화인민공화국의 소수민족 지역 중에서도 앞서 설명한 지역에서 특히 독립 경향이 강한 것은 이러한 역사적 배경 때문이다.

따라서 중앙정부는 2000년부터 소수민족 지역의 환경문제 해결과 개발에 의한 경제적 이익의 분배를 명목으로 삼아 "서부대개발西部大開發"이라는 개발 캠페인을 시작했다. 물론 이 지역의 독립 기운을 억제하려는 중앙정부 측의 숨겨진 의도도 있다고 추측된다. 여기서 말하는 "서부"란 충칭重慶, 쓰촨四川, 구이저우貴州, 윈난雲南, 티베트, 산시陝西, 간쑤甘肅, 칭하이青海, 닝샤寧夏, 신장, 내몽골, 광시廣西, 후베이성湖北省 언스투자족먀오족자치주恩施土家族苗族自治州, 후난성湖南省 샹시투자족먀오족자치주湘西土家族苗族自治州, 지린성吉林省 옌볜조선족자치주延边朝鮮族自治州가 대상이었다. 이 지역들은 중화인민공화국 국토 면적의 70퍼센트 이상을 차지하며, 2000년 현재 3억 6,000명의 인구가 거주하는 곳이다(愛知大学現代中国学会編 2004).

서부대개발의 중점 정책은 기반시설의 건설과 생태환경 보호였다. 기반시설 건설로는 철도, 도로, 공항 등의 정비가 급속도로 추진됐고, 생태환경 보호로는 천연보호림 사업, "퇴경환림환초退耕還林還草(경작지를 삼림이나 목초지로 되돌리는 정책)", 베이징·톈진의 모래바람 발생원 대책 등이 실시됐는데, 그중에서도 이채로운 모습을 띤 정책이 생태이민生態移民 정책이었다.

4. 생태이민

생태이민이라는 말은 서부대개발과 함께 빈번하게 사용된다. 다만, 중국의 독자적인 개념인 데다 현실에서는 다양한 현상에 적용됐기 때문에 간단히 설명할 수 없다. 본래는 "한 지역의 생태환경을 보호하기 위해서 혹은 상실된 생태환경을 회복하기 위해서 실시되는, 사람의 이동행위 및 이동하는 사람들"을 지칭한다고 이해할 수 있다(シンジルト 2005: 3).

이 정책의 배경에는 서부 지역의 압도적 다수는 소수민족이 거주하는 빈곤 지역이며, 뒤처진 생업 형태와 생활양식이 해당 지역의 생태환경을 악화시키는 한 원인이고, 생태환경을 보호하기 위해서는 이들의 생업 형태와 생활양식을 개혁할 필요가 있다는, 일종의 사회진화론적인 인식이 있다는 점은 부인할 수 없다(シンジルト 2005: 17~20). 사회진화론이란 인류의 사회문화가 지역이나 환경과 관계없이 일률적으로 뒤처진 단계로부터 앞선 단계로 변화해간다

는 이론으로 19세기 후반에 크게 유행했다. 초기 문화인류학의 일부도 사회진화론을 기반으로 삼았고, 중국 등 사회주의 정권의 이론적 지주인 마르크스의 이론도 사회진화론의 일종이다.

생태이민이 활발하게 시행됐던 2000년대 전반, 생태이민은 황사의 발생을 억제할 뿐만 아니라 빈곤 완화나 현지 농·목축업의 근대화에 도움이 되며, 나아가 회복된 삼림이나 초원은 관광자원으로 활용될 수 있다는 등 마치 만능인 정책처럼 선전됐다. 그러나 현지 사람들의 고유한 문화에 대한 긍정적인 언급이 전혀 없었던 것으로 보아도, 앞서 서술한 것처럼 중앙정부가 소수민족의 사회문화를 "후진적인 것"으로 간주했다는 점을 짐작할 수 있다.

내몽골에서는 2003년에 "퇴목환초退牧還草" 사업이 개시됐다. 구체적으로는 집 밖에서의 방목이 전면적으로 금지(금목禁牧)되거나 계절에 따라 금지(휴목休牧)됐고, 씨를 뿌려 목초牧草를 키우는 인공 목초지를 조성하거나 사료 재배를 하면서 가축을 축사에서 기르는 것이 권장됐다. 또한 목축을 지속하는 것이 곤란하다고 판단된 지역을 대상으로 생태이민이 함께 이뤄졌다. "이민촌"으로는 교통이 편리하고 행정 중심지에 가까운 곳에 기반시설이 갖춰진 집단거주 지역을 제공하는 것이 일반적이었다. 이민촌에서는 많은 경우 사료를 스스로 재배하거나 구입하고, 개량종인 젖소를 길러 우유를 판매하는 낙농업을 사람들의 수입원으로 상정했다.

한편 필자의 조사지에서 생태이민은 하위 단계의 행정단위로 갈수록 "생태"보다 "경제"가 이주의 주된 원인으로 강조되는 경향이 일반적으로 나타났다. 또한 중국에서는 역사적으로 이주정책을 빈번하게 발동해왔기 때문에, 이주 대상인 사람들은 과거에 실시된 이주정책의 연장선상에서 생태이민을 이해했다. 예를 들어, 현재의 목초지가 비좁은 이유는 이전의 이민정책으로 인해 이주해 온 사람들 때문이라고 생각하고, 그것이 원인이 되어 문제가 발생했기 때문에 현재의 생태이민이 실시되는 것이라고 이해하는 것이다.

목축민은 생태환경을 악화시키고 자신들에게 이주를 강제하고 있는 원인을 정부의 생각과는 다른 곳에서 찾고 있는 셈이다. 즉, 과도한 방목의 원인은 외부에서 들어온 인구, 농업지역에서 물을 지나치게 끌어다 쓰는 것, 삼림 벌목 때문이라고 생각하는 등 목축민들의 입장에서는 외부적인 요인 탓이라고 이해하는 경향이 강하다. 대책으로 실시되길 바라는 것도 현지에서 목축을 계속한다는 전제 아래 보조금을 받아 가축 수를 줄이는 것이었다.

나아가, 생태이민은 정책 시행 애초부터 적어도 외부 연구자의 눈에는 생태 보전의 효과나 경제적 효과가 미지수라는 점이 분명했다. 예를 들어, 필자가 2002년에 조사한 이민촌에서는 사료 재배를 위해 우물을 깊게 새로 파서 물을 끌어 올리다 보면 지하수의 수위가 낮아질 위험성이 있었다. 다른 연구자에 의한 조사보고에서도 이주한 후에 가처분소득이 15퍼센트 감소한 사례나, 이주한 곳의 목초지를 울타리로 에워싸고 식생 회복을 시도한 곳이 다른 곳에서 온 목축민의 가축에 의해 황폐화되어버린 사례 등 효과를 의문시하는 보고가 많았다(小長谷·シンジルト·中尾編 2005).

그리고 생태이민 정책이 시작된 지 10년 이상이 지난 현재, 생태이민의 실패는 중앙정부도 간접적으로 인정하고 있다. 여기서 간접적이라고 말하는 것은 정부가 직접적으로 잘못을 인정하지는 않는다는 것을 뜻한다. 다만, 생태이민이라는 제도를 통한 이민정책을 시행하지 않게 된 점과 중국 국내의 각종 회의에서 정부 견해의 대변자들이 공공연하게 실패를 인정하는 경우가 눈에 띄는 것으로부터, 간접적으로는 정부도 실패를 인정하고 있다고 말해도 지장이 없을 것 같다.

필자가 2014년에 조사한 이민촌에서는 2002년에 간선도로를 따라 전기와 수도를 완비하고, 작은 축사가 딸린 고정가옥을 건설했으며, 170세대가 주택을 무상으로 받아 이곳으로 이주했다. 그러나 우유 가격이 하락한 점, 구입한 젖소로부터 기대한 만큼의 우유를 얻을 수 없었던 점, 2007년에 이민촌에 있던 우유 거래시설이 폐쇄된 점 등으로 인해 주민의 생활은 궁핍해졌다. 그 결과, 2010년경부터 주민이 원래 살았던 목초지로 되돌아가기 시작해, 조사 당시에는 10세대 정도밖에 남아 있지 않았다([그림 13-2]). 주민이 떠나온 목초지는 방목이 금지됐지만, 이를 무시하고 방목을 하는 목축민도 있었고, 2015년 10월에는 10년의 금지 기간이 끝나 방목할 수 있게 되었다.

이처럼 생태이민은 실패로 끝났고, 중앙정부의 입장에서도 관여하지 않는 과거의 정책이 되었다. 그런데 정부가 방목을 금지하거나 생태이민을 실시하면서까지 지키고자 했던 내몽골의 목초지는 그

　　　　　　　　　　　　　　제13장 인류학의 응용

그림 13-2 유령도시처럼 변한 이민촌(2014년, 필자 촬영)

이후 어떻게 됐을까? 강수량 데이터를 보면, 내몽골에서는 2000년을 전후로 지난 30년 사이에 강수량이 최저 수준에 머무르는 해가 계속되고 있다는 것을 알 수 있다([그림 13-3]). 그 후, 강수량이 회복되어 내몽골 각지에서 사막이 초원으로 바뀌고 있는데, 방목을 금지하는 정책은 현재도 변함없이 내몽골 각지에서 실시되고 있다. 중국과 같은 환경·목축정책을 채택하지 않은 몽골국에서도 비슷한 강수량 변화 추세를 확인할 수 있으므로, 오히려 건조지·반半건조지의 강수 패턴의 특징으로부터, 아무런 일을 하지 않더라도 연간 이 정도의 강수량 차이는 생길 수 있다고 해석하는 편이 타당할 것이다.

그렇다면 중앙정부가 생태이민 정책을 포기하게 된 원동력은 무엇이었을까? 원인은 다양하겠지만, 그중 한 가지는 일본과 중국의

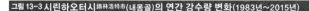

그림 13-3 시린하오터시錫林浩特市(내몽골)의 연간 강수량 변화(1983년~2015년)

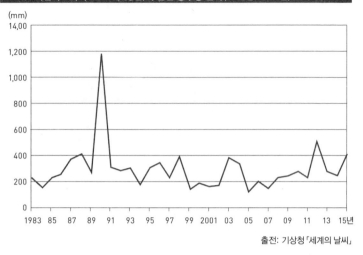

출전: 기상청 「세계의 날씨」

인류학자들이 문제를 지적한 덕분이다. 이러한 지적을 사회에 발신했던 것은 아래에서 설명할 종합지구환경학연구소総合地球環境研究所의 국제연구 프로젝트인 "수자원 변동량에 대한 오아시스 지역의 적응력 평가와 그 역사적 변천水資源変動負荷に対するオアシス地域の適応力評価とその歴史的変遷"(통칭 "오아시스 프로젝트" 2002~2007)이었다.

5. 오아시스 프로젝트의 교훈

오아시스 프로젝트는 중국 건조지대에 위치한 헤이허黑河강 유역을 대상으로, 과거 2000년간에 걸친 인간과 자연계 간의 상호작용의 역사를 복원하는 것, 상호작용에 관계된 인간 문화의 변천을 밝히는 것, 그리고 이를 통해 지구환경 문제의 본질에 접근하는 것을 목적으로 한 일본과 중국 공동의 국제 프로젝트로, 지구환경학, 수문학水文學, 기후학, 관개공학, 지리학, 동양사, 문화인류학 등의 분야에서 50명 정도의 연구자가 참가했다.

이 중 문화인류학자로는 일본의 대학이나 연구기관에 소속된 연구자뿐만 아니라, 중국의 대학이나 연구기관에 소속된 연구자도 포함됐다. 문화인류학자에게 가장 크게 기대한 것은 현지에서의 인터뷰 조사였으며, 현지 주민의 생업과 물 이용에 관한 과거 50년 정도의 실태 파악이 주된 담당 업무였다. 이때, 특히 문화의 다양성이라는 관점으로부터 주목한 정책 중 하나가 생태이민이었다.

헤이허강은 중국 제2의 내륙하천으로, 치롄산맥祁連山脈 남쪽 기슭의 빙하를 원류原流로 하며 치롄산맥을 흘러 내려와 중류의 농경지역인 간쑤성 장예시張掖市를 거쳐 하류의 목축지역인 어지나기額濟納旗에 도달한다([그림 13-4]). 하천의 끝자락에 과거에는 호수가 두 곳 있었지만, 프로젝트를 시작한 시점에는 이 호수가 모두 소실되기 일보 직전이었다. 원인은 중류 지역에서의 물 이용 때문이었다. 중류 지역에서는 거대한 저수지를 여러 곳에 설치해서 용수로를 통해 헤이허강의 물로 관개농지에 물을 대는 오아시스 농업이 전개되고 있었다. 이렇게 만들어진 장예 오아시스에는 1950년대 이후 인구가 두 배, 관개 면적은 세 배나 증가했고, 그 결과 물 소비가 늘어났다. 이 때문에 상류의 치롄산맥으로부터 장예 오아시스로 유입되

그림 13-4 헤이허강 유역

는 수량은 안정적이었음에도 중류에서 하류로 들어오는 물의 양이 계속 줄어들어, 1990년대에는 중류 지역에서 관개농지로 물을 집중적으로 끌어 쓰는 시기인 4월부터 9월 사이에는 하류 지역에 유입되는 물의 양이 거의 없다시피 하는 해도 늘어났다.

그 결과, 하류의 천변을 따라 자라고 있었던 미루나무의 일종인 사시나무胡楊가 말라 죽는 현상이 현저해졌고, 목초지의 풀도 감소했다. 식생의 감소로 황사가 초래되었기 때문에, 헤이허강 유역 일대는 서부대개발의 여러 정책이 적용되는 대상 지역이 됐다.

제13장 인류학의 응용

중류 지역의 장예 오아시스에서는 절수형 농업이 장려됐다. 이것은 관개하는 시기에 하류 지역으로 물을 흘려보내는 것을 목적으로 한 것이었지만, 농업생산이 크게 줄어들 것을 우려해 관개 면적을 축소하는 등의 조치는 함께 이뤄지지 않았다.

한편, 하류 지역에 유입된 물은 사시나무숲이나 스텝의 식생 회복에 사용해야 한다고 간주했다. 목축민이 그곳에 거주하면 사람이나 가축이 빙하가 녹은 물을 소비할 뿐만 아니라, 회복해야 하는 식생에 병충해를 유발할 수 있으므로, 목축민을 대상으로 생태이민이 실시됐다. 이들이 이주할 곳은 어지나기 중심지의 교외에 지어진 정주집락定住集落이어서, 이곳에서 과거와 같은 식의 방목은 불가능했다. 이민촌에 건설된 주거를 목축민에게 무상으로 제공하는 등의 우대조치는 있었지만, 이주한 곳에서는 목축 이외의 수입원을 찾을 필요가 생겼다. 목축민의 입장에서는 오랫동안 살아왔던 거주지로부터 이동해야 하는 상황이었으며, 목축민 중에는 문화적 전통이기도 한 방목을 그만둘 것을 강요하는 생태이민에 대해 강한 불만을 품은 사람도 많았다.

또한 오아시스 프로젝트의 연구자는 생태이민에 대해 두 가지 측면에서 우려했다. 첫째는 문화인류학자가 단독으로 제기한 우려로, 생태이민은 환경문제의 해결에 필요한 부담을 목축민에게만 일방적으로 요구하는 등, 농경민적인 문화적 편견을 강하게 내포하고 있는 문화적 타자에 대한 배려가 없는 정책이라는 점이었다. 목축민의 희망 사항은 현재 거주하는 곳에서 방목하면서 목축을 지속하는 것이었고, 이민촌 건설비용을 보조금으로 받고 싶은 것이 아니라 가축 수를 줄이는 것에 대한 보조금을 받고 싶다는 것이었다. 정부는 이민촌에는 전기, 수도, 전화 등이 있다며 이민촌에서 "근대적"인 생활을 할 수 있다고 설명했지만, 목축민들은 이런 것은 현재 거주하는 곳에서도 실현할 수 있다고 생각했다.

한편, 두번째는 문화인류학자와 수문학자가 공동으로 제기한 우려로, 정책이 실시됨에 따라 농경지역 및 이민촌 등에서 지하수가 급격하게 이용되어서, 생태이민의 대상 지역과는 별개의 장소에서 환경이 악화될 가능성이 있다는 점이었다. 실제로 이민촌의 수도도, 빙하가 녹은 물을 이용할 수 없는 관개용 물도, 많은 경우에 물을 얻기 위해 새로 판 우물에 의존하고 있었다. 건조지역의 지하수는 매우 오랜 시간에 걸쳐 축적된 것이어서, 그것을 단기간에 대량으로 끌어 쓰면 쉽게 고갈될 가능성이 있었다. 즉, 오아시스 프로젝트의 연구자는 생태이민은 문제가 많으므로 수정해야 하는 정책이라는 결론에 도달했다.

이를 받아들여, 종합지구환경학연구소는 중국사회과학원 민족학인류학연구소와 공동으로, 2004년 7월에 중국의 수도인 베이징에서 국제심포지엄을 개최해 문제를 제기하는 한편, 일본어, 중국어, 영어 등 여러 언어로 출판물을 간행함으로써 중국 국내는 물론 해외에서도 관심을 끌었다(中尾·フフバートル·小長谷編 2007).

필자는 오아시스 프로젝트가 문화인류학을 포함한 여러 학문 분야의 시점에서 생태이민의 문제를 지적하고, 해외로부터도 주목을 받았다는 메시지를 전달함으로써, 중국의 중앙정부에 생태이민 정책을 중단할 구실을 제공할 수 있었던 것은 아닐까라고 생각한다. 현재, 베이징이나 해외에서도 문제시한 생태이민은 이미 중단된 것에 비해, 상대적으로 비판을 적게 받은 방목 금지 정책은 목축민의 입장에서 생태이민만큼이나 받아들이기 힘든 정책임에도 불구하고 현재까지도 계속되고 있다. 이런 의미에서 문화인류학은 미력微力일지는 모르겠지만 분명히 현지의 목축민에게 도움이 됐다고 말할 수 있을 것이다.

끝으로 이 장을 마치면서, 이 책의 독자에게 무엇을 할 수 있을 것인가에 대해 언급하고자 한다. 물론, 해외에서 무슨 일을 하는 것은 여러 가지 의미에서 장벽이 높기 때문에, 국내에서도 할 수 있는 일을 생각해보고 싶다.

오아시스 프로젝트에서 생태이민에 관해 문화인류학자가 실시했던 것은 문화적 타자, 즉 한족이 압도적인 다수를 차지하는 중국 사회에서 소수민족인 목축민의 논리를 이해하고 그것을 명백하게 제시하는 것이었다. 그곳에서 발생한 문제의 원인은 "정답"(생태이민에 따른 황사의 완화)의 전제인 과제(환경문제의 원인 및 목축에 대한 가치평가)가 공유되지 않는다는 점이었다. 일본 국내에서도 정도의 차이는 있을지언정 이와 유사한 일을 찾아보면 얼마든지 찾을 수 있을 것이다.

이로부터 얻어야 하는 교훈은 우리가 좋다고 생각해서 하는 일이 상대방에게는 사실상 쓸데없는 간섭일지도 모른다는 점이다. 물론, 황사의 경우처럼 멀리 떨어져 있더라도 우리의 생활에 영향을 미치는 일도 있으므로, 단지 문화적 타자(사고방식이 다른 사람)를 내버려두면 된다는 태도도 곤란하다. 다만, "이것이 정답이므로, 당신들도 무조건 받아들여야 한다."라는 고압적인 자세를 취하면 갈등이 자주 발생한다. 실제로 이런 일은 세계 각지의 개발 현장에서 발생하는 갈등으로, 인류학자들이 자주 지적해왔다. 문화인류학적 발상이란 12장에서 소개한 것처럼 민속지를 존중하고 현지 사람들의 시점에서 해결 방법을 모색하는 것이다. 나아가 할 수 있다면 현지 사람들이 수용할 만한 해결 방법을 찾아서 사회에 발신하는 것도 필요하다. 이러한 일련의 행위를 개발인류학에서는 역량강화 empowerment라고 부른다.

즉 현재 존재하는 문제에 대해, "본래 다른 곳에서 해결해야 하는 과제는 아닐까"라고 처지를 바꿔서 생각해보아야 한다는 것이다. 그리고 가능하다면, 이러한 깨달음을 개인이나 소수의 동료끼리만 내부적으로 공유할 것이 아니라 널리 발신했으면 좋겠다. 이때 SNS에 악성 댓글이 달릴 수도 있다는 점에 세심한 주의를 기울일 필요가 있다는 것은 말할 필요도 없을 것이다.

물론, 최종적으로는 현실의 문제에 대해 어느 쪽을 선택할 필요가 있을 것이다. 그러나 처음부터 "이 방법밖에 없다."라고 생각하는 것과 "여러 가지 선택지가 있으며, 각각 장단점이 있지만, 이것을 선택한다."라고 생각하는 것에는 이후 벌어지는 일에 대응하는 데에도 차이가 있을 것이다. 바꿔 말하면, 문화인류학적인 발상을 통해 사회의 유연성을 높일 수 있다.

　문화인류학은 우리에게 다양한 선택지의 가능성을 제시해주는 학문이다. 문화인류학자는 그것이 우리가 살아가는 사회의 가능성을 넓혀준다고 생각한다. 그것이 문화인류학이 할 수 있는 최대의 사회공헌이자 존재 이유일 것이다.

참고 문헌

愛知大学現代中国学会編 2004『中国21 vol.18 特集·中国西部大開発』風媒社.

気象庁「世界の天候」http://www.data.jma.go.jp/gmd/cpd/monitor/index.html (最終閲覧2017年3月1日).

黒崎泰典·黒沢洋一·篠田雅人·山中典和編 2016『黄砂: 健康·生活環境への影響と対策』丸善出版.

小長谷有紀·シンジルト·中尾正義編 2005『中国の環境政策 生態移民: 緑の大地, 内モンゴルの砂漠化を防げるか?』昭和堂.

シンジルト 2005「中国西部辺境と『生態移民』」小長谷有紀·シンジルト·中尾正義編『中国の環境政策 生態移民: 緑の大地, 内モンゴルの砂漠化を防げるか?』昭和堂, 1-32頁.

中尾正義·フフバートル·小長谷有紀編 2007『中国辺境地域の50年: 黒河流域の人びとから見た現代史』東方書店.

Hardin, G. 1968. The Tragedy of the Commons. *Science* Vol. 162, Issue 3859: 1243‒1248.

읽을거리

• 『開発と先住民(개발과 선주민)』岸上伸啓編, 明石書店, 2009年.

아프리카에서 캄차카반도에 이르기까지, 선주민이 세계체제에 편입되는 과정에서 어떻게 개발과 관계를 맺고 있는가를 현지 사정을 알고 있는 인류학자가 해설한 책이다. 일반적으로 긍정적인 뉘앙스로 이해되기 쉬운 개발이라는 개념이 실제로는 그렇게 단순하지 않다는 것을 알 수 있다.

• 『中国の環境政策 生態移民: 緑の大地'内モンゴルの砂漠化を防げるか?(중국의 환경정책 생태이민: 푸름의 대지인 내몽골의 사막화를 막을 수 있을까?)』小長谷有紀·シンジルト·中尾正義編, 昭和堂, 2005年.

생태이민을 다각적인 측면에서 분석한 오아시스 프로젝트의 성과물이다. 생태이민은 환경정책으로도 경제정책으로도 문제가 있다는 사실을 일본과 중국의 연구자들이 다각적으로 해설하고 있으며, 중국 정부가 생태이민 정책을 중단하는 데 한몫을 했다.

• 『地球環境を黒河に探る(지구환경을 헤이허강에서 찾다)』アジア遊学編集部編, 勉誠出版, 2007年.

오아시스 프로젝트에 관한 연구 성과를 종합한 책이다. 기상학, 기후학, 지리학, 수문학, 역사학, 고고학, 인류학 등 다양한 분야의 연구자가 어떻게 프로젝트에 참가했으며 어떤 연구를 실시했고 프로젝트를 통해 어떤 결론을 도출했는가를 쉬운 문장으로 설명하고 있다.

마치며

이 책을 접하는 독자는 타문화 이해나 다문화주의라고 불리는 것
에 관심이 있거나, 중국·한국·대만·몽골 그리고 일본 등 동아시아
에 흥미나 관심이 있는 사람이 많을 것이다. 이 책의 집필자는 동아
시아의 각지에서 현장연구를 하고, 그로부터 얻은 지식을 고찰하
는 인류학자와 사회학자이다. 조사지 사람들과의 사이에 만들어낸
현장에서의 일상은 어떤 의미에서 자극적이며, 동시에 지루한 시간
의 연속이기도 하다. 현장연구는 확실히 지금까지 알려지지 않았
던 일이나 책이나 인터넷으로밖에 알 수 없었던 일이 실제로 눈앞
에서 벌어지고 그것을 이해할 수 있는 자극으로 가득 찬 시간이다.
그러나 다른 한편으로 현장연구는 아무 일도 벌어지지 않는 시간
이 담담히 흐르는 일상을 조사지의 사람들과 더불어 보내는 일이
기도 하다.

현재, 현장연구의 묘미를 전하는 책은 많다. 이런 책을 읽으라고
권하거나 나 자신의 현장 체험을 이야기하면, 학생들은 때때로 다음
과 같은 질문을 한다. "선생님은 어떻게 현장을 선택했습니까?" 많
은 인류학자는 책이나 논문을 읽고 연구주제를 정하며, 그 주제로

부터 도출된 과제 및 문제를 탐구하기 위해 또 다른 문헌을 읽어나가고, 이런 일을 되풀이함으로써 연구 목적에 더 적합한 장소를 "현장field"으로 선택한다.

다만 나 자신은 대만 동해안에 있는 항구도시를 현장으로 선택한 이유를 간단히 답할 수가 없다. 분명히, 책이나 논문도 읽었다. 선생님의 지도를 받았고, 선배나 동료를 상대로 상담도 했었다. 그렇지만 결정적인 이유는 현재도 방문하고 있는 조사지에서 만났던 사람들이 받아들였기 때문이라고 말할 수 있지 않을까? 물론 오랜 기간 만나면서 감정적인 충돌을 겪거나 이해할 수 없다는 생각을 한 적도 아주 많다. 그런데도 생활습관이나 언어 등의 문화적 차이를 인정하면서 서로 만남을 받아들이고 있다.

세계화라는 단어가 상식이 된 21세기 현재, 문화라는 단어는 우리에게 아주 친숙하며, 나아가 살아가는 데 중요한 개념이 됐다. 문화라는 개념을 통해 공통점을 확인하는 동시에 차이를 드러낸다. 같은 문화를 갖고 있다는 것이 서로 모르는 타인 사이를 강하게 묶어주며, 그 속에 있는 차이를 덮어버리고 만다. 그리고 문화를 이유로 경계를 만듦으로써 "타자"가 생겨난다.

이민 사회인 미국에서는 1960년대까지도 심한 인종차별이 횡행해서, 공민권公民權 운동이 활발하게 전개됐다. 그런 중에 문화인류학이 제창해서 세상에 널리 알려진 문화상대주의는 개별 문화의 차이를 인정하고 다르다는 것을 이유로 우열을 가늠하는 것을 거부하며, 서로 이해하는 것을 목표로 했다. 인간의 다양성은 인종에 의한 것이 아니라 문화에 의한 것이며, 차이를 존중할 것을 모두에게 요구했다. 독자적인 문화를 자신의 존재 근거로 삼고, 서로 문화의 차이를 이해하며 연계하는 것을 목적으로 했다.

그러나 이후 문화상대주의와 그로부터 생겨난 다문화주의에 대해서는 회의적이거나 부정적인 견해가 나타나고 있다. 예를 들어, 문화의 차이를 존중한다고 주장하면서 그 차이를 불필요하게 강조하고, 사회의 주류파가 소수파를 배제하는 움직임이 세계의 여기저기에서 일어나고 있다. 또한 문화의 독자성 존중을 방패 삼아 다른 사람에게 상처를 입히거나 살상하는 것처럼 오늘날의 인권 감각에서 벗어난 주장을 정당화하는 움직임이 일어나고 있어서 이런 사고방식은 무력하다고 비판을 받는다.

이러한 주장은 어느 쪽이든 문화를 항구적으로 변화하지 않는 고정적인 것으로 바라보고 있다. 자기와 타자 사이에 경계선을 긋고 그 구별이 강조될 때, 동일성의 근거(뒤집어 말하면 이질성의 근거)로서 절대 불변의 문화가 거론된다. 그러나 유일하고 고유한 문화로서 제시된 여러 가지 요소들은 그때그때 내용이 바뀌며, 제시되는 동일성이나 차이의 크고 작음도 사회적 상황에 따라 변화한다. 게다가 이러한 사고방식은 차이를 전제함으로써 일상생활이 이루어지는 현실 사회도 소홀히 다룬다.

내가 현장연구를 한 대만 동해안의 일상생활을 살펴보자. 여기서는 한인과 선주민족이 어울려 살아가고 있다. 아이들은 학교에 들어가면 같은 교실에서 나란히 공부한다. 사회인이 되면 같은 직장에서 일하는 일도 종종 있다. 또한 민족집단이 다른 동료끼리 결혼해서 파트너가 되어 가정을 꾸리는 일도 드물지 않다. 여기서는 서로가 지역에서 살아가기 위해 주민으로서 민족적^{ethnic} 차이를 전제로 하며 관계를 맺고 있다. 선주민족의 상당수는 대만어로도 불리는 민난어를 유창하게 구사하며, 한인의 생활습관도 잘 이해하고 있다. 예를 들어, 선주민족은 그리스도교 신자이지만, 한인이 따르는 도교 계열 민간신앙과 관습에도 정통하다. 조사지의 한인과 선주민족은 서로의 다른 문화에 친숙하며 서로의 문화를 잘 알고 있다. 다른 이웃과의 일상이 전개되는 조사지에서는 문화가 다르다는 것을 전제로 한 채 일상생활이 이루어지고 있다. 동시에 부정적인 말로 서로를 평가하는 것처럼, 한인과 선주민족 사이에는 어떤 종류의 깊숙한 고랑이 존재하는 것도 사실이다. 그러나 이러한 반목도 다른 문화를 가진 사람들이 관계를 맺으며 만들어내는 생활의 일부분이다.

1990년대 이후, 외국에서 사람들이 이 지역에 들어오고 있다. 혼인이나 노동을 이유로 태국, 필리핀, 인도네시아, 그리고 중국에서도 사람들이 들어오고 있다. 2000년대가 되자, 벌써 10년 가까이 대만과 자기 나라 사이를 반복적으로 왕래하는 사람, 나아가 새로운 주민으로 사는 사람도 생겨났다. 조사지에는 항구가 있어서, 한인과 선주민족은 배를 소유하고 어업에 종사한다. 이 배의 대부분에는 동남아시아나 중국의 이주노동자가 타고 있다. 이들 없이는 조사지에서는 물론 대만 전역에서 어업이 이루어지지 않는다. 한편 동남아시아에서 오는 이주노동자는 이곳의 어업 방식에 친숙하지 않거나 언어와 관습도 달라서, 마을 주민은 거리를 두고 멀리서 바라보기만 했다. 인도네시아에서 오는 사람들 중에는 이슬람교도도 많다. 주민들은 문화적인 차이를 이유로 이들에게 의심스러운 시선을 보냈다. 그러나 인도네시아나 필리핀에서 오는 이주노동자, 그리고 결혼을 해서 새롭게 주민이 된 사람 중에 공용어인 중국어나 주민의 상당수가 사용하는 민난어를 이해하는 사람이 생기기 시작했다. 이런 사람들이 매개 역할을 하며, 외부에서 들어와 존재감을 드러내는 사람들과 원래부터 살고 있던 주민 사이의 연계를 모색하고 있다.

이 책의 집필진은 "동아시아 인류학 재고 연구회東アジア人類学再考研究会"의 회원을 중심으로 구성됐다. 이 연구회는 2008년 봄 편집자 중 한 명인 가미즈루 히사히코의 제언에 따라, 1990년대 이후 동아시아 각지에서 현장연구를 하고 그 후 정력적으로 조사지를 다니고 있는 인류학자와 사회학자가 서로의 연구 내용을 공유하는 것을 목적으로 탄생했다. 주된 활동은 1년에 두 차례 연구회를 갖는 것이며, 때때로 그 자리는 국경을 넘어 한국이나 중국으로 확대되기도 했다. 1990년대 이전, 동아시아 각국에서는 정치적 상황에 따라 자유로운 현장연구 및 연구 활동의 수행 자체가 곤란한 시기가 오랫동안 계속되기도 해서, 애초 모였던 회원들은 다른 지역을 대상으로 하는 인류학 연구와 비교할 때 연구자의 수나 연구 업적의 질과 양 모두에 격차가 있다고 느꼈다. 이 때문에 동아시아를 대상으

로 하는 인류학자가 서로에게 자극을 주는 토론의 장을 갖기로 했다. 연구회의 횟수가 늘어갈수록 회원이 늘어났고, 우리의 시야에 들어오는 지역이나 연구 대상도 확대됐다. 애초부터 이 연구회의 회원끼리 편저서編著書를 출판해보자는 의견을 검토했었다. 처음에는 전문서적의 출판을 고려했지만, 회원들이 연이어 교수가 되자 교실이라는 현장에서 겪는 시행착오가 공통의 과제로 등장하게 되었고, 그로 인해 동아시아를 다룬 문화인류학 교과서를 쓰게 되었다.

1990년대 우리가 조사하는 동아시아에서는 커다란 움직임이 연이어 일어났다. 예를 들어, 중국에서는 1980년대 후반에 시작된 개혁개방이 기정사실이 됐고, 사람들은 경제적인 풍요를 누리게 됐으며, 국내 인구의 유동성이 높아지는 것과 함께 사람이 모이는 연해沿海지역 일대는 국제경제의 무대가 됐다. 또한 대만에서는 1987년 오랫동안 지속되던 계엄령이 종지부를 찍었고, 이후 정치적 민주화가 급속도로 진전되는 한편, "중국"이 아니라 대만을 주체로 하는 사회 형성이 진전되어 2000년에는 민주적인 직접선거를 통해 대통령이 선출됐다. 그리고 냉전기부터 오랫동안 닫혀 있었던 중국과 대만의 교류가 시작됐다. 한국에서도 역시 1987년에 민주화 선언이 이루어졌고, 같은 해에 직접투표에 의한 대통령 선거가 실시되어 정치적 민주화가 달성되었다. 그러나 1997년에는 아시아 통화위기의 영향을 받아 경제불황을 경험했다. 그리고 몽골은 1990년에 복수複數 정당제를 도입해 사회주의를 사실상 포기했고, 시장경제로의 이행이 시작되었다. 일본에서는 1980년대 후반부터의 거품경제와

1990년대에 들어선 직후의 거품 붕괴, 그리고 오랫동안 지속된 경제불황, 정치적으로는 자민당과 민주당 두 정당 사이에 정권교체가 반복됐다.

문화인류학의 현장연구에서는 대상이 되는 조사지의 사람들과 개인적인 만남을 계속한다. 극적으로 움직이는 정치경제 속에서 우리는 한 조사지의 사람들과 함께 그 흐름에 몸을 맡기고 있다. 각각의 집필자가 제시한 동아시아 사람들의 경험은 그 지역에서 일어난 타자의 일이지만, 그 시간을 공유하고 있다는 의미에서 우리의 일이기도 하다. 이 책을 손에 든 독자의 입장에서 보면, 멀리 떨어진 곳에서 일어나는 아무래도 상관없는 일처럼 보일지도 모른다. 그러나 그것은 결코 우리의 일상생활과 관계없는 일이 아니다.

우리가 사는 일본은 동아시아에 있다. 이 책에서 소개된 현장은 지리적으로나 역사적으로도 매우 가까운 장소이다. 학생 여러분이 이런 곳에서 일본으로 온 사람들과 직접 접할 기회는 절대 적지 않을 것이다. 대학이나 아르바이트하는 곳에서 알게 되어 함께 일하거나 공부하고 놀기도 하며, 때로는 연인으로 사귀기도 할지도 모르겠다. 아니면 유학이나 관광, 여행 등으로 동아시아의 각지를 방문해, 그곳 사람들과 어울리며 생활할 기회도 있을 것이다. 각 집필자는 현장에서 만난 사람들과 여러분과의 연계를 상상하며, 이 책의 각 장과 칼럼의 제목을 정했으며 문장을 다듬었다. 나아가 이러한 상상이 새로운 연계를 창조하는 일로 이어지길 기대하고 있다.

끝으로 이 책을 출판하는 데 주식회사 쇼와도昭和堂의 마쓰이 구미코松井久見子 씨와 가메타니 다카노리龜谷隆典 씨에게 큰 조언과 도움을 받았다. 편집자와 집필자 일동을 대신해 진심으로 감사드린다.

2017년 3월 1일

니시무라 가즈유키

옮긴이의 말

지금으로부터 25년도 더 전 어느 겨울날, 나는 대학 합격 통지를 받고 또래 친구들보다 1년 늦게 시작하는 대학 생활에 대한 기대로 약간 들뜬 상태였다. 앞으로 문화인류학을 배우겠다고는 했지만, 이 학문에 대해 아는 것이라곤 고등학교 사회문화 교과서 한구석에 나와 있던 내용이 전부였다. 면접시험에서 이 학과에서는 무엇을 공부하는지 아느냐는 교수님의 질문에, 문화를 공부하는 곳이라고 대답할 정도의 눈치는 있었지만 말이다.

입학 전까지 딱히 할 일도 없어서, 앞으로 어떤 것을 배우게 될지 알아보고자 집 근처 서점을 찾았다. 비교적 큰 서점이었는데도 문화인류학 관련 도서는 서가의 한두 칸을 채우지 못했던 것 같다. 이날 『문화의 수수께끼』라는 책을 구매했는데, 인도 사람은 왜 소를 신성시하는가 등의 질문에 유물론적 관점으로 답한 책이었다. 많은 문화인류학자가 이런 접근법을 선호하지 않는다는 것을 나중에 알게 됐다. 그러나 그때만 해도 문화인류학은 문화를 유물론적으로 해석하는 학문인 줄 알았다.

지금은 문화인류학을 전공하는 학생뿐만 아니라 일반 독자도 문화인류학을 접할 기회가 늘어났다. 우선 문화인류학의 고전이나 민족지ethnography가 많이 번역됐다. 그리고 현대 세계의 문제를 다룬 민족지도 많이 번역됐다. 한편, 어려운 환경 속에서도 문화인류학을 공부하는 선생님들과 동료 연구자들이 빼어난 연구 결과물을 내고 있다. 예를 들어, 아파트에 대한 한국인의 사고와 감정이 어떻게 변해왔는가나 한국의 청년들은 헬조선이라고 불리는 상황을 어떻게 헤쳐 나가고 있는가를 다룬 책은 문화인류학적 관점에서 한국 사회를 어떤 식으로 이해할 수 있는지를 잘 보여준다. 또한 여성 연구자의 활동도 돋보이는데, 가령 동남아시아에서의 현장연구fieldwork 경험과 현장연구에서 직면하는 여러 쟁점을 여성 연구자의 관점에서 성찰한 책은 문화인류학적 연구의 묘미를 알려준다. 따라서 이제는 마음만 먹으면 문화인류학을 배우기 어렵지 않다.

그러나 한국에서 문화인류학은 여전히 낯선 학문이다. 문화인류학이라는 학문이 아직도 우리가 사는 세상을 이해하는 데 중요한 발언자로서 인정받지 못한 탓이다. 1990년대 들어 냉전이 종결되고 세계화가 급속히 확산하면서 동아시아 여러 나라 간의 관계도 크게 변화됐다. 이로 인한 변화를 이해하기 위해서는 물론 정치학이나 경제학 전문가의 식견이 필요하다. 그러나 정치경제적 변화가 동아시아 사람들의 심성과 정체성에 가져온 변화를 이해하려면, 현지에서 사람들과 부딪치면서 체득한 문화인류학적 지식도 필요할 것이다. 나아가, 문화라는 차원에서 동아시아의 현재를 바라볼 때 비로소 정치경제적 시각으로는 파악하기 어려운 갈등의 심층적인 배경을 이해하고, 이를 해결하기 위한 새로운 실마리나 가능성을 발견할 수 있을 것이다.

한국 연구자가 집필한 문화인류학 교재도 있고, 영미권 학자가 쓴 교과서를 번역한 교과서도 있지만, 역자가 일본의 문화인류학자가 쓴 책을 번역하기로 한 이유가 바로 여기에 있다. 어느 때보다도 동아시아를 통해서 배우고, 동시에 문화인류학을 통해 동아시아를 바라볼 필요성이 커졌기 때문이다. 이 책의 서장에서 편집자가 지적한 바와 같이, 우리는 사실 동아시아를 잘 모른다. 일본인은 어떻다, 중국 사람은 저렇다는 고정관념과 편견에 사로잡혀 있기 때문이다. 설령 그런 고정관념이 일정한 진실성을 내포하고 있다고 하더라도, 왜 그 사람들이 그런 식으로 생각하고 느끼며 행동하게 됐는가를 이해하려고 노력하지 않으면 안 된다. 이를 위해서는 생활세계에 가장 가까이 다가가 거기에 담긴 의미를 이해하고자 하는 문화인류학적 접근이 필요하다. 이 책의 저자들도 바로 이러한 문제의식을 느끼고 각자가 동아시아의 여러 지역에서 문화인류학적으로 연구한 내용을 전하고 있다고 생각한다.

이 책의 원제목은 "동아시아로 배우는 문화인류학"이다. 하지만 번역서의 제목은 "문화인류학으로 보는 동아시아"로 했다. 그 이유는 각 장의 저자가 문화인류학적인 관점과 방법으로 동아시아 사람들이 살아가는 모습을 해석한다는, 이 책의 특징과 목적을 살리고 싶었기 때문이다. 책의 서두에 첨부한 지도로 한눈에 알 수 있듯이,

이 책의 저자들이 현장연구를 한 지역은 한국, 일본, 중국, 대만, 홍콩, 몽골국 등 동아시아의 국가가 주를 이룬다. 즉, 이 책은 동아시아 사람들의 생활세계와 그 속에 담긴 의미를 문화인류학적 연구로 풀어내고 있다. 따라서 독자는 책의 한 장 한 장을 읽으면서 특정 지역에 대한 짧은 민족지를 읽는 기분을 만끽할지도 모른다.

저자들은 각자가 현장연구를 한 지역을 사례로 문화인류학적 주제를 다루고 있지만, 동시에 비교문화적인 관점을 보여준다. 예를 들어, 저자들은 한국의 가족과 친족(2장)이나 젠더와 섹슈얼리티(4장), 중국의 종교(3장), 결혼식에 드러나는 대만 사람의 사회관계(5장)에 관해 설명하면서 줄곧 일본의 상황과 비교한다. 또한 일본에서 살아가는 소수자가 주류 사회와 상호작용하는 양상도 분석한다(10장). 일본과 직접적인 비교를 하지 않더라도, 현장연구를 한 사회 내부에 존재하는 관계에 주목한다. 가령 대만의 선주민이 주류 사회와 맺는 관계의 변화를 분석하기도 하고(7장), 농경문화에 속한 중국인과 유목문화를 실천하는 몽골인이 교류하거나 충돌하는 모습을 기술한다(12, 13장).

더불어 저자들은 동아시아 사람들이 국경을 가로지르며 일본 혹은 다른 지역의 사람들과 상호작용하는 모습에도 주의를 기울인다. 2차 세계대전 때까지 일본이 식민지배한 팔라우의 사람들(6장), 같은 시기 대만과 오키나와 사이를 오가며 경제활동을 했던 사람들(9장), 현재 대마도를 찾는 한국 사람들(11장) 등이 일본 사람들과 맺었던/맺는 중층적인 관계를 기술한다. 그리고 홍콩 사람들이 런던이나 밴쿠버를 오가며 형성하는 사회적 네트워크에 주목하기도 한다(8장). 이로써 동아시아 사람들의 생활세계 속에서 국경이 차지하는, 나아가 국가가 가지는 의미를 성찰하고 있다.

종합해 볼 때, 이 책은 동아시아의 각 지역에서 살아가는 사람들의 사고와 심성을 해당 문화의 맥락 속에서 세밀하게 살피면서도, 이들이 동아시아의 다른 지역, 나아가 세계와 맺는 다층적인 관계에 주의를 기울이고 있다. 이것은 낯선 문화를 통해 나 자신이 속한 문화를 되돌아보려는 문화인류학적 실천의 일환인 동시에, 세계화가 진행되는 과정에서 사람들이 끊임없이 이동하며 살아가는 양상을 적절히 포착하기 위한 시도이기도 하다. 이를 통해, 이 책은 동아시아의 문화를 이해하는 데 필요한 비교문화적 관점을 제시하고 있다.

문화인류학을 가르치고 연구하는 사람으로서 감히 이보다 매력적인 학문은 없다고 말하고 싶다. 그러나 문화인류학을 대학생에게 가르치거나 일반인에게 설명할 때면 꼭 받게 되는 난감한 질문이 있다. "이 학문은 어떤 도움이 될까?"라는 질문이다. 좀 더 직접적으로 말하자면, "문화인류학을 배우면 어떤 직업을 가질 수 있나요?"라는 의문이다. 학부생들과 상담할 때, 광고 카피라이터가 되는 데도 문화인류학적 상상력이 도움이 되고, 주민 참여적인 도시 재생을 실천할 때도 문화인류학적 지식을 활용할 수 있으며, 설령 공무원 시험 준비에 매진해 공무원이 되더라도 법률에 대한 지식만 있는 사람과 문화인류학을 공부한 사람은 틀림없이 다를 것이라고 대답했다. 그러나 이런 설명이 학생들에게 얼마나 설득력이 있었을까?

일본의 대학에서 문화인류학을 가르치는 저자들도 같은 질문을 받는 모양인지, 이 책의 본문은 인류학의 응용에 관한 장으로 끝난다. 이 장의 필자는 내몽골자치구에서 초원을 보호한다는 목적으로 시행된 생태이민이 왜 실패했는가를 설명하며 이 질문에 답한다. 한마디로 말하자면, 정착 생활을 당연시하는 농경문화의 시각에서 유목문화를 교정하려고 한 결과라는 것이다. 이런 잘못을 알아낼 수 있었던 것은 유목민의 생활세계를 이들의 처지에서 이해하려 한 문화인류학자의 노력 덕분이었다. 이처럼 세상에 "도움이 되는 방식"에는 "과제 해결"에 도움이 되는 구체적인 해법을 제시하는 것만이 아니라, "과제 발견"에 도움이 되는 방식도 있을 수 있다.

물론 우리가 사는 세상은 여전히 "과제 발견"보다는 "과제 해결"을 요구한다. "과제"를 "발견"한다고 해서 당장 직업이 생기는 것도 아니다. 그러나 세상의 문제를 당사자의 관점에서 이해하고자 애쓰고 그것을 해결하기 위해 함께 노력하다 보면, 어느새 내 삶도 조금씩 나아지는 것은 아닐까? 따라서 "과제 해결"에 "도움이 되는 방식"도 궁극적으로는 이 책의 서장에서 정의한 문화인류학의 성격, 즉 "우리가 당연하다고 생각하고 있는 것을 문제시하고, 당연하다는 이유로 우리가 눈치채지 못하고 있는 것을 드러내며, 당연하다고 생각하는 것을 바꿔나가는 것"이라는 사실과 맞닿아 있다. 농경문화에서 비롯된 정착 생활이 누구에게나 자명한 것이 아니라는 사실을 인식한다면, 오히려 초원을 돌아다니면서 그것을 보존하는 방식을 체득한 사람들에게 나의 방법을 섣불리 해결책으로 강요하지는 않을 테니 말이다.

결국 문화인류학을 배운다는 것은 차이를 서열화하지 않고 다름으로 포용할 수 있는 자세를 배우는 것이라 할 수 있다. 1장에서는 이러한 입장을 "인류학은 어른의 학문이면서 동시에 어른이 되기 위한 학문이다."라는 우메사오 다다오의 말을 인용하며 표현했다. 요새 한국에서는 어른의 의미가 이와는 정반대로 사용되고 있다. 다름을 이해하고 포용할 수 있는 사람이 아니라, 자신의 방식만을 고집하고 새로운 것을 받아들이기를 거부하는 꼰대로 말이다. 그러나 본래 어른이 된다는 것은 나의 한계를 인식하고 인정하며 나와 다른 것을 수용할 수 있는 사람이 되는 것이다.

문화인류학은 이처럼 "함께-다르게-있기"라는 태도를 함양하는 데 도움이 되는 학문이며, 이로써 당장 먹고살 길을 알려주지는 못할지라도, 다양성이 인정되어 조금은 살기 수월한 세상을 만드는 데 도움이 학문이다.

"어른의 학문"을 소개하는 책을 제대로 옮기는 것이 역자가 해야 할 일이다. 일본어는 한국어와 문법 구조가 같아서, 일본어를 번역하는 것은 다른 언어를 번역하는 것보다는 상대적으로 수월하다. 그렇다고 해도 적절한 한국어 표현을 찾는 일은 절대 쉽지 않다. 따라서 몇몇 번역어에 관해서는 설명을 덧붙여야 할 것 같다.

우선, 이 책의 필자들은 globalization, sex, gender, sexuality를 일본어에서 외래어를 표현할 때 사용하는 가타카나라는 문자를 사용해서 영어 발음 그대로 표기했다. 한국에서 globalization은 전지구화라고 번역하는 경우가 많다. 그러나 이 책에서는 세계화라는 표현을 썼다. 세계화라는 말이 처음 사용된 정치적 맥락을 고려해서 다른 표현을 쓸까도 고민했지만, 보다 일상적으로 사용하는 표현을 사용하는 편이 일상에서 국경의 의미를 실감하며 살아가는 사람들의 모습을 더 잘 전달할 수 있다고 생각해서 이렇게 번역하기로 했다.

한편 sex, gender, sexuality는 각각 성, 성차, 성적 지향성이라고 번역할 수 있다. 하지만 이 책에서와 마찬가지로 이 개념들을 영어 발음 그대로 적기로 했다. 더 나은 번역어를 찾으려는 역자의 노력이 부족한 탓도 있지만, 대학생이나 젊은 독자들이 이 책을 읽을 때, 성과 관련된 개념을 이들에게 낯선 한자어로 설명하는 것보다 영어 발음대로 소개하는 편이 이 개념 간의 관계를 더 명확하게 전달할 수 있겠다고 생각했기 때문이다.

사실 이런 방식을 적용하고 싶었던 개념은 따로 있었다. nation, nation-state, ethnic group, ethnicity다. nation은 민족 혹은 국민이라고 번역하는 것이 일반적이다. 따라서 nation-state는 민족국가 혹은 국민국가가 된다. 사실 nation에는 정치적 평등성에 근거한 국민이라는 의미와 공통된 문화적 특성에 기반한 민족이라는 의미가 둘 다 들어 있다. 따라서 이것을 어느 하나로 번역하고 나면 어색할 수밖에 없다. 특히 민족주의적인 성향이 강한 한국 사회의 맥락에서 이 개념을 국민이라고 번역하면 더욱 그렇다.

그러나 이 책에서는 nation을 국민이라고 번역했다. 왜냐하면 여러 장에서 민족이라는 개념이 사용되고 있어서 이와 구별해야 했기 때문이다. 그런데 엄밀하게 말하자면 이때 민족은 ethnic group, 즉 종족집단種族集團 혹은 민족집단民族集團에 해당하고, 이런 민족집단이 보유하고 있다고 생각되는 공통적인 문화적인 특성이 ethnicity, 즉 종족성이다. 왜냐하면 이 책에서 민족은 같은 언어를 사용하는 등 일정 정도로 문화적인 동질성을 갖고 있지만, 자신들만으로 이루어진 국가(즉 국민국가)를 형성하지는 못한 사람들을 지칭하기 때문이다. 예를 들어, 내몽골자치구에 사는 몽골족과 같은 중국의 소수민족은 대만의 고산지역에 사는 여러 선주민족보다 수적으로는 훨씬 큰 집단이지만, 정치적 위상의 면에서는 종족집단 혹은 민족집단에 해당한다.

종족집단과 종족성이라는 번역어가 꼭 마음에 드는 것은 아니다. 추적 가능한 범위 내에 있는 조상과의 관계를 나타내는 lineage의 번역어도 종족宗族이다. 따라서 종족집단과 종족성이라고 번역하면 혼란스러울 수도 있지만, 이렇게 번역하는 것이 문화인류학에서 일반적이라서 관행을 따랐다. 그리고 대만이나 일본 홋카이도의 원주민에게 족族이라는 접미사를 붙이는 것이 부족部族(이 자체로도 문제가 있는 개념이다.)을 연상시켜 이 사람들을 마치 시대에 뒤처진 존재로 오해할 소지가 있지만, ethnic group을 종족집단이라고 번역한 것과 일관성을 유지하기 위해 선주민족 혹은 아이누족이라고 번역했다. 다만 7장 이외의 장에서는 민족이 종족집단이라는 의미로 사용됐더라도, 더 큰 혼란을 초래하지 않기 위해 그대로 민족이라고 썼다.

이 책을 번역하는 데 여러 선생님과 학생들로부터 자극과 도움을 받았다. 우선, 번역자에게 선뜻 번역을 맡겨주신 필자 선생님들과 쇼와도昭和堂 측에 감사드린다. 다행히도 양국 출판사 사이에 번역 계약을 체결한 지 얼마 되지 않은 2019년 가을, 마침 전북대학교에서 동아시아인류학회의 학술대회가 열려 이 책의 편집자 중 가미즈루 히사히코 선생님과 가와구치 유키히로 선생님을 만날 수 있었다. 이때, 일본에서 이 책의 2쇄를 찍으며 4장에서 한 단락 정도의 내용을 수정했다는 귀중한 정보를 알려주셨다. 마침 4장의 필자인 나카무라 야에 선생님과는 한국문화인류학회에서 함께 일한 경험도 있어서 수정 사항을 쉽게 파악할 수 있었다. 이상의 만남이 없었더라면 모르고 지나쳤을 수도 있는 내용까지 번역에 반영할 수 있도록 도와주신 세 분 선생님께 깊이 감사드린다.

필자 중에는 이 책을 번역하기로 하기 전부터 알고 지낸 선생님들도 계시다. 가고시마대학에서 문화인류학을 가르치는 오자키 다카히로 선생님과 가네시로 이토에 선생님은 십여 년 전부터 여름방학마다 학생을 인솔하고 전주에 방문해 현장연구실습 수업을 진행하고 있다. 한 번도 아니고 해마다 학생들과 해외에서 현장연구실습을 진행하는 것은 대단한 열의와 노력 없이는 불가능한 일이다. 학생들에게 어떻게 문화인류학을 가르쳐야 하는지 몸소 알려주신 두 분 선생님께 진심으로 감사드린다.

필자 중에서 가장 신세를 진 분은 오타 심페이 선생님이다. 오타 선생님과의 인연은 역자가 대학원 석사과정을 시작한 2001년까지 거슬러 올라간다. 당시 같은 대학원의 박사과정에 있었던 오타 선생님과는 동갑인 데다 전공필수 수업 등 여러 세미나를 함께 수강했기에 친하게 지냈다. 이런 사적 관계를 핑계 삼아, 본인의 연구와 교육만으로 바쁠 오타 선생님에게 다른 저자 선생님들이나 출판사 측과 연락할 일이 있을 때마다 도움을 청했다. 동학이라는 이유로 역자의 이런저런 사정을 이해하고 부탁을 들어준 오타 선생님께 고마운 마음을 전한다.

코로나 상황만 아니었다면 이 책의 다른 필자 선생님들께도 직접 인사를 드려야 하겠지만, 당분간은 지면상으로 감사 인사를 전해야 할 것 같다. 이이타카 신고 선생님, 세리자와 사토히로 선생님, 다마키 다케시 선생님, 나카무라 도모코 선생님, 니카이도 유코 선생님, 니시무라 가즈유키 선생님, 미야오카 마오코 선생님께 이 자리를 빌려 역자에게 이 책의 번역을 맡겨주신 것에 진심으로 감사드린다. 또한 모든 저자 선생님들이 직접 촬영한 사진 자료를 번역서에도 사용할 수 있도록 허락해주신 것도 감사드린다. 코로나 상황이 호전되면, 일본에서 뵐 기회가 있길 바란다.

한편 전북대학교 고고문화인류학과에서 5년간 학생들을 가르칠 기회가 없었다면 이 책을 번역할 생각조차 하지 못했을 것이다. 학생을 자식처럼 지도하셨던 함한희 선생님, 늘 새로운 관점을 제시해주신 김진명 선생님, 오직 학과를 위해 불철주야 슈퍼맨처럼 활약하신 이정덕 선생님, 후배 연구자의 여러 고민을 들어주신 임경택 선생님, 학과에 새로운 바람을 불어넣어준 전의령 선생님, BrainKorea21·한일공동연구 등을 함께하며 많은 이야기를 나눌 수 있었던 진명숙 선생님. 이 선생님들의 열정과 노력에 감명 받아 학생들과 열심히 공부하고 이 책도 번역해야겠다는 생각도 했다. 이 자리를 빌려 전주에서 즐겁게 공부할 수 있도록 도와주신 고고문화인류학과의 모든 선생님들께 깊이 감사드린다. 그리고 동아시아의 심성 체계에 대해 함께 공부하고 연구하며 자극을 주시는 전북대학교 심성연구팀의 선생님들께도 감사드린다.

이 책은 2018년 2학기 "문화와 권력" 수업을 들었던 학생들과 함께 읽었다. 수업에 참여했던 김은서, 배상훈, 송재홍, 신수정, 엄태양, 이강혁, 이율빈, 정형택, 허지연, 홍운기, 홍지우, 황유리, 황지인 씨에게 감사드린다. 또한 고고문화인류학과 대학원에는 전일제 대학원생뿐만 아니라 현장에서 매일매일 문화인류학적 지식을 응용하고 실천하는 직장인 대학원생도 많았다. 그래서 학교 이외에는 사회 경험이 전혀 없는 역자에게 대학원 수업은 또 다른 현장과도 같았다. 문화인류학적 관점과 현장에서의 실천을 어떤 식으로 연결할지 함께 고민했던 대학원생들에게도 감사의 마음을 동시에 전한다.

이 책을 번역하기로 한 시점은 역자가 전북대학교에 있을 때였지만, 아이러니하게도 이 책을 본격적으로 번역하기 시작한 것은 서울대학교 국제대학원으로 이직한 후다. 교수가 된 지 6년 반 만에 다시 신임 교수가 되어 1년간 두 과목만 강의해도 되는 혜택을 누릴 수 있었다. 그래서 이 책의 초벌 번역은 이직 후 서너 달 만에 마무리할 수 있었다. 연구와 교육에 집중할 수 있는 여건을 마련해주신 국제대학원의 교수님들께 감사드린다. 그리고 2020년 1학기부터 세 학기 동안 연구보조원으로 일한 우종범 씨 덕분에 이 책의 참고문헌을 깔끔하게 정리할 수 있었다. 올여름 졸업한 이종범 씨에게도 고맙다는 말을 전하고 싶다.

어려운 출판업계의 상황 속에서도 이 책의 출판을 허락해주신 정성원 대표님께 깊이 감사드린다. 정 대표님도 문화인류학 전공자로서 문화인류학의 가능성을 높이 평가하시기에, 꾸준히 문화인류학 분야의 서적을 출판해주시는 것이 아닐까 짐작해본다. 그리고 일본어책을 처음 번역하기에 어색할 수밖에 없는 역자의 문장을 일일이 수정하고 책을 깔끔하게 편집해주신 문유진 편집자 선생님께도 진심으로 감사드린다.

끝으로, 저서도 아니고 번역서를 내면서 가족에게까지 감사 인사를 하는 것이 겸연쩍기도 하지만, 먹고사는 데 별로 도움이 안 될 것 같은 것을 공부하는 역자를 이해해주시는 부모님과 장모님, 그리고 코로나 상황으로 인해 2년째 집 안에서 아이들과 매일 사투를 벌이고 있는 아내에게 감사의 마음을 전하고 싶다. 중학교 2학년과 초등학교 6학년인 아이들은 집에서 일본어 책을 읽고 있는 역자를 볼 때면, "아빠, 친일파는 아니지?"라고 묻는다. 아이들이 어른이 되었을 때쯤에는 동아시아가 이곳에 사는 사람들이 서로의 차이를 인정하고 다양성을 받아들이는 세상이 되어 있길 희망해본다. 아마 저자 선생님들도 이런 생각을 가지고 지금도 동아시아의 여러 현장에서 사람들을 만나고 대학에서 학생들을 가르치고 계실 것이다. 역자로서는 이런 의도를 큰 오류 없이 전했기를 바랄 뿐이다.

2021년 9월
박지환

찾아보기

이 책을 쓴 사람들

이이타카 신고^{飯高伸五}　　　　　　　　　　　　제6장 집필

고치현립대학 문화학부 부교수. 사회인류학 전공, 오세아니아 연구. 주요 저작으로는 「Remembering Nan'yō from Okinawa: Deconstructing the Former Empire of Japan through Memorial Practices(오키나와에서 남양군도를 기억하기: 추모 행위를 통해 구舊 일본제국 해체하기)」(*History and Memory* 27 (2), 2015), 「『ニッケイ』の包摂と排除: ある日本出自のパラオ人の埋蔵をめぐる論争から(일본계의 포섭과 배제: 한 일본 혈통의 파라오인의 매장을 둘러싼 논쟁으로부터)」(『文化人類学』 81(2), 2016) 등이 있다.

오타 심페이^{太田心平} 편집자　　　　　　제2장, 칼럼 4, 칼럼 8 집필

국립민족학박물관 부교수, 종합연구대학원대학 부교수. 미국자연사박물관 상급연구원. 사회문화인류학 전공, 동북아시아 연구. 주요 저작으로는 「Collection or Plunder: The Vanishing Sweet Memories of South Korea's Democracy Movement(집합인가 약탈인가: 한국 민주화운동에 대한 달콤한 기억의 소멸)」(*Senri Ethnological Studies* 91, 2015), 「血と職と: 韓国・朝鮮の士族アイデンティティとその近代的変容について(혈통과 직업: 한국・조선의 양반 정체성과 그 근대적 변형에 대하여)」(『国立民族学博物館研究報告』 34(2), 2009), 「反日感情: 国史認識とその相互作用(반일감정: 자국사 인식과 그 상호작용)」(春日直樹編 『人類学で世界をみる(인류학으로 세계를 보다)』 所収, ミネルヴァ書房, 2008) 등이 있다.

오자키 다카히로^{尾崎孝宏} 편집자　　　　　제12장, 제13장 집필

가고시마대학 법문학부 교수. 문화인류학 전공, 내륙아시아 지역연구. 주요 저작으로는 『モンゴル牧畜社会をめぐるモノの生産・流通・消費(몽골 목축 사회를 둘러싼 물건의 생산・유통・소비)』(共編, 東北アジア研究センター, 2016), 『モンゴル牧畜社会と馬文化(몽골 목축 사회와 말 문화)』(共編, 日本経済評論社, 2008) 등이 있다.

가네시로 이토에 兼城糸絵 칼럼 2, 칼럼 3 집필

가고시마대학 법문학부 부교수. 문화인류학 전공, 중국 연구. 주요 저작으로는 「〈移民〉が支える神祇祭祀: 福建省福州市の僑郷の事例から(이민이 뒷받침하는 천신지기 제사: 푸젠성 푸저우시 소재 화교의 고향을 사례로)」(川口幸大·稲澤努編『僑郷: 華僑のふるさとをめぐる表象と実像(화교의 고향: 화교의 고향을 둘러싼 표상과 실천)』所収, 行路社, 2016), 「現代中国における移民と宗族: 福建省福州市の事例から(현대 중국의 이민과 종족: 푸젠성 푸저우시의 사례로부터)」(瀬川昌久·川口幸大編『〈宗族〉と中国社会: その変貌と人類学的研究の現在(종족과 중국 사회: 그 변모와 인류학적 연구의 현재)』所収, 風響社, 2016) 등이 있다.

가미즈루 히사히코 上水流久彦 편집자 서장, 제9장, 칼럼 6 집필

현립히로시마대학 지역연계센터 부교수. 사회인류학 전공. 주요 저작으로는『交渉する東アジア: 近代から現代まで(교섭하는 동아시아: 근대에서 현대까지)』(共編著, 風響社, 2010), 「八重山にみる日本と台湾の二重性: 台湾人観光の現場から(야에야마에서 보는 일본과 대만의 이중성: 대만인 관광의 현장으로부터)」(小熊誠編『〈境界〉を越える沖縄(경계를 뛰어넘는 오키나와)』所収, 森話社, 2016),『境域の人類学-八重山·対馬にみる「越境」(경계와 영역의 인류학: 야에야마·대마도에서 본 국경 가로지르기)』(共編著, 風響社, 2017) 등이 있다.

가와구치 유키히로 川口幸大 편집자 제3장, 칼럼 11 집필

도호쿠대학 문학연구과 부교수. 전공은 문화인류학. 주요 저작은『〈宗族〉と中国社会: その変貌と人類学的研究の現在(종족과 중국 사회: 그 변모와 인류학적 연구의 현재)』(共編著, 風響社, 2016),『僑郷: 華僑のふるさとをめぐる表象と実像(화교의 고향: 화교의 고향을 둘러싼 표상과 실천)』(共編, 行路社, 2016),『現代中国の宗教: 信仰と社会をめぐる民族誌(현대 중국의 종교: 신앙과 사회에 관한 민족지)』(共編, 昭和堂, 2013年) 등이 있다.

세리자와 사토히로 芹澤知広 제8장 집필

텐리대학 국제학부 교수. 문화인류학 전공. 주요 저작으로는『異文化の学びかた·描きかた: なぜ, どのように研究するのか(다른 문화를 배우고 기술하는 방법: 왜 그리고 어떻게 연구할 것인가)』(共著, 世界思想社, 2001),『日本人の中国民具収集: 歴史的背景

と今日的意義(일본인에 의한 중국 민예품 수집: 역사적 배경과 현재적 의의)』(共編, 風響社, 2008) 등이 있다.

다마키 다케시玉城毅
제1장, 칼럼 1, 칼럼 5 집필

나라현립대학 지역창조학부 부교수. 문화인류학 전공. 주요 저작으로는 「兄弟の結合と家計戦術: 近代沖縄における屋取の展開と世帯(형제의 결사와 가계 전술: 근대 오키나와에서 젠트리 계층의 지역 공동체[야두이]의 전개와 세대)」(『文化人類学』72(3), 2007), 「兄弟のつながりから地域社会のまとまりへ: 近代沖縄におけるムラの流動性と社会形成(형제의 연계에서 지역사회의 결합으로: 근대 오키나와에서 지역공동체[무라]의 유동성과 사회의 형성)」(高谷紀夫・沼崎一郎編『〈つながり〉の文化人類学(연계의 문화인류학)』所収, 東北大学出版会, 2012) 등이 있다.

나카무라 도모코中村知子
칼럼 12 집필

이바라키 그리스도교대학 문학부 겸임강사. 지역연구, 사회인류학 전공. 주요 저작으로는 「根絶と対処: モンゴル国沙漠地域におけるゾド(寒雪害)対策(근절과 대처: 몽골국 사막지역에서의 풍설해[조도] 대책)」(大塚健司編『アジアの生態危機と持続可能性: フィールドからのサステイナビリティ論(아시아의 생태 위기와 지속가능성: 현장으로부터 도출한 지속가능성 이론)』所収, アジア経済研究所, 2015) 등이 있다.

나카무라 야에中村八重
제4장, 제11장, 칼럼 7 집필

한국외국어대학 일본어학부 부교수. 전공은 문화인류학. 주요 저작으로는 『交渉する東アジア: 近代から現代まで(교섭하는 동아시아: 근대에서 현대까지)』(共編著, 風響社, 2010), 「観光交流からみた日韓関係‐対馬の韓国人観光を中心に(관광교류로 본 한일관계: 한국인의 대마도 관광을 중심으로)」(磯崎典世・李鍾久編『日韓関係史1965‐2015 III 社会・文化(한일관계사 1965‐2015 III 사회・문화)』所収, 東京大学出版会, 2015) 등이 있다.

니카이도 유코二階堂裕子
제10장, 칼럼 10 집필

노트르담 세이신여자대학 문학부 교수. 국제사회학, 지역사회학 전공. 주요 저작으로는 『民族関係と地域福祉の都市社会学(민족관계와 지역복지의 도시사회학)』(世界思想社, 2007年), 『外国人住民の「非集住地域」の地域特性と生活課題: 結節点としてのカ

トリック教会・日本語教室・民族学校の視点から(외국인 주민이 집중 거주하지 않는 지역의 지역적 특성과 생활과제: 결절점으로서의 가톨릭교회·일본어교실·민족학교라는 관점에서)』(共著, 創風社出版, 2016) 등이 있다.

니시무라 가즈유키西村一之   제5장, 칼럼 9 집필

일본여자대학 인간사회학부 부교수. 문화인류학 전공. 주요 저작으로는 「日本植民統治期台湾における日本人漁民の移動と技術:「移民村」のカジキ突棒漁を例として(일본 식민통치기 대만의 일본인 어민의 이동과 기술: 이민촌의 청새치 어획법을 사례로)」(植野弘子・三尾裕子編『台湾における〈植民地〉経験: 日本認識の生成・変容・断絶(대만의 식민지 경험: 일본에 대한 인식의 생성·변형·단절)』所収, 風響社, 2011), 「重層する外来権力と台湾東海岸における『跨る世代』(중첩된 외래 권력과 대만 동해안 지역의 크로스오버 세대[1920년대생])」(『文化人類学』, 81(2), 2016) 등이 있다.

미야오카 마오코宮岡真央子   제7장 집필

후쿠오카대학 인문학부 교수. 문화인류학 전공. 주요 저작으로는 『台湾原住民研究の射程: 接合される過去と現在(대만 원주민 연구의 현 상태: 접합하는 과거와 현재)』(共著, 順益台湾原住民博物館, 2014), 「重層化する記憶の場: 〈牡丹社事件〉コメモレイションの通時的考察(중첩된 기억의 장: 일본의 대만 침공[모란사 사건] 기념식에 대한 통시적 고찰)」(『文化人類学』, 81(2), 2016) 등이 있다.

옮긴이 박지환

서울대 국제대학원 부교수. 캘리포니아대학 버클리 캠퍼스에서 인류학 박사학위를 받고, 서울대 일본연구소와 전북대 고고문화인류학과에서 각각 조교수와 부교수로 재직했다. 중학생의 진로 선택, 후쿠시마 원전 사고 이후 탈원전 데모, 노숙인 집중지역에서의 사회운동 등과, 일본에서 불평등이 재생산되는 메커니즘 및 시민 사회가 이에 대응하는 양상을 연구했다. 현재는 일본의 지방 도시에 거주하는 청년의 생활세계를 탐색하는 작업을 하고 있다. 공저로 『일본 생활세계의 동요와 공공적 실천』, 『현대문화인류학』 등이 있으며, 공역서로 『도시인류학』이 있다.

문화인류학으로 보는 동아시아

1판 1쇄 찍음 2021년 11월 23일
1판 1쇄 펴냄 2021년 11월 30일

엮은이　가미즈루 히사히코·오타 심페이·오자키 다카히로·가와구치 유키히로
옮긴이　박지환
펴낸이　정성원·심민규
펴낸곳　도서출판 눌민

출판등록　2013. 2. 28 제25100-2017-000028호
주소　서울시 은평구 가좌로11가길 30, 301호 (03439)
전화　(02) 332-2486　　팩스　(02) 332-2487
이메일　nulminbooks@gmail.com
인스타그램·페이스북 nulminbooks

한국어판 ⓒ 눌민 2021

Printed in Seoul, Korea

ISBN　979-11-87750-48-2 03300

• 이 책은 2019년 대한민국 교육부와 한국연구재단의 지원을 받아 수행된 연구의 결과물입니다 (NRF-2019S1A5C2A02083616).